Wandern im Engadin

Johannes Eue

DUMONT aktiv

Inhalt

Zwischen Bever und Cinuos-chel

Der Schweizerischer Nationalpark und das Val Müstair

Zwischen Zernez und Ardez

Wandern im Engadin

Wandersaison

Die beste Wanderzeit für das Engadin ist zwischen Ende Juni und Ende September, wenn die Bergbahnen verkehren und die Hütten geöffnet sind. Selbst dann können in höheren Lagen Altschneefelder den Weg erschweren. In der Regel ist das Wetter im September stabiler als im Hochsommer, doch sind dann die Tage auch kürzer und die öffentlichen Verkehrsmitel verkehren nicht mehr so häufig. Während des ganzen Sommers kann es zu Kälteeinbrüchen kommen, bei denen bis in die Tallagen Schnee fällt.

Anspruch

Die Rubrik ›Die Wanderung in Kürze‹ weist jeweils darauf hin, ob es sich um eine einfache (+), eine mittelschwere (++) oder eine anspruchsvolle (+++) Tour handelt.

Gehzeiten

Alle in diesem Wanderführer aufgeführten Zeiten verstehen sich als reine Gehzeiten. Rechnen Sie bei der Planung einer Tour noch etwa ein Fünftel bis ein Viertel der Zeit hinzu, um Pausen, Fotografieren, Abstecher oder Verlaufen zu berücksichtigen. Auch ein Wettersturz oder abgerutschte Wege können die Wanderzeit erheblich verlängern.

Wege und Markierungen

Im Engadin sind die Wanderwege insgesamt sehr gut markiert und ausgeschildert. Bequeme Spazierwege im Tal sind gelb markiert, Bergwege weiß-rot-weiß und alpine Routen weiß-blau-weiß; die gelben Wegweiser der Bündner Wanderwege sind entsprechend gekennzeichnet.

Ausrüstung

Feste Wanderstiefel (Trekkingstiefel) sind bei längeren Wanderungen unbedingt empfehlenswert. Sie sollten leicht und möglichst wasserdicht sein. Regen- und Sonnenschutz sollte man immer dabeihaben, ebenso eine winddichte Jacke und einen (Fleece-)Pullover, da das Wetter im

Gebirge sehr schnell umschlagen kann. Zudem sind Teleskopstöcke (zum Zusammenschieben) nützlich, die vor allem beim Abstieg die Gelenke erheblich entlasten.

Notruf

Notruf: 144
Rettungsflugwacht: 1414
Alpines Notsignal: 6x pro Minute (alle 10 Sekunden) optisches oder akustisches Signal (Rufen, Pfeifen, Winken), dann 3 Min. Pause, dann wiederholen. **Antwort:** 3x pro Minute ein Signal.

Sicherheit

Gehen Sie im Hochgebirge nie allein. Falls Ihnen etwas zustößt, kann Ihre Begleitung Hilfe holen. Hinterlassen Sie in Ihrem Hotel oder bei Ihrem Vermieter einen Hinweis, wohin Sie aufbrechen und wie lange Ihre Wanderung voraussichtlich dauern wird.

Bergwetterdienst

Wetteransagedienst: Tel. 162 (mehrmals täglich aktualisiert)

Wanderkarten

Die besten Wanderkarten für das Engadin sind die offiziellen Landeskarten im Maßstab 1:50 000 (Serie T mit Wanderwegen). Für das Oberengadin gibt es einen den Zürichsee Drukkereien herausgegebenen sehr praktischen Zusammenschnitt aller relevanten Blätter (»Oberengadin–Bergell–Puschlav«), für den Schweizerischen Nationalpark die von der Parkverwaltung herausgegebene »Wanderkarte Nationalpark«. Die Landeskarten im Maßstab 1:25 000 sind zwar wesentlich detaillierter, doch sind dort die Wanderwege nicht gekennzeichnet.

Mit Bus und Bahn

Fast alle Ausgangs- und Endpunkte der Wanderungen sind mit öffentlichen Verkehrsmitteln erreichbar. Zwischen den Hauptorten verkehren die Postautos bzw. der Engadin Bus in der Regel im Stundentakt. Bei der PTT und bei den Bahnhöfen liegen kostenlose Regionalfahrpläne aus, die alle Bus- und Bahnverbindungen enthalten. Dort ist auch der »Graubünden Fahrplan« erhältlich (2 SFr.), der das gesamte Engadin abdeckt.

SIGNATUREN IN DEN KARTEN

- Gasthaus, Berghütte (bewirtschaftet)
- Schutzhütte, Unterstand (unbewirtschaftet)
- Kirche
- Kapelle
- Kloster
- Burg, Schloss
- Burgruine
- Denkmal, Monument
- Mühle
- Wegkreuz
- Rastplatz
- Wasserfall
- Quelle
- Sendemast

Der Schweizerische Nationalpark

Schon der Name verdeutlicht die Ausnahmestellung dieses Nationalparks: Er ist das einzige nationale Schutzgebiet auf dem Boden der Eidgenossenschaft. Im Vergleich zu den Vorbildern in den USA ist seine Geschichte noch relativ jung, dennoch war seine Gründung am 1. August 1914 die erste in Mitteleuropa überhaupt.

Seither hat sich das geschützte Gebiet zwar nur um etwa ein Viertel vergrößert, doch bildet der Schweizerische Nationalpark zusammen mit dem 1935 gegründeten Südtiroler Parco Nazionale dello Stelvio eine zusammenhängende Einheit. Die letzte Vergrößerung des Reservates auf die heutigen 172,3 km2 Fläche erfolgte 2000, als das Seengebiet von Macun unter Schutz gestellt wurde.

Zwischen S-chanf im Südwesten und Scuol im Nordosten stehen somit weite Bereiche der Unterengadiner Dolomiten mit ihren charakteristischen Kalkfelsen und Schutthalden unter Schutz. Das extrem niederschlagsarme Gebiet befindet sich, in Höhen zwischen 1500 und 3200 m, auf dem Boden der Gemeinden S-chanf, Zernez, Valchava, Lavin und Scuol.

Anders als viele vergleichbare Schutzgebiete hat der Schweizerische Nationalpark nicht das Ziel, die Natur für den Menschen zugänglich zu machen und sie ihm zu erklären. Vielmehr soll das gesamte Areal soll möglichst von menschlicher Nutzung freigehalten werden und die Natur soll sich selbst überlassen bleiben. Daher lässt man beispielsweise umgestürzte Bäume im Wald liegen und verrotten, damit sie den Nährboden neuen Lebens bilden, und entfernt sie nur, wenn sie Wege versperren.

Wer erwartet, diese Rahmenbedingungen seien geschaffen worden, um eine Hochgebirgs-Urlandschaft zu erhalten, täuscht sich gewaltig. Seit dem späten Mittelalter wurden nämlich im Val S-charl Silber- und Bleierze abgebaut. Für den Stollenbau und die Verhüttung der Erze wurden erhebliche Mengen an Holzkohle benötigt, was zur Abholzung ganzer Wälder an den Berghängen führte. Auch nach der Einstellung des Bergbaus ging diese Abholzung weiter – nun in erster Linie in der Region um den Ofenpass. Das Holz wurde jetzt nicht mehr vor Ort verbraucht, sondern über den Spöl und den Inn zu den Salinen von Hall in Tirol geflößt. Zurück blieben kahle Hänge, auf denen die Vegetation erst langsam wieder Fuß fassen musste. Auch der Ausbau der Verkehrswege und die Nutzung der Wasserenergie im Spöltal haben ihre Spuren in der Natur hinterlassen.

Trotzdem hat sich im Schweizerischen Nationalpark die Flora und Fauna in einer Bandbreite erhalten, wie sie sonst kaum in den Alpen anzutreffen ist. Von den 5000 hier lebenden Tierarten wird man zwar nur die wenigsten zu Gesicht bekommen, doch kann man auf den in diesem Buch beschrieben Wanderungen (Tour 20–22, 26, 32–33) mit hoher Wahrscheinlichkeit auf Adler, Steinböcke, Gämsen, Rotwild, Murmeltiere, Tannenhäher und viele Kleintiere treffen. Besonders wildreich ist das leicht zugängliche Val Trupchun (Tour 20). Für den Erfolg des Nationalpark-Konzepts spricht auch, dass nicht nur bestehende Populationen erhalten wurden und sich vermehren konnten, sondern dass in den 1920er und 1930er Jahren Steinböcke und zwischen 1991 und 2007 Bartgeier erfolgreich ausgewildert wurden, die inzwischen zu den Hauptattraktionen des Parks zählen.

Zum Schutz dieser reichhaltigen Natur wurde für Parkbesucher ein relativ strenges Regelwerk aufgestellt: Auf keinen Fall dürfen die markierten Wege verlassen werden, Rastplätze sind gesondert ausgewiesen und klar abgegrenzt. Selbstverständlich sollte es sein, keinen Müll wegzuwerfen und keine Feuer anzuzünden. Darüber hinaus ist es aber auch untersagt, Hunde mit in den Nationalpark zu bringen, die die Wildtiere stören könnten. Wer sich an diese Regeln hält, trägt nicht nur zum Erhalt der Landschaft bei und steigert das eigene Naturerlebnis, sondern vermeidet auch die recht empfindlichen Strafen. Unbedingt empfehlenswert ist ein Besuch des neuen Nationalparkzentrums in Zernez, dessen interaktive Dauerausstellung zu einer erlebnisreichen Entdeckungsreise einlädt.

Links oben: Blick aus dem Val Mingèr über Sur Il Foss auf den Piz Plavna Dadaint (Tour 32); unten: Murmeltiere

Vielfältige Pflanzenwelt

Das Engadin ist die Region in der Schweiz mit der reichsten und vielfältigsten Pflanzenwelt. Mehr oder weniger deutlich lassen sich fünf Vegetationsstufen unterscheiden: kolline, montane, subalpine, alpine und nivale Stufe.

Die **kolline Stufe** (Hügel-, untere Waldstufe), unterhalb 800 m, ist nur in den unteren Regionen des Bergells und des Puschlavs vertreten. Immer noch nehmen die Kastanien- und Flaumeichenwälder dort einen großen Raum ein. Dies ist auf die dünnere Besiedlung, die schlechtere Eignung des Geländes für den Ackerbau, aber auch auf die wirtschaftliche Bedeutung der Edelkastanie zurückzuführen (s. S. 28).

Im Unterengadin und im Val Müstair gehören die Tal- und die unteren Hanglagen der **montanen Stufe** an (Berg-, mittlere Waldstufe; 800–1400 m). Die größtenteils aus Buchen bestehenden Laubwälder sind durchsetzt mit Weißtannen und Föhren. Die Obergrenze der Höhenstufe bildet zugleich die Laubwaldgrenze. Häufig mussten die ursprünglichen Wälder jedoch ausgedehnten Wiesen weichen.

Mit der reichsten und vielfältigsten Flora kann die **subalpine Stufe** (Gebirgs-, obere Waldstufe), aufwarten, der beispielsweise die Talböden im Oberengadin und die unteren Hanglagen zwischen 1400 und 2400 m angehören. Charakteristisch sind die lichten Lärchen- und Arvenwälder mit einem dichten Unterwuchs aus Erlen, Alpenrosen und Preiselbeeren. Wo sie zur Schaffung von Weideland gerodet wurden, entstanden durch regelmäßiges Mähen und Düngen üppigbunte Fettwiesen: Blaue Glockenblumen, leuchtend rote Feuerlilien, rosa Knöterich, violette Storchenschnabel, gelbe Trollblumen und zahlreiche Orchideenarten setzen hier vielfarbige Akzente. In höheren Lagen trifft man vereinzelt die auffälligen hohen Stängel der purpurnen Türkenbundlilien, des Punktierten und des Schwalbenwurzenzians an.

An Bachläufen breiten sich üppige Hochstaudenfluren aus, an feuchten Hängen Weidengebüsche. Oft bedecken Alpenrosen ganze Hänge und verwandeln sie im Frühsommer in ein rotes Blütenmeer.

Auch die ausgedehnten Bestände von Eisenhut und Alpenampfer um viele Almhütten, die durch Überdüngung entstehen und alles andere erdrücken, gehören zur subalpinen Stufe.

Oberhalb von 2400 m ist kein Wald mehr anzutreffen. In der **alpinen Stufe** (Hochgebirgs-, Rasenstufe) fristen allenfalls noch einzelne niedrig wachsende Arven, Legföhren oder Erlen ein karges Dasein. An den Hängen erstreckt sich dennoch ein vielfarbiges Blumenmeer, dessen prominenteste Vertreter, Stängellosen Enzian und Edelweiß, jedes Kind mit den Alpen verbindet. Hier findet man auch das braunviolette, nach Vanille duftende Kohlröschen, die lila-orange Alpen-Aster, den gelben Alpen-Wundklee mit seinen zipfeligen Blüten, die Nacktstängelige Kugelblume, das violette Alpen-Veilchen und die dunkelblaue Teufelskralle, deren Aussehen ihrem Namen alle Ehre macht.

Kaum ist der letzte Schnee verschwunden, zeigen sich als erste Boten des teilweise nur drei oder vier Monate langen Sommers im Hochgebirge im noch braunen Gras die weißen Kelche der Krokusse und die ausgefransten violetten Glöckchen der Soldanellen. Auch im Hochsommer kann man sie noch in geschützten Schneetälchen antreffen.

Je weiter es hinauf geht, desto lückenhafter wird der Magerrasen, nach und nach finden sich nur noch Vegetationsinseln in Schutthalden und zwischen Gesteinsblöcken. Der Kampf gegen die widrige Natur ist den Pflanzen deutlich anzusehen: Sie kriechen nur noch am Boden,

Himmelsherold (links); Feuerlilie

bilden Polster oder Rosetten mit ausgedehnten Wurzelsystemen, in denen die wertvollen Nährstoffe gespeichert werden. Das rosa Stängellose Leimkraut, verschiedene Steinbrech- und Hauswurz-Arten, der leuchtend blaue Frühlingsenzian, der an Vergissmeinnicht erinnernde Himmelsherold, der weißrosa Alpen-Mannsschild, die Silberwurz mit ihren schimmernden Blattunterseiten und der Gletscher-Hahnenfuß sind typische Vertreter dieser Region. In den obersten und exponiertesten Lagen der alpinen Stufe können nur noch Flechten und Moose existieren, dort dominiert die Hochgebirgs-Tundra.

In der **nivalen Stufe,** oberhalb von 3000 m können selbst die anspruchslosesten und niedersten Pflanzen nicht mehr überleben – Fels, Eis und Schnee haben gesiegt.

Besonders gut geeignet zur Erkundung der subalpinen und der alpinen Höhenstufe mit ihren typischen Vertretern sind die Wanderungen auf den Piz Lunghin (Tour 1), den Piz Mezdi (Tour 8), den Piz Languard (Tour 12), den Munt Pers (Tour 14) und den Piz Umbrail (Tour 24). Eines der blumenreichsten Täler des Engadins ist das Val dal Fain (Tour 13).

Der Steinbock

Kaum ein anderes Tier wird so eng mit dem Hochgebirge verbunden wie der Steinbock. Bewundernswert sind seine Kletterkünste, die ihn in die unzugänglichsten Fels- und Schneeregionen tragen und ihm dort das Überleben ermöglichen, beeindruckend das mächtige, bis 1,20 m lange Gehörn, das Vitalität und Kampfesmut versinnbildlicht.

Kein Wunder, dass diesem Tier früher magische und heilende Kräfte nachgesagt wurden. Von dieser wandelnden Apotheke wollte auch der Mensch profitieren und verfolgte ihn gnadenlos. Aus allen möglichen Körperteilen – allen voran natürlich dem Horn, aber auch den Innereien, dem Blut, dem Knochenmark und sogar der Losung – ließen sich Salben und Tinkturen zur Linderung von Schmerzen und Gebrechen herstellen.

Für die arme Bevölkerung der hoch gelegenen Täler stellte das Fleisch darüber hinaus eine willkommene, weil eiweißreiche Ergänzung des Speiseplan dar. So kam es, dass in der gesamten Schweiz nach 1809 nicht ein einziger frei lebender Steinbock mehr anzutreffen war. Und ausgerechnet im Kanton Graubünden, der das Tier sogar im Wappen führt, waren die Steinböke bereits im 17. Jh. ausgerottet worden.

Es hätte nicht viel gefehlt, und der Steinbock hätte das Schicksal von Bär, Luchs und Wolf geteilt, von denen in der Schweiz keine Spur mehr zu finden ist. Es ist der Ende des 19. Jh. entstehenden Naturschutzbewegung, die auch die Gründung des Schweizerischen Nationalparks initiierte, zu verdanken, dass in den Felsen heute wieder Steinböcke herumklettern. Nach mehrjähriger Vorbereitung wurden 1911 im Sankt Galler Weisstannental, 1914 am Piz Ela (bei Bergün) und 1920 im Schweizerischen Nationalpark die ersten Steinböcke ausgesetzt.

Die Populationen entwickelten sich so gut, dass schon bald einzelne Tiere in andere Regionen umgesiedelt werden konnten, um Tochterkolonien zu gründen. Der Erfolg der Wiederansiedlungen hat in einigen Tälern sogar Überbestände hervorgebracht, Fege- und Verbissschäden sind die Folge. Daher ist in Graubünden seit 1977 die Steinbockjagd zur Bestandsregulierung wieder erlaubt.

Begünstigt wurde die rasche Vermehrung der Steinböcke natürlich auch dadurch, dass sie in der Schweiz keine natürlichen Fressfeinde mehr haben. So sind die größten Gefahren, denen die Tiere heute noch ausgesetzt sind, Stein- und Eisschlag, Lawinen und die Gamsblindheit, die seit den 1950er Jahren vermehrt auftritt. Entgehen sie diesen Gefahren, können besonders die Geißen das beachtliche Alter von 15, selten sogar 20 Jahren erreichen.

Der Alpensteinbock *(Capra ibex ibex)* ist ein enger Verwandter der Ziege. Böcke werden bis zu 90 kg, Geißen etwa 40 kg schwer. Die männlichen Tiere tragen imposante Hörner, die Hörner der Weibchen sind wesentlich kürzer. Wie bei Gämsen lässt sich aus den Jahresringen des Horns das Alter des Tiers bestimmen.

Der Lebensraum des Steinbocks erstreckt sich in Höhen zwischen 1600 m und 3200 m, wobei die Tiere felsiges Gelände bevorzugen. Dort finden sie ihre Nahrung, die in erster Linie aus Gräsern und Kräutern besteht. Die Tiere leben das ganze Jahr über in getrennt geschlechtlichen Rudeln zusammen. Nur während der Brunftzeit im Winter und der Setzzeit im Frühjahr sondern sich die Böcke bzw. die Geißen mit ihrem Kitz von ihrem Rudel ab.

Inzwischen sind Steinböcke wieder fast in der gesamten Schweiz anzutreffen. Dennoch bekommt man sie relativ selten zu Gesicht, da sie sehr scheu sind. Allerdings gibt es im Engadin einige Stellen, an denen man mit größter Wahrscheinlichkeit auf sie treffen kann. In erster Linie gilt dies für das Schutzgebiet am Piz Albris, wo sich die Tiere in den Geröllhalden am Piz Languard und sogar in der nächsten Umgebung der Chamanna Georgy aufhalten (Tour 12). Mit viel Glück kann man hier den Böcken beim Kampf zusehen. Ebenfalls gute Gelegenheit zur Beobachtung bietet sich im Val Trupchun: In einer Felswand nahe der Alp Purcher halten sich die Tiere gerne auf, da dort Salz aus dem Stein austritt (Tour 20). Schließlich bestehen auch am Piz Grevasalvas (Tour 1), im hinteren Val Trupchun (Tour 20) und auf dem Sattel Murter (Tour 21) gute Chancen, Steinwild anzutreffen.

Passwege im Engadin

Bevor der Tourismus Ende des 19. Jh. das Engadin eroberte, wurde das Tal vom Transitverkehr geprägt. Eine wichtige Verbindung, an der auch heute noch die meisten Orte liegen, folgte dem Lauf des Inns – im Oberengadin immer auf dem weiten Talboden in der Nähe des Flusses, im Unterengadin hoch am Hang über der Schlucht. Dies ist heute noch an der Lage der Orte Lavin, Guarda, Ardez, Ftan oder Ramosch erkennbar. Der Inn selber spielte als Verkehrsweg keine Rolle, da er selbst heute noch zu wild durch die Scuoler und die Giarsun-Schlucht tost – sieht man davon ab, dass auf ihm Holz nach Tirol geflößt wurde.

Dennoch folgten die wichtigsten Verbindungen durch das Engadin keineswegs dem Flusslauf, also von Nordosten nach Südwesten, sondern sie verliefen quer zu dieser Richtung – grob einer Ausrichtung von Norden bzw. Nordwesten nach Süden bzw. Südosten folgend. Wo diese Routen das Engadin kreuzten bzw. auf die Talstraße trafen, entstanden so genannte »Passfußsiedlungen«. Silvaplana (Julierpass, s. Abb. oben), La Punt (Albulapass), Susch (Flüelapass), Casaccia (Septimerpass/Passo del Muretto) und Santa Maria (Umbrailpass) mit ihren gedrängt stehenden Häusern am Fuß der Passstraßen haben diesen Charakter bis heute noch mehr oder weniger deutlich bewahrt. Hier findet man teilweise auch noch alte Säumerherbergen und die so genannten Susten, in denen die Waren gelagert wurden.

Bereits in römischer Zeit verlief eine wichtige Nord-Süd-Verbindung, die sogar mit einachsigen Karren befahrbar war, über den Julier- bzw. Septimerpass und dann weiter über den Malojapass und durch das Bergell hinab nach Como. Zeugnis davon legen die beiden Säulen ab, die wohl zu einem römischen Heiligtum gehörten und heute die Straße auf der Passhöhe des Julierpasses flankieren. Der wesentlich bedeutendere der beiden Pässe war bis weit in die Neuzeit hinein der Septimerpass. Mitte des 9. Jh. wurde auf seiner Passhöhe das erste Hospiz im Alpenraum erwähnt, im 14. Jh. wurde der Weg im Auftrag des Churer Bischofs auf eine Breite von 2,50 m ausgebaut und gepflastert. Schon im 16. Jh. war er jedoch nicht mehr für Karren passierbar.

Die dominierende Rolle des Septimerpasses blieb bis ins 19. Jh. hinein bestehen. Überregionale Bedeutung erlangten darüber hinaus allenfalls der Ofenpass als Ausweichroute sowie Albula- und Berninapass als Hauptverkehrsweg der Säumer aus dem Veltlin, die den Wein ins Mittelland brachten. Alle anderen Pässe – darunter auch der heute fast vergessene Scalettapass und der Passo del Muretto – dienten lediglich der Verbindung zwischen einzelnen Tälern.

Erst im 19. Jh. wurden die Karten komplett neu gemischt, denn nun wurden einige Straßenprojekte realisiert, die sich schon seit längerem in der Planung befanden. Der Startschuss fiel mit dem Ausbau der ›Oberen Strasse‹ von Chur über die Lenzerheide, Julier- und Malojapass nach Casaccia 1820–1826. Durch sie geriet der Septimerpass innerhalb weniger Jahre fast in völlige Vergessenheit, denn die – eigentlich ja gar nicht so – neue Route war zwar ein paar Kilometer länger, hatte aber den entscheidenden Vorteil, aufgrund des offeneren, sonnigeren Übergangs im Winter leichter gangbar und zudem auf der Südrampe weniger steil zu sein.

Bis Ende des Jahrhunderts wurden auch die anderen Passstraßen ausgebaut, die heute mit dem Auto befahrbar sind: Albula- (1856–1873), Bernina- (1864–1869), Flüela- (1867) und Ofenpass (1871–1872). Der Schlusspunkt bei der Erschließung der Pässe im Engadin wurde mit dem Bau der Bahnlinien über den Albula- (1898–1903) und den Berninapass (1904–1910) gesetzt.

Abseits der Hauptverkehrsachsen folgen auch heute noch zahlreiche Wanderwege den klassischen Routen: sei es entlang der spektakulären Bahnlinien über den Albula- (Tour 17) und den Berninapass (Tour 15), sei es auf der römischen Trasse am Septimerpass (Tour 1), dem Weg zum Passo del Muretto (Tour 2) oder auf der alten Talstraße zwischen Guarda und Ftan (Tour 27). Hier und da entdeckt man vereinzelte Zeugnisse vergangener Jahrhunderte – teils wieder instand gesetzt wie die Pflasterung am Septimerpass, teils verfallen wie die Suste bei Chanuoa (Tour 27) –, die an die einstige Blütezeit erinnern.

Zur Innquelle

Von Maloja auf den Piz Lunghin und über den Septimerpass

Nicht seiner Höhe, sondern seiner isolierten und weit ins Bergell vorgeschobenen Lage verdankt der Piz Lunghin das fantastische Panorama, das sich vom Gipfel bietet. An seinen Hängen entspringen die Bächlein, die sich im See zum Inn vereinigen.

DIE WANDERUNG IN KÜRZE

+++ Anspruch

6 Std. Gehzeit

1000 m Anstieg

1350 m Abstieg

Charakter: Tagestour mit einigen Kletterstellen im Gipfelbereich, relativ langer Abstieg; größtenteils Bergwege, Abstieg vom Septimerpass teilweise gepflastert.

Markierung: weiß-rot-weiß, weiß-blau-weiß

Wanderkarte: 1:50 000 Oberengadin; 1:50 000 268T Julierpass; 1:25 000 1276 Val Bregaglia

Einkehrmöglichkeiten: nur am Ende der Wanderung in Casaccia

Anfahrt: Mit dem Postauto/Engadin Bus (Linie 2, 4) von St. Moritz bis zur Haltestelle Maloja Capolago, dann ca. 300 m entlang der Straße zurück bis zum Parkplatz gegenüber dem Ende des Silsersees. **Mit dem Auto** von St. Moritz bis kurz vor dem Ortsanfang von Maloja, dort kleiner Parkplatz rechts der Straße gegenüber dem Ende des Silsersees; **Rückfahrt** von Casaccia mit dem Postauto bis zur Haltestelle Maloja Capolago (letzter Bus etwa gegen 18 bzw. 20 Uhr).

Hinweise: Der Abstieg über den Septimerpass sollte bei Regen nicht unternommen werden, da dann die Steine sehr rutschig sein können. Der Aufstieg zum Gipfel sollte auf keinen Fall bei schlechter Sicht unternommen werden.

Vom Parkplatz in **Maloja** folgen wir dem Wegweiser zum Lägh dal Lunghin und wandern auf einem schmalen Pfad den Hang entlang relativ steil aufwärts. Anfangs geht es durch Wiesen und unter einer Felswand entlang, dann wird der Weg langsam flacher. Dabei bietet sich immer ein schöner Blick hinab auf Maloja mit dem auffälligen Hotel Palace. Schließlich treffen wir auf einen von rechts kommenden Weg (s. Tour 4) und erreichen ein paar Meter weiter bei **Plan di Zoch** einen Wegweiser (30 Min.).

Ihm folgen wir Richtung Pass Lunghin. Der Weg schlängelt sich jetzt mäßig steil durch die Wiesen aufwärts, man bekommt einen immer besseren Blick ins Bergell mit der Albigna-Talsperre und ins gegenübergelegene Val Forno mit dem Passo del Muretto (Tour 2). Nachdem wir etwas an Höhe gewonnen haben, können wir auch den Silsersee mit der dahinter gelegenen Bergkette vom Piz Corvatsch über die Fuorcla Surlej (Tour 6) bis zum Piz Mezdi (Tour 8) überblicken.

Nach längerem Aufstieg erreicht der Weg einen kleinen Talboden (1.20 Std.), über den es jetzt flacher hinüber geht, wobei wir den jungen **Inn** überqueren. Am Ende der ebenen Fläche führt der Weg nach links hinüber, dann durch einen Einschnitt, überwindet noch einmal, mäßig ansteigend, eine Steilstufe und erreicht schließlich den **Lägh dal Lunghin** (2 Std.). Der tiefblaue See gilt als Innquelle, denn in ihm sammelt sich das Wasser der namenlosen Bächlein, die in der Geröllmulde unterhalb der Felswände des Piz Grevasalvas und an den Hängen des Piz Lunghin entspringen, um dann gemeinsam zu Tal zu fließen. Beim Blick zurück über das Engadin dominiert auf der gegenüberliegenden Talseite der Piz da la Margna, links daneben der grüne Rücken des Muott' Ota (Tour 5), der das Val Fex verdeckt.

Vom Abfluss des Sees gehen wir auf seiner linken Seite unterhalb des Piz Lunghin mäßig steil am Hang aufwärts Richtung Talschluss. Zunächst führt der Weg über einen Schutthang, der mit Gletscher-Hahnenfuß übersät ist. Bald wird er flacher und zieht sich durch die Geröllwüste, die kaum noch Vegetation aufweist, hinauf zum **Pass Lunghin** (2.45 Std.). Von hier aus hat man erstmals einen Blick in das Tal des Septimerpasses. Über den Lägh dal Lunghin bietet sich eine hervorragende Aussicht bis in die Bernina. Auf der Passhöhe steht ein Wegweiser, der auf die kuriose – und europaweit einmalige – Situation einer dreifachen Wasserscheide aufmerksam macht: Hier kann ein leichter Windstoß darüber entscheiden, ob ein Regentropfen seine Reise über die Julia und den Rhein zur Nordsee, über den Inn und die Donau zum Schwarzen Meer oder über die Maira und den Po in die Adria antritt.

Vom Pass folgen wir den weiß-blau-weiß markierten Aufstiegsspuren Richtung Piz Lunghin, die teilweise zusätzlich durch Steinmännlein gekennzeichnet sind. Zunächst geht es nur leicht ansteigend hinüber zum Westgrat, von dem aus sich ein erster Tiefblick ins Bergell bietet. Dann ziehen sich die Spuren, teilweise recht steil, immer über Schutt oder durch Blockwerk unterhalb des Grates entlang. An einigen Stellen müssen beim Aufstieg die Hände zu Hilfe genommen werden.

Schließlich ist der Gipfel des **Piz Lunghin** erreicht (3.10 Std.), eine Aussichtskanzel hoch über dem Bergell. Nach Nordosten schweift der Blick über die Engadiner Seenplatte, nach Süden tief hinunter ins Bergell, mit den darüber aufragenden Granitzacken um den Piz Badile und hinüber zum Albigna-Stausee mit dem Gletscherstrom des Vadrec da l'Albigna.

Vom Gipfel folgen wir wieder dem Aufstiegsweg zurück zum **Pass Lunghin** (3.30 Std.).

Variante: Wer sich den langen und anstrengenden Abstieg nach Casaccia ersparen möchte (dies ist v. a. bei Regen empfehlenswert), kehrt auf dem gleichen Weg wieder nach Maloja zurück. In diesem Fall kann man den Weg vom Gipfel zum Lägh dal Lunghin abkürzen, indem man etwa nach der Hälfte des Abstiegs dem

Pfad folgt, der rechts direkt zum See hinabführt.

Vom Pass Lunghin steigen wir zuerst über einen Rücken leicht bis mäßig steil Richtung Septimerpass ab. Dann geht es am Rand einer Mulde entlang, ehe sich der Weg leicht abfallend am Hang entlang windet. Schließlich erreicht er, kurz nach dem Passieren eines Bunkers, der den Übergang sichert, die Passhöhe des **Septimerpasses** (4.15 Std.).

Wir wenden uns nach links Richtung Casaccia und folgen nun der Passroute, die schon seit römischer Zeit aus dem Surses (Oberhalbstein) hinüber ins Bergell führt. Zunächst geht es am **Septimerhaus** vorbei, doch schon nach gut 5 Min. verlässt die Markierung den relativ ebenen Fahrweg und wendet sich mäßig steil in die Wiesen hinab (Ausschilderung nach Casaccia). Nun folgen wir zunächst immer den Markierungen und überqueren dabei einmal den Bach. Bei einer kleinen Brücke, wo die Markierung auf das rechte Ufer hinüber weist, bleiben wir links des Baches. Hier beginnt die restaurierte Pflasterung des Passweges, die im Grunde lediglich aus nebeneinander gelegten, verschieden großen Steinen besteht. Wenig später führt eine kleine Bogenbrücke wieder auf das rechte Ufer hinüber. Pferdeäpfel auf dem Weg zeugen davon, dass entlang der historischen Route Wanderungen auf den Spuren der Säumer durchgeführt werden.

Nach einer nochmaligen Querung des Baches führt der Weg am linken Hang bis zur Ecke (4.50 Std.), von wo sich ein schöner Blick ins Val Maroz

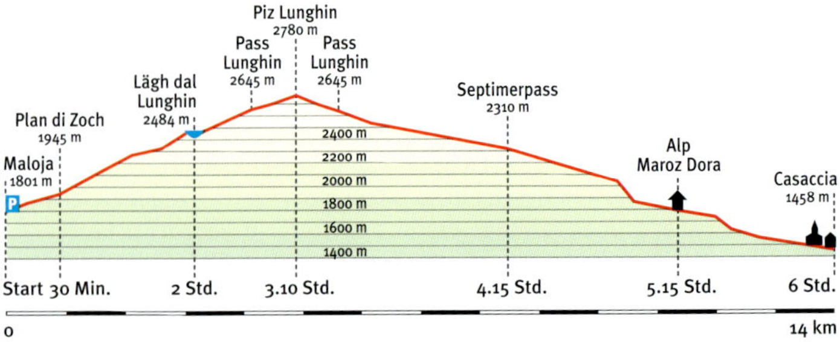

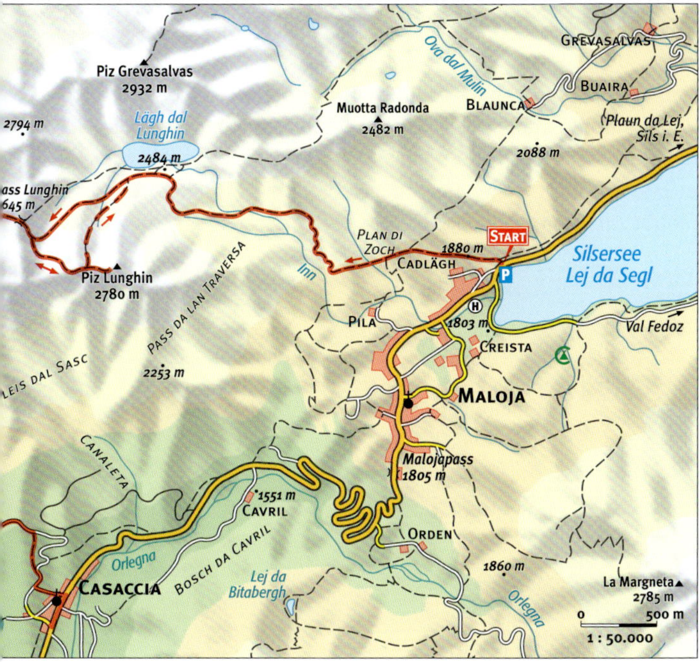

und auch schon hinüber Richtung Bergell bietet. Nun windet sich der Weg, größtenteils mäßig steil und mit Steinen befestigt, in engen Serpentinen an der Hangkante nach unten, wendet sich dann talauswärts und führt, leicht abfallend, oberhalb der **Alp Maroz Dora** am Hang entlang. Kurz hinter den Alpgebäuden treffen wir an einem Wegweiser auf den Fahrweg, der von der Alp kommt (5.15 Std.).

Wir folgen dem Fahrweg, der stellenweise asphaltiert ist, mäßig steil bergab. Nach einer Linkskurve öffnet sich der Blick ins Bergell und auf die Steilstufe des Malojapasses, über dem der Turm Belvedere thront. Nach Überquerung eines breiten Bachbettes weist rechts ein Wegweiser mäßig steil hinab in den Wald auf den historischen Passweg (›Sentiero storico‹), dem wir folgen. Der Pfad kreuzt noch einmal den Fahrweg, trifft einige Zeit später erneut auf ihn und folgt ihm ein ganzes Stück.

Schließlich führt die Markierung oberhalb von Casaccia direkt in die Wiesen, durch die wir auf einem schmalen Pfad hinunter gehen, ehe wir – das letzte Stück auf einem Fahrweg – **Casaccia** erreichen. Vom einstigen Reichtum, den der Verkehr über den Septimerpass und den Passo del Muretto dem Ort bis Ende des 18., Anfang des 19. Jh. gebracht hatte, ist nur noch wenig zu sehen. Auf der Hauptstraße wenden wir uns nach rechts und gehen etwa 200 m bis zur **Post** (6 Std.).

Mitten in die Gletscherwelt

Von Maloja am Lägh da Cavloc vorbei zur Capanna del Forno
Vom belebten Malojapass führt die Wanderung hinein in die einsame Gletscherwelt. Vorbei am malerisch gelegen Lägh da Cavloc geht es bis an die Gletscherzunge des Vadrec del Forno heran und dann hinauf zur Capanna del Forno, die hoch über dem Eisstrom thront.

DIE WANDERUNG IN KÜRZE

+++ Anspruch

7.30 Std. Gehzeit

800 m An-/Abstieg

Charakter: Lange und v. a. durch den Schlussanstieg anstrengende Tagestour; bis unterhalb der Gletscherzunge technisch einfach, im Aufstieg zur Hütte anspruchsvoll und nur für geübte und schwindelfreie Wanderer zu empfehlen.

Markierung: weiß-rot-weiß, weiß-blau-weiß

Wanderkarten: 1:50 000 Oberengadin; 1:50 000 268T Julierpass u. 278 Monte Disgrazia; 1:25 000 1276 Val Bregaglia u. 1296 Sciora

Einkehrmöglichkeiten: Ristorante Cavloc, Capanna del Forno

Anfahrt: Mit dem Postauto/Engadin Bus (Linie 2, 4) von St. Moritz bis zur Haltestelle Maloja Posta, von dort der Ausschilderung Richtung Lägh da Cavloc folgen, in Orden trifft man auf den vom Parkplatz kommenden Weg.
Mit dem Auto von St. Moritz durch Maloja hindurch, über die Passhöhe und nach der ersten Kehre der Ausschilderung zum Parkplatz folgen (gebührenpflichtig, Parkuhr am Anfang der Stichstraße).

Vorsicht: Die Wanderung sollte keinesfalls bei schlechtem Wetter unternommen werden, da bei Nässe der gesicherte Anstieg zur Hütte gefährlich wird.

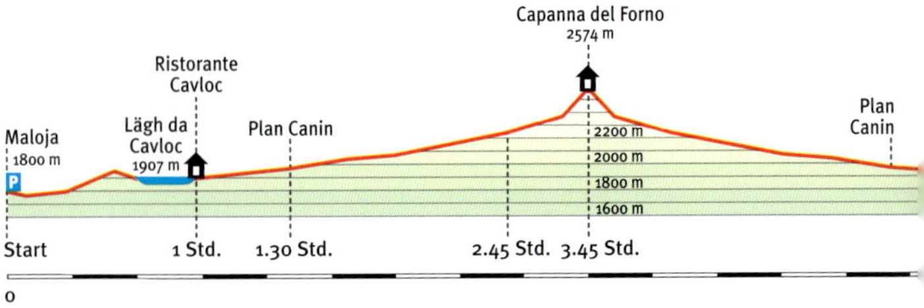

Vom Parkplatz bei **Maloja** folgen wir rechts der Ausschilderung zum Lägh da Bitaberg, auf die Staumauer des Hochwasserrückhaltebeckens von Orden zu. Wir überqueren die Staumauer, auf deren Krone seit 1997 neun schlanke Säulen in Regenbogenfarben stehen: die Installation ›Culur‹ des Künstlers Gottfried Honegger. Der Gegenpol, eine neunteilige Betonsäule in den gleichen Farben, steht vor dem Bildungs- und Ferienzentrum Salecina, das man taleinwärts sieht und an dem der Rückweg vorbei führt. Auf den ersten Blick erscheinen die 1971 fertig gestellte Staumauer und das Rückhaltebecken, die das Bergell vor Hochwasser-Katastrophen wie der von 1927 schützen sollen, deutlich überdimensioniert. Die Tatsache jedoch, dass sich im Sommer 1987 hier innerhalb weniger Stunden ein bis fast zum Überlauf gefüllter Stausee bildete, verdeutlicht die Gefahren, die die so harmlos erscheinenden Bergbäche bergen.

Direkt hinter der Staumauer steigen wir links steil den Hang hinab und gehen dann relativ eben auf der rechten Seite des Ausgleichsbekkens entlang durch Wiesen und Wald. Nach einem mäßig steilen Anstieg trifft der Weg in einer Kurve auf einen Fahrweg, dem wir aufwärts Richtung Lägh da Cavloc folgen. Nach links bietet sich jetzt ein schöner Blick auf Maloja mit dem Turm Belvedere, den Piz Lunghin (Tour 1), der sich darüber erhebt, und den jungen Inn, dessen Wasser in Kaskaden den Hang hinunter stürzt.

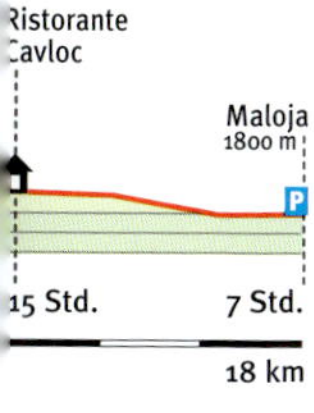

Hinter einer Rechtskurve biegt an einem Wegweiser ein schmaler, nicht markierter Weg in die Wiese ab und führt dann in den lichten Wald. Wir folgen ihm steil aufwärts. Nur ein kurzes Flachstück verschafft eine Verschnaufpause beim Schweiß treibenden Aufstieg, der schließlich an einem Weg endet, der am Hang entlang leicht aufwärts führt und vom Lägh da Bitaberg kommt (40 Min.).

Wir folgen ihm nach links noch ein kurzes Stück aufwärts. Nach einem Einschnitt geht es durch den lichten Wald leicht abwärts zum **Lägh da Cavloc,** der malerisch in einen Kessel eingebettet zu liegen scheint. Wir umrunden den See nach rechts, zunächst in leichtem Auf und Ab, dann eben direkt am Seeufer entlang, wobei wir einige Zuflüsse überqueren. Schließlich erreichen wir kurz vor dem **Ristorante Cavloc** einen **Wegweiser** und den Abzweig zur Capanna del Forno (1 Std.).

Zunächst führt der Fahrweg noch bis zu den Gebäuden der **Alp Cavlocc,** wo es frischen Ziegenkäse zu kaufen gibt. Hinter den Alpgebäuden wird der Weg schmaler, führt erneut durch einen Einschnitt und dann, größtenteils durch Buschwerk, nur schwach ansteigend parallel zur Orlegna. Das breite Geröllbett deutet an, welche Kraft dieser Bach im Frühjahr während der Schneeschmelze entwickeln kann. Darauf verweisen auch Schilder, die vor dem Betreten des Bachbetts warnen. Kurz hinter einer Alphütte erreichen wir auf dem **Plan Canin** (1.30 Std.) den Abzweig zum Passo del Muretto, über den früher die wichtige Handelsroute aus dem Rheintal über den Septimerpass ins Veltlin verlief.

Wir bleiben rechts auf dem weiß-blau-weiß markierten Hauptweg, der sich nun Richtung Capanna del Forno ins hintere Val Forno wendet. Nach ein paar Minuten passieren wir ein Staubecken, in dem das Gletscherwasser des Vadrec del Forno gesammelt wird, um durch einen Druckstollen zum Kraftwerk Löbbia hinabzuschießen (s. S. 25).

Leicht bis mäßig steigt der Weg an und überwindet dabei immer wieder kleinere Steilstufen. Im ganzen Tal kann man immer wieder Murmeltiere beobachten – weitaus häufiger aber natürlich ihre schrillen Pfiffe hören. Die teilweise glatt geschliffenen Felswände lassen deutlich erkennen, wie mächtig früher der Gletscher war.

Größtenteils geht es nun über Blockwerk, stellenweise aber auch immer wieder über kürzere Passagen mit grobem Sand. Die Vegetation wird immer spärlicher, im Schutt und zwischen den Felsblöcken haben Zwergweiden, Alpendost, Alpen-Anemonen, Hornkraut und verschiedene Steinbrech-Arten ein karges Auskommen.

Nach einer weiteren Steilstufe bietet sich erstmals der Blick auf den Gletscher, der den gesamten Talboden im hinteren Teil des Val Forno bedeckt. Der Weg überquert nun den Gletscherbach (2.45 Std.), führt auf die andere, orografisch rechte Talseite hinüber und dort für etwa 200 m über den Gletscher.

Jetzt beginnt der eigentliche Aufstieg zur Capanna del Forno. Zunächst geht es über Schutt auf der Seitenmoräne entlang. Dann zieht sich der Weg, ein wenig abenteuerlich, aber an kritischen Stellen immer gut durch Stahlseile gesichert, über Felsbänder in der Flanke des Monte del Forno aufwärts. Dieser Weg wurde erst 2005 neu in den Fels gesprengt, da der alte Zugang zur Hütte aufgrund des Rückgangs der Gletscherzunge und der zunehmenden Instabilität der Seitenmoräne im oberen Teil zu gefährlich geworden war.

Nach schweißtreibendem Anstieg erreichen wir so schließlich die **Capanna del Forno** (4 Std.). Von der großen Terrasse der Hütte bietet sich eine Aussicht auf den Gletscherkessel, der von der Cima di Castello, den Torrones und der Cima di Rosso eingefasst wird. Diese Gipfel und zahlreiche weitere sind das Ziel von Kletter- und Hochtouren, für die die Hütte mit ihren über 100 Schlafplätzen einen idealen Ausgangspunkt darstellt.

Der Rückweg folgt der Aufstiegsroute bis zum **Lägh da Cavloc** (6.45 Std.). Dort gehen wir rechts am **Ristorante Cavloc** vorbei, hinter dem sich der Fahrweg abwärts wendet. Mit Blick auf Maloja mit dem Turm Belvedere geht es nun durch lichten Wald. Wir bleiben immer weiter auf dem Fahrweg, passieren das Bildungs- und Ferienzentrum Salecina, gehen zwischen den verstreuten Häusern von **Orden** durch die Wiesen und erreichen schließlich wieder den Parkplatz bei **Maloja** (7.30 Std.).

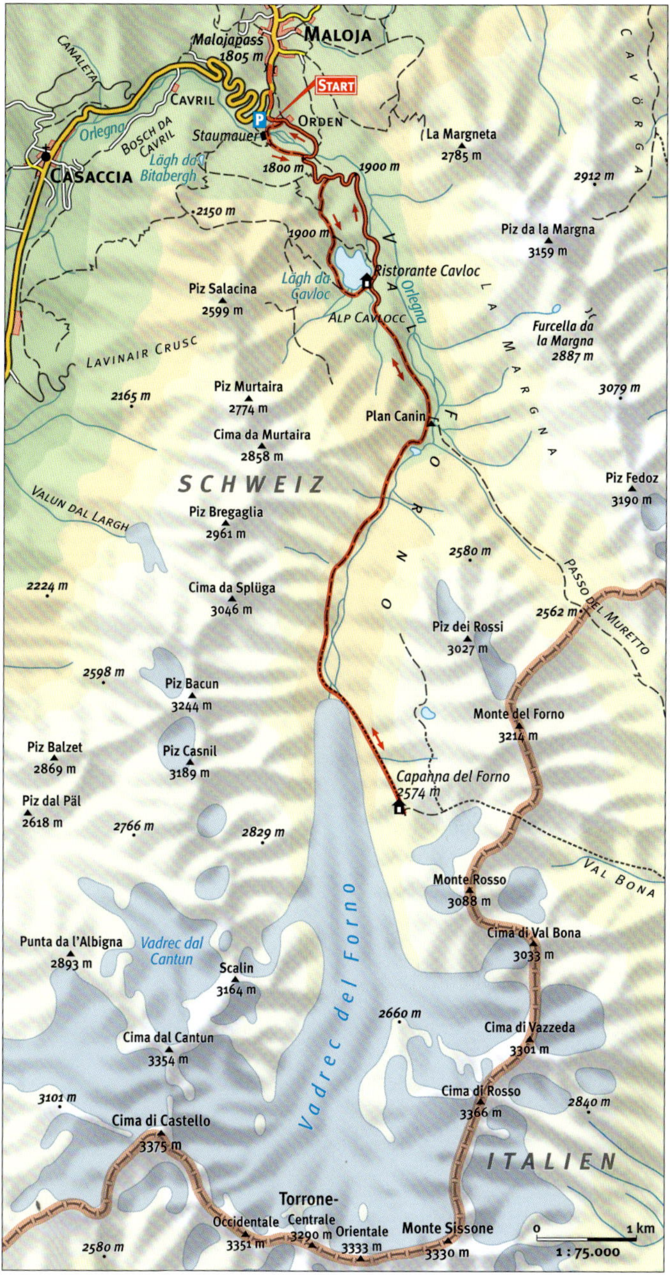
MALOJA
Malojapass
1805 m
START
CANALETA
CAVRIL
ORDEN
Orlegna
BOSCH DA CAVRIL
Staumauer
Lägh da Bitabergh
CASACCIA
1800 m
1900 m
La Margneta
2785 m
2912 m
CAVÖRGA
2150 m
1900 m
Piz da la Margna
3159 m
Piz Salacina
2599 m
Lägh da Cavloc
Ristorante Cavloc
Orlegna
ALP CAVLOCC
Furcella da la Margna
2887 m
LAVINAIR CRUSC
VAL FORNO
LA MARGNA
Piz Murtaira
2774 m
2165 m
3079 m
Plan Canin
Cima da Murtaira
2858 m
SCHWEIZ
Piz Fedoz
3190 m
VALUN DAL LARGH
Piz Bregaglia
2961 m
2580 m
PASSO DEL MURETTO
2224 m
Cima da Splüga
3046 m
2562 m
Piz dei Rossi
3027 m
2598 m
Piz Bacun
3244 m
Monte del Forno
3214 m
Piz Balzet
2869 m
Piz Casnil
3189 m
Capanna del Forno
2574 m
Piz dal Päl
2618 m
2766 m
2829 m
VAL BONA
Monte Rosso
3088 m
Cima di Val Bona
3033 m
Punta da l'Albigna
2893 m
Vadrec dal Cantun
Scalin
3164 m
Vadrec del Forno
2660 m
Cima di Vazzeda
3301 m
Cima dal Cantun
3354 m
3101 m
Cima di Rosso
3366 m
2840 m
Cima di Castello
3375 m
ITALIEN
Torrone-
Occidentale
3351 m
Centrale
3290 m
Orientale
3333 m
Monte Sissone
3330 m
2580 m
0
1 km
1 : 75.000

Tour 3

La Panoramica

Von Casaccia auf dem Höhenweg nach Soglio und Castasegna

Es gibt kaum etwas Schöneres, als an einem sonnigen Herbsttag auf der Panoramica das Bergell zu erwandern und dabei den Kontrast zwischen den schroffen Granitzacken um den Piz Badile, den malerischen Orten und den riesigen Kastanienwäldern zu genießen.

DIE WANDERUNG IN KÜRZE

++ Anspruch

5.30 Std. Gehzeit

400 m Anstiege

1200 m Abstiege

Charakter: Panorama-Wanderung fast durch das gesamte Bergell mit fantastischen Ausblicken; größtenteils schmale Berg- und Waldwege; einige steilere, steinige An- und Abstiege.

Markierung: gelb, weiß-rot-weiß

Wanderkarten: 1:50 000 Oberengadin; 1:50 000 267T San Bernardino, 268T Julierpass, 278 Monte Disgrazia; 1:25 000 1275 Campodolcino, 1276 Val Bregaglia und 1296 Sciora

Einkehrmöglichkeiten: Kiosk bei Durbegia, Restaurants in Soglio und Castasegna

Anfahrt: Mit dem Postauto von St. Moritz über Maloja bis Casaccia, schräg gegenüber der Post in ein Teersträßchen Richtung Parkplatz und direkt links in den Wiesenweg einbiegen.
Mit dem Auto von St. Moritz über Maloja bis Casaccia, am Ortsende rechts der Beschilderung zum Parkplatz folgen; **Rückfahrt** von Castasegna mit dem Postauto nach Casaccia.

Hinweise Die schönste Jahreszeit für diese Tour ist der Herbst, wenn sich das Laub verfärbt hat und die Kastanien reif sind.

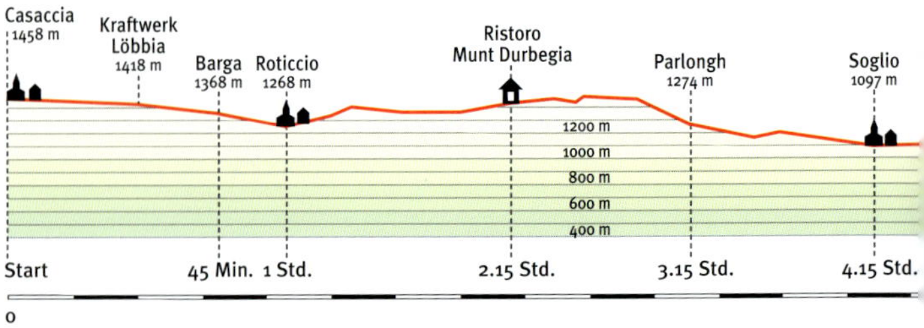

Am Ortsende von **Casaccia** führt ein Teersträßchen Richtung Friedhof und Parkplatz. Hier beginnt **La Panoramica,** der Panorama-Höhenweg durch das Bergell. Bis Soglio folgen wir immer der Ausschilderung bzw. den Wegweisern nach Soglio.

Der Wirtschaftsweg führt zunächst durch Blumenwiesen, immer parallel zur Talstraße und auf die Albigna-Talsperre hoch am Hang der gegenüberliegenden Talseite zu. An einem Wege-T bei einem Strommast nach gut 500 m biegen wir rechts ab, in den lichten Wald hinein.

Der breite Weg führt, flankiert von Erlengebüsch, an der Maira entlang. Wir passieren nach einiger Zeit die **Kraftwerkszentrale Löbbia** mit ihrem Ausgleichsbecken. Die Turbinen werden von dem Gletscherwasser der Seitentäler angetrieben, das durch mehrere Kilometer lange Druckstollen vom Lägh da l'Albigna und aus dem Val Forno nach Löbbia gelangt. Hier schlägt das Herz der Stromerzeugung im Bergell. Betreiber der Anlagen und damit einer der wichtigsten Arbeitgeber des Tals sind die Elektrizitätswerke der Stadt Zürich.

Nach dem Kraftwerk wird der Weg schmaler und führt in stetem Auf und Ab durch den Wald. Auf der Lichtung **Barga** (45 Min.) mit ihren paar Häuschen passieren wir einen Abzweig ins Val Furcela und gehen auf leicht abwärts führendem Fahrweg durch den nun etwas dichteren Wald. Am Ortsrand von **Roticcio** (1 Std.) geht der Fahrweg in eine Teerstraße über, auf der wir durch den Ort gehen.

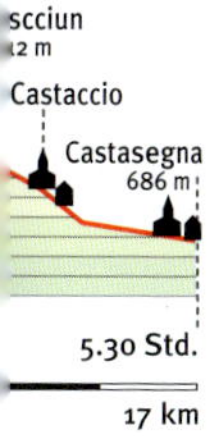

Hinter dem Ort geht die Teerstraße wieder in einen Wiesenweg über und passiert einen Abzweig nach Vicosoprano. Nun wird der Weg schmaler und führt erst leicht ansteigend im Zickzack durch die üppigen Blumenwiesen aufwärts, dann steiler werdend durch den Wald. Schließlich wird er im lichten Mischwald wieder flacher, und es geht in ständigem Auf und Ab am Hang entlang, oft über Baumwurzeln und Steine – dies gilt übrigens für fast den gesamten restlichen Weg bis Soglio.

Von einer Bank bietet sich ein hervorragender Ausblick auf das unten im Tal gelegene Vicosoprano mit seinem sehenswerten geschlossenen Ortskern. Etwas später sieht man im Tal auch Borgonovo liegen, auf dessen Friedhof einige Mitglieder der berühmten Künstler-Familie Giacometti begraben sind, und das dahinter gelegene Stampa, den heutigen Hauptort des Bergells. Erneut passieren wir einen Abzweig nach Vicosoprano (1.45 Std.), wenig später einen ins Val da Cam. Nun geht es durch Laubwald, der größtenteils von Haselnusssträuchern, Ahorn und Erlen gebildet wird.

Beim **Abzweig Durbegia** treffen wir auf einen Fahrweg, dem wir leicht bergauf folgen, um auf der weiten Lichtung Durbegia den Kiosk **Ristoro Munt Durbegia** zu erreichen (2.15 Std.). Kurz danach bietet sich ein schöner Blick hinunter nach Stampa, auf den gegenüber dem Ort gelegenen Palazzo Castelmur mit seinen markanten roten, zinnenbekrönten Türmen und weiter talabwärts auf die Burg Castelmur bei Promonto-

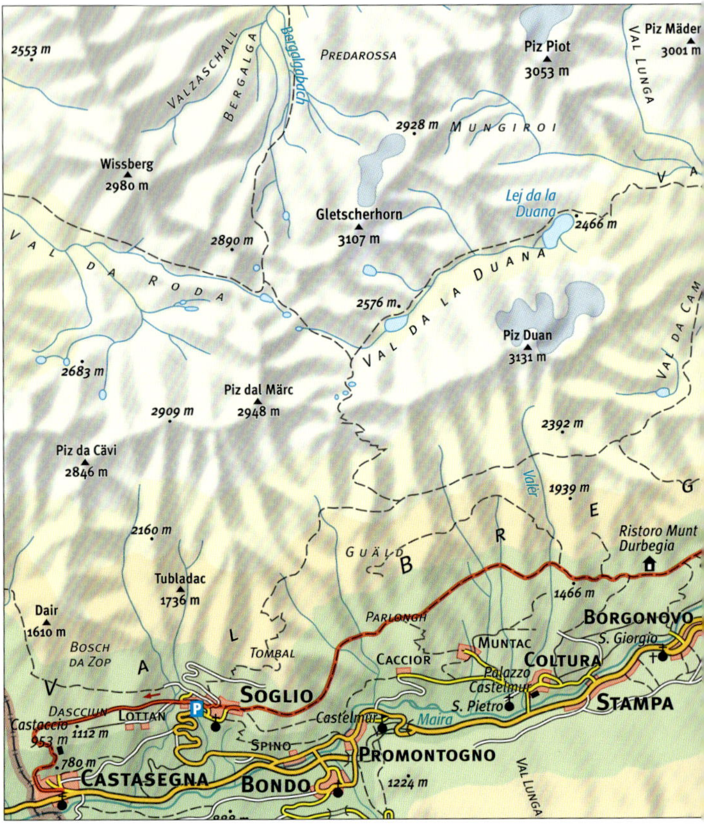

gno, die von ihrem Hügel aus den gesamten Verkehr durch das Tal kontrollierte. Der Weg führt weiter am Hang entlang und passiert mehrere Bachläufe, an denen das Wasser teilweise in Kaskaden herab stürzt. Mäßig steil und steinig geht es dann durch den Wald hinab, in dem nun auch zunehmend Eichen und Birken zu finden sind. Immer wieder bieten sich Ausblicke auf die gegenüberliegenden gezackten Granitgipfel, die so typisch für das Bergell sind.

Bei **Parlongh** (3.15 Std.) passieren wir einen Abzweig nach Stampa. Anschließend führt der Weg wieder etwas flacher am Hang entlang, hoch oberhalb der Burg Castelmur und von Promontogno. Gegenüber dominiert der massive Piz Badile mit seinem markanten Nordpfeiler und der Steilwand die Zackenkette der Bergeller Berge. Immer wieder sind einzeln im Wald und auf Lichtungen Stadel und Hütten verstreut, die jedoch teilweise verfallen. Kurz vor Soglio mischen sich auch die ersten Kastanien in den Laubwald.

Nach einem längeren Stück über Steinblöcke und -platten führt der Weg auf die Wiesen hinaus und erreicht wenig später **Soglio** (4.15

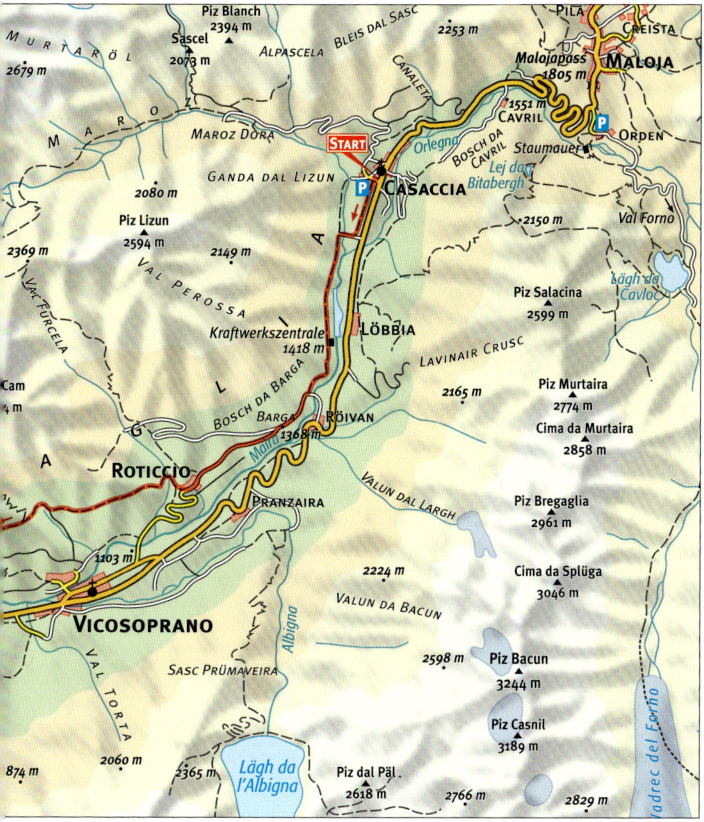

Std.). In dem Bilderbuchort auf einer Hangterrasse hoch über der Maira ist alles Ton ind Ton: Die eng aneinander gedrängten, mit Steinplatten gedeckten Häuser und die dazwischen liegenden Ställe sind aus Bergeller Gneis, ebenso die beiden überdachten Brunnen im oberen Bereich des Ortes; das Kopfsteinpflaster der engen, verwinkelten Gassen fügt sich farblich ein, und kaum ein Auto stört das Bild des verkehrsberuhigten Dorfes. Um es in den Worten der Werbefachleute zu sagen: »So schön ist das Tessin in Graubünden«.

Wir gehen an den vier Salis-Palazzi im oberen Bereich des Ortskerns vorbei und bleiben immer in etwa auf der gleichen Höhe, um schließlich den Ort nach Westen zu verlassen. Am Ortsende treffen wir an einem Parkplatz auf einen Wegweiser nach Castasegna, dem wir weiter folgen. Zunächst geht es über den Parkplatz, dann fast eben auf einem Fahrweg durch lichten Wald und über Weiden am Hang entlang talauswärts.

Bei **Dascciun** (4.40 Std.), einer großen Wiese mit zahlreichen Hütten, zweigt links ein Wiesenweg Richtung Castasegna ab, dem wir ab-

Blick von der Panoramica auf die Granitzacken der Sciora Dafora

wärts folgen. Nun geht es mäßig steil durch den Laubwald hinab, immer wieder werden einzeln stehende Hütten oder Dörrhäuser passiert, und es bieten sich mehrfach schöne Blicke zurück auf Soglio. Auf einer großen Lichtung geht es zwischen den paar Häusern von **Castaccio** hindurch, dann wieder in den Wald, der hier fast ausschließlich aus Kastanien besteht.

Der schmale Weg führt hier steil über viele Stufen durch den Wald hinab und trifft im Tal auf ein schmales Teersträßchen. Diesem folgen wir nach rechts abwärts, an der Siedlung Brentan, die von Bruno Giacometti entworfen wurde, und am Elektrizitätswerk von Castasegna vorbei. Schließlich kommen wir hinunter in das Zentrum von **Castasegna** und zur Post, die nur wenige Meter vom alten Grenzübergang nach Italien entfernt liegt (5.30 Std.).

Kastanien

Im unteren Bergell erstreckt sich zwischen Soglio und dem ›Kastaniendorf‹ Castasegna der Brentan, der größte Kastanienwald Europas. Über Jahrhunderte waren die Kastanien eines der wichtigsten Nahrungsmittel der Talbevölkerung und sicherten den Bergeller Bauern zugleich ein wirtschaftliches Auskommen.

Etwa Anfang Oktober sind die Edelkastanien reif und fallen vom Baum. In mühsamer Handarbeit werden sie gesammelt und von ihrem stacheligen Mantel befreit. Dann trocknet man sie in den eigens errichteten Dörrhäusern *(Cascina)* über einem stetig brennenden Feuer etwa 6–8 Wochen lang. Anschließend werden sie in langen, schmalen Klopfsäcken immer wieder auf einen Baumstumpf geschlagen, damit sich die Schalen von den Früchten trennen, um sie schließlich im Ganzen zu verwerten oder zu Mehl weiterzuverarbeiten.

Nach Jahrzehnten des Niedergangs, in denen die Wälder nicht mehr gepflegt wurden und viele *Cascinas* verfielen, ist seit Mitte der 1980er Jahre eine regelrechte ›Kastanien-Renaissance‹ zu beobachten. Seither finden viele Produkte auf Kastanien-Basis auch überregionale Verbreitung, darunter verschiedene Körperpflegeprodukte, Marmelade und Kastanienblütenhonig.

See-Rundgang zum Heidi-Dorf

Von Sils über Grevasalvas nach Maloja und am Silsersee entlang
Der Silsersee ist nicht nur der größte der Engadiner Seen, sondern mit einer Fläche von über 4 km² sogar der größte See der Alpen. Der Weg führt zuerst auf der nördlichen Seite mit wundervoller Aussicht nach Maloja, dann am Südufer fast direkt am See entlang zurück.

DIE WANDERUNG IN KÜRZE

+ Anspruch

4.30 Std. Gehzeit

400 m An-/Abstiege

Charakter: Einfache Halbtageswanderung, größtenteils auf schmalen Berg- und Waldwegen; mäßig steiler und steiniger Abstieg nach Maloja.

Markierung: weiß-rot-weiß

Wanderkarten: 1:50 000 Oberengadin; 1:50 000 268T Julierpass; 1:25 000 1276 Val Bregaglia u. 1277 Piz Bernina

Einkehrmöglichkeiten: Restaurants in Maloja (Abstecher), Restaurant Lagrev in Isola

Anfahrt: Mit dem Postauto/Engadin Bus (Linie 2, 4) von St. Moritz bis zur Haltestelle Sils San Lurench (St. Lorenz).
Mit dem Auto von St. Moritz nach Sils-Baselgia, Parkmöglichkeit an der Kantonsstraße kurz vor bzw. hinter dem Abzweig nach Sils-Baselgia.

Fast direkt am Inn steht in **Sils-Baselgia** das spätgotische Kirchlein **St. Lorenz.** Außen wie innen eher bescheiden, wurde es allein durch seine prächtige Lage zum beliebten Fotomotiv. Wir überqueren die Kantonsstraße und folgen dem Weg Richtung Grevasalvas bzw. zur Via Engiadina aufwärts. Zunächst geht es leicht ansteigend durch lichten Wald, immer wieder bieten sich Ausblicke über den Silsersee und auf das gegenüberliegende Isola mit dem dahinter aufragenden markanten Piz da la Margna. Nachdem er auf die Via Engiadina getroffen ist, wird der Weg flacher und führt mehr oder weniger auf einer Höhe am Hang entlang, an einigen Stellen geht es dabei ein wenig über Blockwerk.

Wir kommen zum **Abzweig nach Plaun da Lej** (30 Min.), wo wir auf der Via Engiadina bleiben, die nun kräftiger anzusteigen beginnt. Endgültig geht es aus dem Wald auf Blumenwiesen hinaus. An einem kleinen **Sattel,** von dem sich ein erstes Mal ein wunderbarer Blick auf die Granitberge des Bergell bietet, zweigt der schmale Weg nach Grevasalvas links ab. Mäßig steil führt er unter einer Felswand entlang hinunter in das malerische Örtchen, in dem sich die mit Steinplatten gedeckten Häuser eng aneinander drängen.

Blick über Grevasalvas Richtung Bergell

Streng genommen, gehört **Grevasalvas** (1.10 Std.), ebenso wie das jenseits des Silsersees gelegene Isola, nicht zum Engadin, sondern zum Bergell. Beide Orte sind alte Maiensäßsiedlungen der Bergeller Bauern, in denen das Vieh früher Zwischenstation auf dem Weg von den Winterställen zu den hoch gelegenen Alpweiden machte. Damit stellen sie eine Besonderheit im Oberengadin dar, wo sonst, aufgrund der Höhe des Talbodens, die Kühe direkt auf die Alpen getrieben werden. Überregionale Bekanntheit erlangte Grevasalvas in den 50er Jahren als Kulisse eines Heidi-Films.

Wir gehen durch Grevasalvas hindurch und bleiben an der Wegkreuzung rechts auf der Via Engiadina, die nun als Fahrweg leicht aufwärts durch die Wiesen nach **Blaunca** führt (1.30 Std.). Hinter dem Ort wird der Fahrweg zum Wiesenweg und führt leicht bergab, wobei jetzt stets die Bergeller Gipfel das Bild bestimmen. An einer Kuppe mit Bank beginnt ein leichter bis mäßig steiler Abstieg, der uns, oberhalb von Maloja entlang, nach **Plan di Zoch** führt (1.50 Std.). Bereits 100 m vor dem Wegweiser zweigt an einer Bank, fast direkt oberhalb des auffälligen ehemaligen Hotel Palace, spitzwinklig nach links zurück ein Weg hinunter nach Maloja ab. (Wer diesem etwas steileren und stellenweise steinigen Abstieg ausweichen möchte, folgt stattdessen vom Wegweiser Plan di Zoch der Ausschilderung nach Maloja.) Der Abstieg führt uns mäßig steil oberhalb des Ortes entlang abwärts,

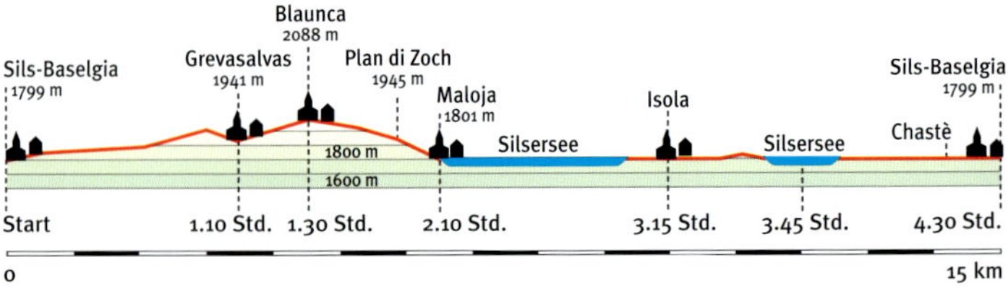

bis wir an einem Parkplatz am Rande von **Maloja** auf die **Kantonsstraße** treffen (2.10 Std.).

Wir überqueren die Straße und folgen auf der anderen Seite einem schmalen Teersträßchen, das direkt am Seeufer entlang um das Ende des Silsersees herum führt. Dabei passieren wir den Anlegesteg der höchst gelegenen Schifffahrtslinie Europas, die zwischen Sils und Maloja verkehrt. Am **Campingplatz** von Maloja geht das Teersträßchen in einen schmalen Weg über, der jetzt in ständigem Auf und Ab durch den lichten Wald fast direkt am Silsersee entlang führt. Immer wieder bieten sich hervorragende Ausblicke über den See und auf den über dem jenseitigen Hang aufragenden, zerklüfteten Piz Lagrev.

Nach gut 1 km wird der Weg wieder breiter und führt über Blumenwiesen relativ eben auf **Isola** (3.15 Std.) zu. Wir durchqueren den Ort, der auf dem weiten Schwemmkegel der Aua da Fedoz liegt. Am Ortsende bietet sich ein kurzer Abstecher nach rechts zu einem **Wasserfall der Aua da Fedoz** an. An den Felsen des Bachbetts lässt sich gut die Entstehung von Strudeltöpfen beobachten.

Jenseits der Aua da Fedoz führt der schmale Weg wieder in den Wald

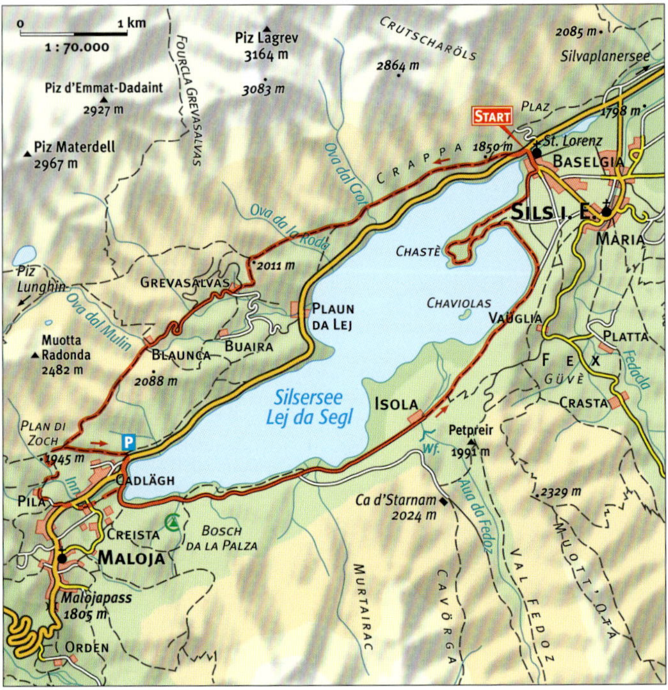

hinein und in ständigem Auf und Ab am Hang entlang. Immer wieder bieten sich schöne Ausblicke über den See und bald auch auf die gegenüberliegende Halbinsel Chastè. Noch einmal folgen ein etwas kräftigerer Anstieg und Abstieg, dann geht es aus dem Wald hinaus und erneut direkt am See entlang auf Sils zu. Am **Bootshaus** der Motorbootlinie vorbei, erreichen wir das östliche Ende des Silsersees (3.45 Std.).

Wir gehen weiter am Ufer entlang auf die Halbinsel Chastè und Sils-Baselgia zu. Nach kurzer Zeit erreichen wir den Rand der Halbinsel und biegen links auf den Weg ein, der **Chastè** (›Schloss‹) umrundet. Wir bleiben immer auf dem Hauptweg und halten uns im Zweifelsfall links, um in Ufernähe zu bleiben und immer den Ausblick auf den See zu genießen. Zahlreiche Bänke laden zum Verweilen ein. In den stillen Buchten kann man im Herbst die ›Silser Kugeln‹ finden. Der Legende nach rollten einst, als Sils während der Schneeschmelze durch den über die Ufer getretenen Inn von der Außenwelt abgeschnitten war, Zwerge Lebensmittel in diese Kugeln aus Lärchennadeln ein, um die Bewohner zu retten. Als banalere Erklärung mögen Malojawind und Strömung herhalten.

Schließlich verlassen wir am nordöstlichen Ende von Chastè den Wald und gehen auf **Sils-Baselgia** zu. Der Hauptstraße folgen wir zurück zu unserem Ausgangspunkt an der Kirche **St. Lorenz** (4.30 Std.).

Blumenwiesen und Gletscher

Von Sils-Maria über den Muott' Ota ins Val Fex

Eines der schönsten Seitentäler des Oberengadins ist das sanfte, sonnige Val Fex. Wir nehmen den Umweg über den Rücken des Muott' Ota, der mit fantastischen Ausblicken über die Engadiner Seen und die Gipfel zwischen Piz Corvatsch und Piz da la Margna belohnt wird.

DIE WANDERUNG IN KÜRZE

++ Anspruch

5 Std. Gehzeit

700 m An-/Abstieg

Charakter: Kurze Ganztageswanderung; anfangs relativ steiler Anstieg zum Muott' Ota und Abstieg ins Val Fex, danach relativ eben; überwiegend schmale Bergwege, im Val Fex teilweise Fahrwege.

Markierung: weiß-rot-weiß

Wanderkarten: 1:50 000 Oberengadin; 1:50 000 268T Julierpass; 1:25 000 1277 Piz Bernina

Einkehrmöglichkeiten: Alp Muot Selvas (nur bei schönem Wetter), Hotel Fex in Fex-Chalchais, Gasthöfe in Fex-Crasta

Anfahrt: Mit dem Postauto/Engadin Bus (Linie 2, 4, 6) von St. Moritz bis zur Haltestelle Sils-Maria Posta. **Mit dem Auto** von St. Moritz nach Sils-Maria, am Ortsanfang in das Parkhaus (gebührenpflichtig); vom Parkhaus auf dem Fußweg in den Ort und an der Hauptstraße nach rechts Richtung Sils-Baselgia.

Von der **Post** in **Segl/Sils-Maria** folgen wir der Hauptstraße ins Zentrum des Ortes und von dort weiter Richtung Sils-Baselgia. Am Ortsende von Sils-Maria biegen wir am Restaurant Alpenrose links ab Richtung Silsersee, folgen aber schon ca. 300 m später dem Wegweiser zum Muott' Ota bzw. Val Fex links in den lichten Nadelmischwald. Nach einem kurzen Anstieg treffen wir an einer Kreuzung auf einen zunächst relativ eben verlaufenden Weg, dem wir jetzt nach rechts Richtung Muott' Ota bzw. Val Fedoz folgen. Diese Richtung behalten wir auch an weiteren Abzweigen bei. Der Weg steigt leicht im lichten Wald an, erst oberhalb des Silsersees, dann wendet er sich langsam ins Val Fex.

An einer **Einsattelung** oberhalb von Vaüglia (40 Min.) trennen sich die Wege ins Val Fedoz und auf den Muott' Ota. Wir folgen letzterem in leichtem Anstieg durch den lichten Nadelwald, jetzt mit relativ starkem Alpenrosen-Unterwuchs. Nach dem Abzweig nach Curtins beginnt der Weg stärker anzusteigen. In mäßig steilem Zickzack geht es nun durch den Lärchen-Arven-Wald aufwärts.

Oberhalb der Baumgrenze führt der schmale Weg durch weite Alpenrosen-Bestände und über Blumenwiesen weiter aufwärts bis zu einer ersten Kuppe des **Muott' Ota** (1.45 Std.). Von der Bank bietet sich eine fantastische Aussicht über die Engadiner Seenplatte mit den dahinter liegenden Gipfeln vom Piz Lunghin (Tour 1) über Piz Lagrev und Piz Julier bis zum massigen Piz Kesch. Über dem Val Fedoz ragt der Piz da la Margna auf, dessen Anstiegsroute man teilweise erkennen kann. Jenseits des Val Fex erhebt sich der Piz Corvatsch mit der Bergstation der Luftseilbahn auf einem Vorgipfel, weit hinten im Tal der Piz Glüschaint.

Von der Kuppe geht es hinunter in eine Mulde mit einem Wegweiser. Von hier folgen wir dem Weg Richtung Fex-Curtins bzw. Alp da Segl wieder aufwärts. Nach mäßig steilem Anstieg über den Rücken, der Val Fex und Val Fedoz trennt, erreichen wir schließlich den höchsten Punkt des **Muott' Ota** (2.10 Std.), der durch ein Steinmännchen gekennzeichnet ist. Von hier aus bietet sich noch einmal ein schöner Blick auf den Gletscher des Val Fedoz.

Beim Abstieg ins Val Fex geht es erst leicht abwärts, auf den Piz Glüschaint zu, dann in recht steilem Zickzack durch die Blumenwiesen und Weiden, die teilweise stark mit Alpenrosen durchsetzt sind, hinunter zu den Gebäuden der **Alp da Segl** (2.50 Std.). Von dort folgen wir dem Fahrweg Richtung Alp Muot Selva, sanft ansteigend weiter in das Tal hinein. Bald mündet er in den von Fex-Crasta und Fex-Curtins kommenden Hauptweg.

Auf ihm erreichen wir schließlich die **Alp Muot Selva** (3.20 Std.), die am Rand eines weiten, vom Gletscher geformten Talbodens liegt, der von zahlreichen Rinnsalen durchzogen wird. Bei schönem Wetter kann man hier auf ein Glas frische Milch oder ein Stück Alpkäse einkehren. Im Talschluss erhebt sich links der Piz Glüschaint, darunter erstreckt sich ein kleiner Gletscher, der Vadret dal Tremoggia. Jenseits der Gipfelkette geht es rechts des Piz Glüschaint hinunter nach Italien ins Veltlin, links ins Val Roseg mit der Chamanna Coaz (Tour 10).

Zurück folgen wir zunächst dem gleichen Weg, halten uns an der Weggabelung jedoch nicht Richtung Alp da Segl, sondern gehen Richtung Fex-Curtins und Fex-Crasta. Wir überqueren die Fedacla und wandern durch das weite, sonnige Tal sanft abwärts. Kurz vor dem **Hotel Fex** (3.50 Std.) biegen wir links ab, zwischen zwei Stallgebäuden hindurch, überqueren erneut die Fedacla und folgen direkt dahinter dem Wegweiser Richtung Fex-Crasta bzw. Muott' Ota. Nach kurzem, steilem Aufstieg treffen wir auf einen quer laufenden Weg, dem wir nach rechts, talauswärts folgen.

Er führt, mal durch lichten Wald, mal über Wiesen, immer fast eben

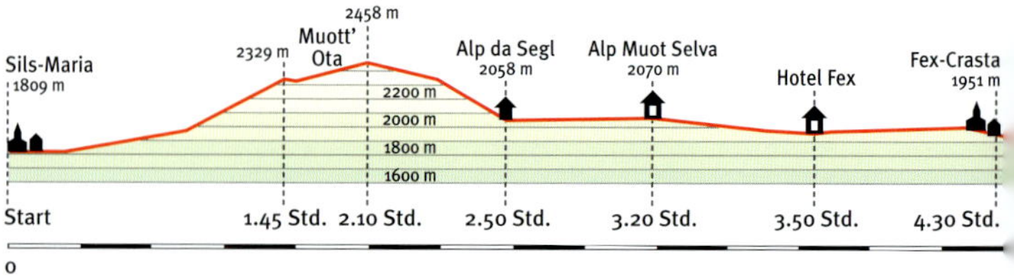

am Hang entlang und bietet dabei einen schönen Blick auf das Sträßchen, das durch das Val Fex führt, und auf den gegenüberliegenden Hang unterhalb des Piz Corvatsch. Die Absperrungen entlang des Weges sollen Wanderer vom Betreten des Wildschutzgebiets am Muott' Ota abhalten. Auf einer Lichtung erreichen wir einen Wegweiser, dem wir Richtung Fex-Crasta folgen. Zuerst geht es leicht, dann mäßig steil abwärts durch den Wald hinunter zu dem kleinen Ort **Fex-Crasta** (4.30 Std.), wo sich inmitten der üppigen Almwiesen einige Gasthöfe um ein sehenswertes Kirchlein scharen. Sein größter Schatz sind die Fresken

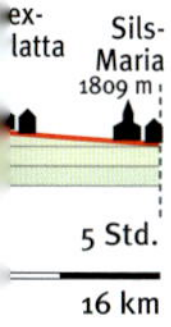

Alp Muot Selva vor dem Vadret dal Tremoggia

im Chor, die Jesus und die zwölf Apostel darstellen.

Dass Crasta ein beliebtes Ausflugsziel ist, lassen nicht nur die Gasthöfe erkennen, sondern auch die Pferdekutschen, die unter lautem Bimmeln und Getrappel hinunter nach Sils-Maria fahren. Von der Kirche folgen wir ein paar Meter der Straße und biegen dann in den Wiesenpfad Richtung Segl-Maria bzw. Schluchtweg ein, der mit leichtem Gefälle zunächst durch die Blumenwiesen nach **Fex-Platta** führt.

Ein Stück hinter dem Ort beginnt der Weg stärker abzufallen. Kurz vor der Fedacla-Schlucht stehen rechts oberhalb des Weges etliche Exemplare des seltenen Schwalbenwurz-Enzians. Nun geht es mäßig steil und teilweise über Stufen in die Schlucht hinunter, die die Fedacla in den Fels gegraben hat. Schließlich erreichen wir am Gemeindehaus wieder **Sils-Maria** und folgen der Hauptstraße zurück zur Post bzw. der Ausschilderung zum Parkhaus (5 Std.).

Seen- und Gletscher-Panorama

Von Sils über Fuorcla Surlej und Lej dals Chöds nach Surlej
Die Fuorcla Surlej gehört zu den beliebtesten Aussichtspunkten des Oberengadins, da sich von ihr ein fantastischer Blick auf die Bernina-Gruppe bietet. Einen ersten Vorgeschmack bietet schon der zu ihr führende Panoramaweg hoch über dem Engadin.

DIE WANDERUNG IN KÜRZE

++ Anspruch

4.30 Std. Gehzeit

600 m Anstieg

1000 m Abstieg

Charakter: Kurze Tages-Panoramatour ohne zu steile Anstiege; größtenteils Bergwege, einige Stücke auf Fahrwegen.

Markierung: weiß-rot-weiß

Wanderkarten: 1:50 000 Oberengadin; 1:50 000 268T Julierpass; 1:25 000 1257 St. Moritz u. 1277 Piz Bernina

Einkehrmöglichkeiten: Berghaus Fuorcla Surlej, Berggasthaus Hahnensee

Anfahrt: Mit dem Engadin Bus (Linie 6) von St. Moritz bis zur Haltestelle Sils Furtschellasbahn.
Mit dem Auto von St. Moritz nach Sils-Maria, am Ortsanfang der Ausschilderung zur Talstation der Furtschellasbahn folgen; **Rückfahrt** von Surlej mit dem Engadin Bus (Linie 6) nach Sils.

Mit der Gondel der Furtschellasbahn geht es in 5 Min. von **Sils** hinauf nach **Prasüra.** Von der Bergstation folgen wir dem Wegweiser Richtung Fuorcla Surlej zunächst in mäßig steilen Serpentinen aufwärts bis zu einem weiteren Wegweiser. Von hier zieht sich der Weg nach links relativ eben am Hang entlang und überwindet anschließend noch einmal eine Steilstufe, wobei sich ein schöner Blick auf den Silsersee bietet. Oben trifft er auf einen anderen Weg, der rechts um eine Kante kommt (20 Min.). Hier halten wir uns erneut links.

Bald führt der Weg über ein Plateau, das mit Punktiertem Enzian übersät ist. Rechts oberhalb sieht man die Bergstation der Corvatschbahn und den Gipfel des Piz Corvatsch, unterhalb davon die Station Murtèl. Es geht in leichtem Auf und Ab über das Plateau, an zwei Seen vorbei. Nach einer weiteren Steilstufe mit Blockwerk erreichen wir das Plateau **Curtinella** (45 Min.). Von der Kante bietet sich ein hervorragender Blick hinunter auf die Engadiner Seen.

Am Ende des Plateaus geht es wieder abwärts. In einer Linkskurve biegen wir vom markierten Weg ab und halten uns geradeaus in einen Wiesenpfad. Dieser zieht sich erst leicht abwärts, dann fast eben am Hang entlang, wobei es stellenwei-

Blick von der Fuorcla Surlej auf die Bernina, links der Biancograt, rechts der Piz Roseg

se über Blockwerk geht. Schließlich trifft er in einer Kurve auf einen Fahrweg (1.10 Std.). Dass man sich hier im Herzen des Corvatsch-Skigebiets befindet, ist unschwer an den Liftanlagen und den planierten Pisten zu erkennen.

Wir folgen dem Fahrweg erst recht steil aufwärts. Dann wird der Weg langsam flacher, führt am Abzweig nach Murtèl vorbei und erreicht den **Lej da la Fuorcla** (1.30 Std.). Nach einem erneuten kurzen Anstieg treffen wir auf einen Wegweiser, dem wir

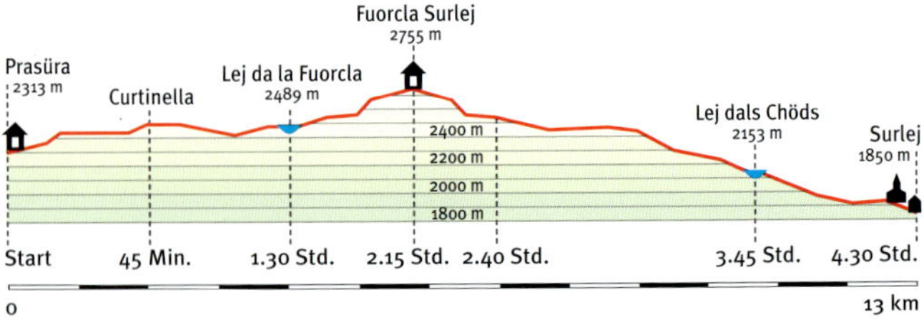

Richtung Fuorcla Surlej nach links in einen Bergweg folgen. Jenseits eines Baches und einer feuchten Mulde mit Wollgras treffen wir nach kurzem Anstieg auf einen fast eben am Hang verlaufenden Weg. Bis zu dieser Stelle kehren wir später zurück, um dann dem Weg talauswärts Richtung Lej dals Chöds zu folgen.

Zunächst wenden wir uns aber nach rechts und gehen leicht ansteigend am Hang entlang, der übersät ist mit Frühlingsenzianen, Hahnenfuß und Alpen-Margeriten. Nach einem kräftigen Anstieg in Serpentinen treffen wir auf den breiten Weg, der von Murtèl herüber kommt (2 Std.). Ihm folgen wir jetzt weiter aufwärts zur **Fuorcla Surlej** (2.15 Std.).

Von diesem Einschnitt zwischen dem Rosatsch-Kamm und dem Massiv des Piz Corvatsch öffnet sich ein fantastischer Blick auf die Bernina-Gruppe, die über dem Val Roseg aufragt: rechts angefangen bei der massigen Pyramide des Piz Roseg, über den Piz Scerscen, den Piz Bernina mit der ›Himmelsleiter‹ des Biancograts, den Piz Morteratsch bis zum Piz Tschierva. Diese Gipfel rahmen den spärlichen Überrest des Tschierva-Gletschers, dessen einstige Ausmaße die Seitenmoränen verdeutlichen, die sich heute weit vom Eis entfernt erheben. Der Talschluss wird von den Eisfeldern des Vadret da la Sella und des Vadret da Roseg bedeckt.

Nun kehren wir, der Ausschilderung zum Lej dals Chöds folgend, zunächst bis zu der Stelle zurück, an der wir, etwa gegenüber der Station Murtèl, auf den am Hang verlaufenden Weg getroffen sind (2.40 Std.). Ihm folgen wir weiter geradeaus, zunächst leicht abwärts und durch eine Mulde, dann wieder ansteigend. Langsam führt der Weg um eine Ekke und erreicht einen Aussichtspunkt (3 Std.). Von hier bietet sich ein hervorragender Blick auf den Silsersee und den Silvaplanersee, auf dem sich Surfer und Kitesailer tummeln. Gut ist die Anlage der Orte Silvaplana und Surlej auf den Schwemmkegeln zweier Gebirgsbäche zu erkennen. Beim Blick zurück sehen wir ein letztes Mal die Fuorcla Surlej.

Wenig später bietet sich erstmals eine Aussicht auf den St. Moritzer See, St. Moritz und den weiteren Verlauf des Oberengadins. Darüber erheben sich die markante Pyramide des Piz Ot, der breite Piz Padella (Tour 9) und, weiter Inn-abwärts, der massige Piz Kesch. Nach einem teilweise recht steilen Abstieg über eine Blockhalde erreichen wir einen Absatz, über den der Pfad nun zwischen Feuchtwiesen und verstreuten ersten Bäumen hindurch führt, flankiert von Weiden und Wacholder. Noch einmal geht es abwärts, und wir erreichen den wunderschön in eine Mulde eingebetteten **Lej dals Chöds** (3.45 Std.). Seinen Namen – ›Hahnensee‹ – verdankt er der Tatsache, dass man in seiner Umgebung mit viel Glück balzende Birkhähne beobachten kann.

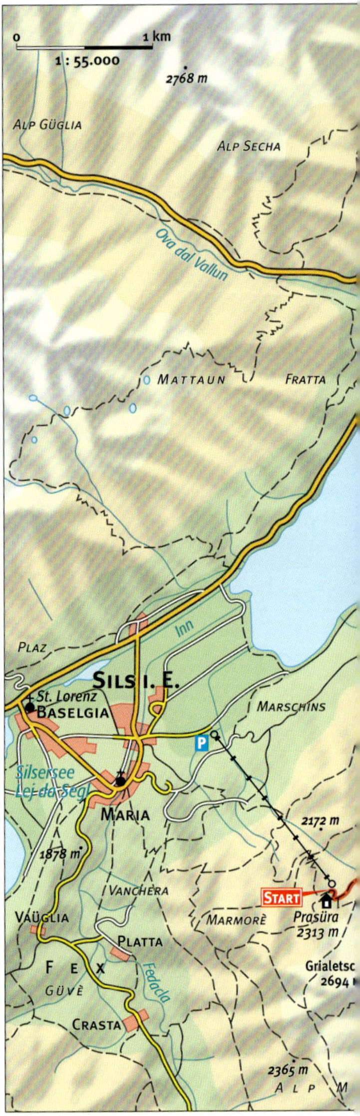

Vom See folgen wir der Ausschilderung nach Surlej. Schon bald wird der Hang steiler und der Weg windet sich in Serpentinen hinab. Erst geht es noch durch offenes Gelände, dann langsam in den Nadelmischwald hinein. An einer Kreuzung folgen wir der Markierung, nun geht es auf einem bequemen Fahrweg leicht abwärts, bis wir an ein Wege-T kom-

men (4.10 Std.). Hier wenden wir uns nach links, Richtung Gondel-Talstation in Surlej und gehen noch einmal ganz sanft ansteigend am Hang oberhalb von Surlej entlang, bis sich der Weg in einem Bogen abwärts wendet und in einigen weiten Schleifen durch die Wiesen hinab zur Talstation der Corvatschbahn in **Surlej** führt (4.30 Std.).

Oberengadiner Seen-Panorama

Auf der Via Engiadina um Silvaplanersee und Lej da Champfèr
Auf ganz unterschiedliche Weise präsentieren sich hier die Oberengadiner Seen: Auf dem Hinweg, von der Via Engiadina aus, bietet sich ein Panorama der Seenlandschaft von oben. Der Rückweg führt direkt am Ufer der plätschernden, glitzernden Seen entlang.

DIE WANDERUNG IN KÜRZE

\+ Anspruch

5.30 Std. Gehzeit

200 m Anstieg

550 m Abstieg

Charakter: Einfache Ganztagestour; erster Teil Panorama-Höhenwanderung ohne nennenswerte Anstiege, auf Fahr- und Bergwegen; zweiter Teil auf breiten, ebenen Spazierwegen am Ufer der Seen entlang.

Markierung: weiß-rot-weiß, gelb

Wanderkarten: 1:50 000 Oberengadin; 1:50 000 268T Julierpass; 1:25 000 1257 St. Moritz u. 1277 Piz Bernina

Einkehrmöglichkeiten: keine direkt am Weg (nur Restaurant Paradiso am Beginn der Tour)

Anfahrt: Mit dem Engadin Bus von Pontresina (Linie 1) oder Sils (Linie 4, 6) bis zur Haltestelle St. Moritz-Signalbahn (ggf. mit der RhB bis St. Moritz, dort umsteigen).
Mit dem Auto aus Richtung Samedan/Pontresina durch St. Moritz hindurch und beim zweiten Kreisverkehr rechts zur Signalbahn abbiegen; aus Richtung Silvaplana kurz hinter dem Ortseingang von St. Moritz am ersten Kreisverkehr links zur Signalbahn.

Mit der Gondel der Signalbahn geht es in gut 5 Min. von **St. Moritz/San Murezzan** auf 2130 m Höhe. Von hier aus, vom Hang unterhalb des Piz

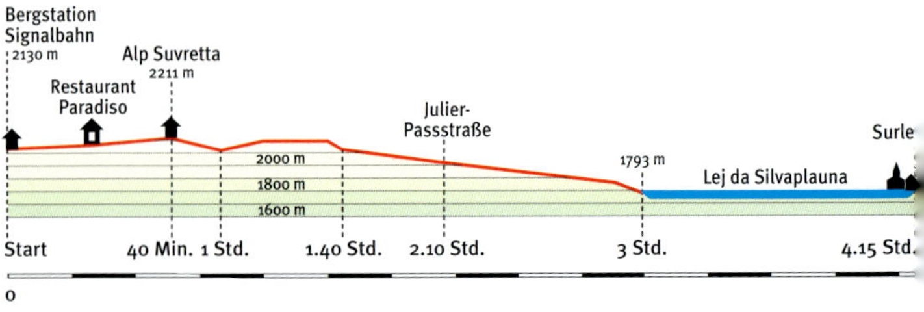

Nair, hat man bereits einen guten Blick über den Lej da Champfèr und den Silvaplanersee (Lej da Silvaplauna), der den ersten Teil der Wanderung charakterisiert.

Von der **Bergstation der Signalbahn** folgen wir den gesamten ersten Teil der Wanderung der **Via Engiadina.** Dieser Weg durchmisst, mal hoch am Hang, mal direkt am Fluss, das gesamte Engadin von Maloja bis zur österreichischen Grenze bei Martina. Zunächst geht es, vorbei an mehreren Abzweigungen, Richtung Alp Suvretta. Der breite Weg führt leicht ansteigend durch Blumenwiesen und wendet sich langsam in die Suvretta da San Murezzan hinein, ein Seitental des Engadins. Dabei passieren wir das **Restaurant Paradiso,** die einzige Einkehrmöglichkeit direkt am Wanderweg.

Nach gemütlicher Wanderung erreichen wir die Gebäude der **Alp Suvretta** (40 Min.). Hoch über dem Tal erhebt sich der Piz Julier, dessen Aufstiegsroute gut sichtbar zuerst in den Sattel führt und von dort über den Südostgrat verläuft. Ein Stück hinter der Hütte erreichen wir den Abzweig des Weges zum Pass Suvretta und zum Piz Julier. Wir folgen jedoch der Ova da Suvretta talauswärts. Schon nach kurzer Zeit kommen wir erneut an einen Wegweiser (50 Min.), wo wir den Bach Richtung Silvaplana überqueren. Der Weg schlängelt sich nun am rechten Hang entlang und erreicht eine **Einsattelung** (1 Std.), an der wir uns rechts Richtung Silvaplana bzw. Sils/Segl halten.

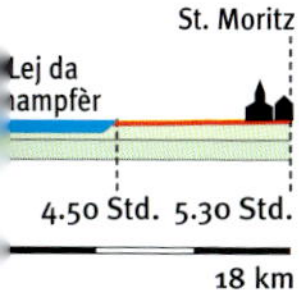

Zunächst windet sich der Pfad mäßig steil durch die Wiesen aufwärts, auf denen verstreut einzelne Türkenbundlilien stehen. Nach der Kuppe führt er dann relativ eben am Hang oberhalb des Lej da Champfèr entlang. Auf der gegenüberliegenden Talseite kann man die große Hütte auf der Fuorcla Surlej erkennen (Tour 6), dem Sattel zwischen Piz Surlej und Piz Corvatsch; dahinter erhebt sich der Piz Bernina mit dem charakteristischen Biancograt.

In einigen Serpentinen geht es hinab zu einem **Wegweiser** (1.40 Std.), an dem wir weiter geradeaus der Via Engiadina folgen. Nach einem kurzen Anstieg erreichen wir die Kuppe der **Albanatscha** (auf 2063 m), wo noch die Überreste von Schützengräben und Artillerie-Unterständen aus dem Ersten Weltkrieg erhalten sind. Der Weg führt weiter am Hang entlang und schließlich über einige Stufen hinab zur **Julier-Passstraße** (2.10 Std.).

Wir überqueren die Passstraße und wenig später auch die Ova dal Vallun. Der Fahrweg führt nun durch den Wald talauswärts, passiert den **Abzweig zum Lej da la Tscheppa** und beginnt danach leicht abzufallen, ehe es wieder eben am Hang entlang geht. Immer wieder gibt es schöne Ausblicke auf den Silvaplanersee, der nun direkt unterhalb liegt, dann auch auf Sils, das vom Piz da la Margna überragt wird. Hier befinden wir uns auf historischem Boden, denn dieser Trasse folgte schon die römische Route über Julier- und Malojapass.

Der Weg wird nun schmaler, fällt wieder etwas ab und überquert eine große Wiese, die als Weide eingezäunt ist. Kurz danach erreichen wir einen **Wegweiser** (2.50 Std.), an dem wir die Via Engiadina verlassen, indem wir dem spitzwinklig nach unten zum Silvaplanersee abzweigenden Weg folgen. (Achtung: Der Weg zweigt bereits 50 m vor dem Wegweiser ab!)

In einigen Serpentinen führt der Weg hinunter zur Kantonsstraße, die wir überqueren, um ans Ufer des **Silvaplanersees** zu gelangen (3 Std.). Er ist zwar – nach dem Silsersee – nur der zweitgrößte der Engadiner Seen, aber dafür das unbestrittene Wassersportzentrum des Engadins. Windsurfer, Segler und Kitesailer finden hier ihr Eldorado, weil mit ziemlich großer Wahrscheinlichkeit spätestens um die Mittagszeit der Malojawind mit Macht zu blasen beginnt. Diese sicheren Windverhältnisse verhalfen dem Silvaplanersee zu der Ehre, der einzige Austragungsort eines Surf-Weltcups auf einem Binnensee zu sein.

Wir gehen über den Parkplatz und an der **Surf- und Segelschule** vorbei. Nun folgen wir immer dem breiten Weg, der meistens direkt am Seeufer entlang führt, nur an einer Stelle geht es ein Stück hinauf in den Wald. Wir halten uns immer an die Ausschilderung Richtung Surlej, bis der Weg den Wald verlässt.

Dort folgen wir dem Wegweiser Richtung Silvaplana durch die bunten Blumenwiesen auf das idyllisch gelegene Schlösschen **Crap da Sass** zu. Es spiegelt zwar mittelalterliche Burgenromantik vor, wurde aber erst 1906 im Auftrag eines deutschen Generals errichtet. Bei der Burg erreichen wir schließlich den Ortsrand von **Surlej** (4.15 Std.). Dieser Ortsteil von Silvaplana wurde, genau wie der gegenüberliegende Hauptort selbst, auf dem Schwemmkegel eines Bergbaches errichtet. Wir folgen der Teerstraße nach links

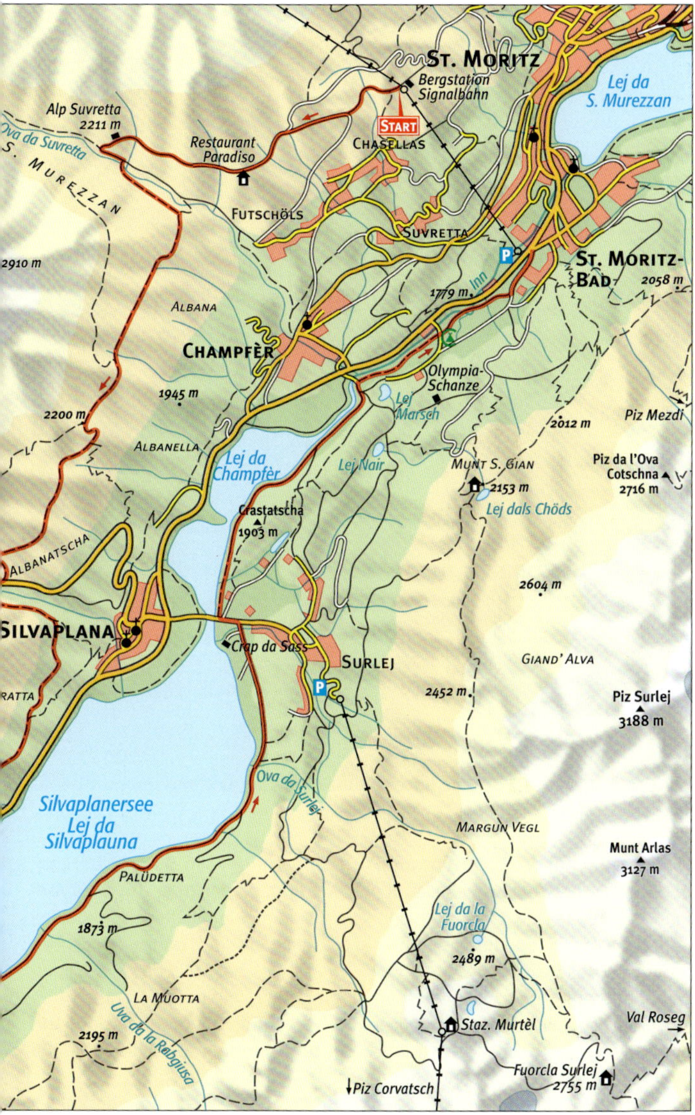

(vorbei an der Bushaltestelle) bis zur Brücke, die die Engstelle zwischen Silvaplanersee und Lej da Champfèr überquert. Direkt vor der Brücke biegen wir rechts in den geschotterten Weg ab, der direkt am Ufer verläuft (**Achtung:** nicht dem vorher abzweigenden Sträßchen folgen, auf dem der Weg nach St. Moritz ausgeschildert ist!).

Schloss Crap da Sass, im Hintergrund der Piz Albana

Der bequeme Weg verläuft unter der Felswand der Crastatscha immer am Ufer des **Lej da Champfèr** entlang, des kleinsten der Engadiner Seen. Bei der **Brücke** am Ende des Lej da Champfèr (4.50 Std.) bleiben wir auf dem Weg, der direkt am Inn entlang führt. Am Hang gegenüber liegt der St. Moritzer Ortsteil Suvretta mit dem dominierenden, aber durchaus geschmackvollen Luxushotel Suvretta House, das 1912 erbaut wurde.

Kurz vor einer weiteren, breiteren Brücke kommt von rechts ein Weg herab. Etwa 20 m folgen wir der Ausschilderung nach Champfèr bzw. Suvretta, biegen aber direkt vor der Brücke in einen nicht beschilderten Fahrweg ab. Jetzt geht es noch einmal etwas bergauf, dann, auf gleicher Höhe bleibend, parallel zum jetzt wilder gewordenen Inn, auf dessen anderem Ufer die Kantonsstraße entlang führt. Wir passieren den Eingang des Campingplatzes und folgen weiter dem Weg am Inn entlang, der uns schließlich an den Sportwiesen San Gian und dem Fußballplatz vorbei wieder zur Talstation der **Signalbahn** in **St. Moritz** bringt (5.30 Std.).

Fußballplatz mit Panorama

Von St. Moritz auf den Piz Mezdi

Wäre er nicht mit Blockwerk bedeckt, könnte man auf dem weiten Gipfel des Piz Mezdi sogar Fußball spielen. So aber droht keine Ablenkung von dem fantastischen Panorama, das ohne allzu große Anstrengung zu erreichen ist.

DIE WANDERUNG IN KÜRZE

++ Anspruch

5.30 Std. Gehzeit

1200 m An-/Abstieg

Charakter: Mittelschwere Tagestour mit kräftigem, aber nicht zu steilem Anstieg; größtenteils Bergwege, am Schluss über Blockwerk.

Markierung: weiß-rot-weiß

Wanderkarten: 1:50 000 Oberengadin; 1:50 000 268T Julierpass; 1:25 000 1257 St. Moritz

Einkehrmöglichkeiten: keine

Anfahrt: Mit dem Postauto/Engadin Bus (Linie 1, 6) von Pontresina oder Silvaplana bis zur Haltestelle St. Moritz Sonne, dann der Via Mezdi bis zur Via Tegiatscha folgen.
Mit dem Auto von Pontresina am 1. Kreisverkehr in St. Moritz Bad links Richtung Sportzentrum (analog von Silvaplana am zweiten Kreisverkehr rechts), über die erste Kreuzung hinüber und am Sportplatz vorbei, danach rechts in die Via Mezdi bis zum Parkplatz am Hallenbad (gebührenpflichtig).

Vom Hallenbad in **St. Moritz Bad** gehen wir zurück zur Via Tegiatscha, biegen in diese rechts ein und stoßen auf einen Wegweiser, dem wir Richtung Piz Mezdi folgen. Hinter dem Hotel Stahlbad zeigt ein weiterer Wegweiser in den Wald. Der Weg steigt zunächst mäßig steil in Kehren durch den Lärchen-Arven-Mischwald an. Wir folgen immer dem Hauptweg bzw. der Markierung und der Ausschilderung Richtung Piz Mezdi.

Nach mäßig steilem Anstieg treffen wir auf einen breiteren Weg, dem wir, leicht ansteigend, weiter folgen. Nach einiger Zeit zweigt in einer Kurve der Weg zum Lej dals Chöds und zur Fuorcla Surlej ab (Tour 6). Wir bleiben auf dem Hauptweg, der bald schmaler und auch steiler wird. Wenig später erreichen wir eine **Bank** (1 Std.), an der der eigentliche Aufstieg zum Piz Mezdi vom Höhenweg nach Pontresina abzweigt.

Nun führt der Weg langsam aus dem Wald hinaus und wird von Erlen-, Weiden- und Haselgebüsch flankiert. Erstmals bietet sich jetzt ein Blick hinunter auf St. Moritz und die darüber aufragenden Berge. Das Gelände wird immer offener, bald stehen nur noch einzelne Lärchen

Aufstieg zum Piz Mezdi, im Hintergrund der Piz Julier

und Arven in den mit Alpenrosen durchsetzten Wiesen. Nach einer ersten mäßig steilen Passage zieht sich der Weg dann nur noch leicht ansteigend am Hang nach Südwesten. Langsam öffnet sich der Blick über die Engadiner Seen bis zum Silsersee und nach Maloja.

Nun führt der Weg um eine Ecke in das Tal zwischen Piz da l'Ova Cotschna und Piz Mezdi. Wieder steiler werdend, zieht er sich in weiten Schleifen den Hang hinauf. Im Frühsommer dominieren in den kargen Wiesen die Schwefel-Anemonen, später das satte Gelb der Arnika. Schließlich erreichen wir einen **Wegweiser,** an dem sich die Wege auf den Piz da l'Ova Cotschna und auf den Piz Mezdi trennen (2.15 Std.).

Wir wenden uns nach links. Zunächst führt der Weg nur leicht ansteigend um einen Rücken, hinter dem sich wieder ein Blick auf die Ebene von Samedan mit dem darüber dominierend aufragenden Klotz des Piz Kesch bietet. Anschließend geht es, mal relativ flach, dann wieder deutlich steiler, durch ein Kar, wo viel Gletscher-Hahnenfuß im Schutt wächst. Der Weg führt an die linke Seite des Kars und auf einen Gratrücken hinauf, an dem es jetzt größtenteils mäßig steil aufwärts geht. Auf einer Höhe von ca. 2800 m ist ein größerer Bereich von dem seltenen Himmelsherold übersät, dessen himmelblaue Blüten an Vergissmeinnicht erinnern – auch unterhalb einer Felswand links neben dem Weg. In diesem Bereich geht es teils über Schutt, teils über Blockwerk, dann wird der Weg etwas flacher und führt über Blockwerk auf den Gipfel des **Piz Mezdi** (3.15 Std.).

Von dem ausgedehnten, mit Blockwerk bedeckten Gipfel bietet sich ein Panorama, wie es kaum ein zweites im Engadin gibt. Man sieht

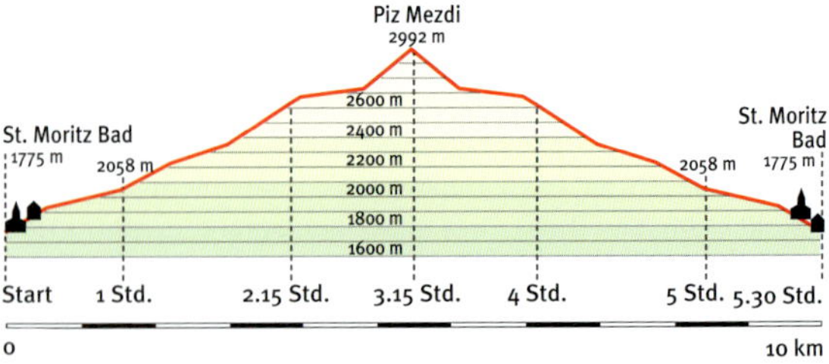

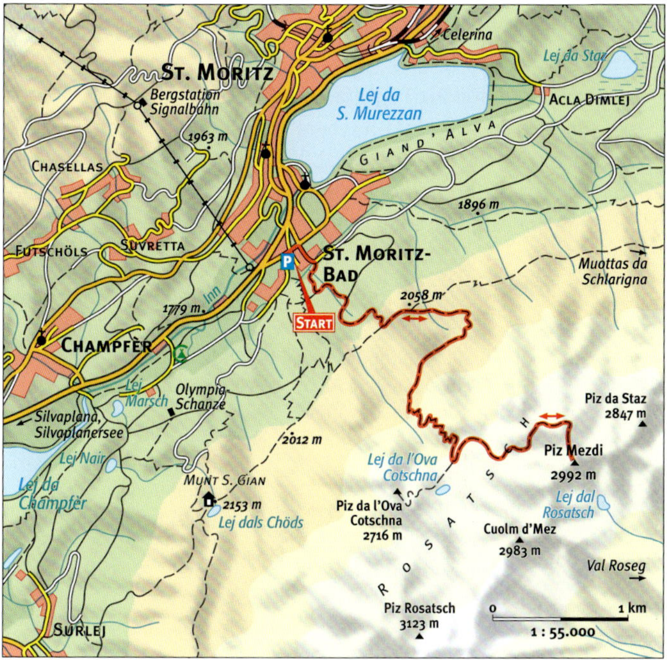

die gesamte Bernina-Gruppe: links beginnend mit Piz d'Arlas und Piz Cambrena, dann der Piz Palü mit den drei charakteristischen Pfeilern, die drei Eiszipfel der Bellavista und der Piz Zupò, der ansonsten immer seinem Namen alle Ehre macht (›Versteckte Spitze‹); dann folgt, sich teilweise davor erhebend, das Amphitheater der Gipfel des Val Roseg: Piz Tschierva und Piz Morteratsch, Piz Bernina mit dem Biancograt, Piz Scerscen und schließlich die massige Pyramide des Piz Roseg. Daran schließen sich die Eisfelder im Talschluss des Val Roseg an, über denen sich die Dschimels (›Zwillinge‹) und der Piz Glüschaint erheben. Rechts unterhalb des Piz Glüschaint ist auf einem Felsabsatz die Coaz-Hütte zu erkennen (Tour 10). Rechts vom Rosatsch-Kamm, dessen äußersten Vorposten der Piz Mezdi bildet, schweift der Blick über den Piz da l'Ova Cotschna auf die Engadiner Seen. Im Westen ist gut die Julier-Passhöhe zu sehen, daneben der Piz Julier, dem eine Ecke zu fehlen scheint, weiter nördlich die Pyramide des Piz Ot und Inn-abwärts der Klotz des Piz Kesch. Im Osten überragen die Geröllpyramide des Piz Languard (Tour 12) und der Piz Albris die Gipfel der Umgebung, weit in der Ferne leuchtet die Eishaube des Ortlers.

Nach einer ausgiebigen Gipfelrast, während der man bei guter Thermik die über dem Rosatsch-Kamm kreisenden Segelflugzeuge beobachten kann, steigen wir auf dem gleichen Weg wieder nach **St. Moritz Bad** (5.30 Std.) ab.

Der Hausberg von Samedan

Von Celerina auf den Piz Padella und die Cho d’Valetta

Der Piz Padella ist zwar der Hausberg von Samedan, doch führt der bequemste Weg von Celerina hinauf, wo die Seilbahn den Aufstieg erleichtert. Fast während der gesamten Wanderung bietet sich eine hervorragende Aussicht über das Inntal.

DIE WANDERUNG IN KÜRZE

+++ Anspruch

5.30 Std. Gehzeit

800 m Anstieg

1350 m Abstieg

Charakter: Höhenwanderung auf Panoramawegen mit nicht zu steilem Abstieg; Gipfelanstieg mit einigen steilen, rutschigen Passagen.

Markierung: weiß-rot-weiß

Wanderkarten: 1:50 000 Oberengadin; 1:50 000 258T Bergün u. 268T Julierpass; 1:25 000 1237 Albulapass u. 1257 St. Moritz

Einkehrmöglichkeit: Alp Muntatsch (unregelmäßig geöffnet)

Anfahrt: Mit der Bahn bis Celerina; vom Bahnhof der Ausschilderung zur Talstation der Gondelbahn folgen (5 Min.). **Mit dem Engadin Bus** (Linie 2, 6) von Pontresina oder Sils bis zur Haltestelle Celerina Cresta Palace; von dort der Ausschilderung zur Talstation der Gondelbahn folgen (10 Min.).
Mit dem Auto von Pontresina oder St. Moritz von der Umgehungssstraße nach Celerina abbiegen und der Ausschilderung zur Gondelbahn folgen.

Hinweis: Im Frühsommer können Altschneefelder im Gipfelbereich des Piz Padella den Weg erschweren.

Von **Celerina/Schlarigna** bringt uns die Gondelbahn in ca. 10 Min. nach **Marguns,** einer Drehscheibe im Skizirkus von St. Moritz und Celerina.

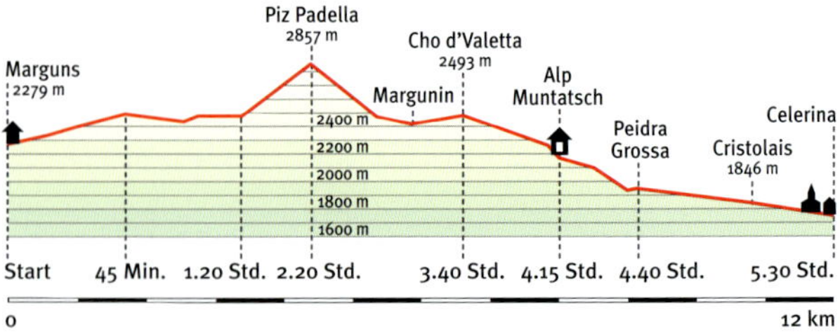

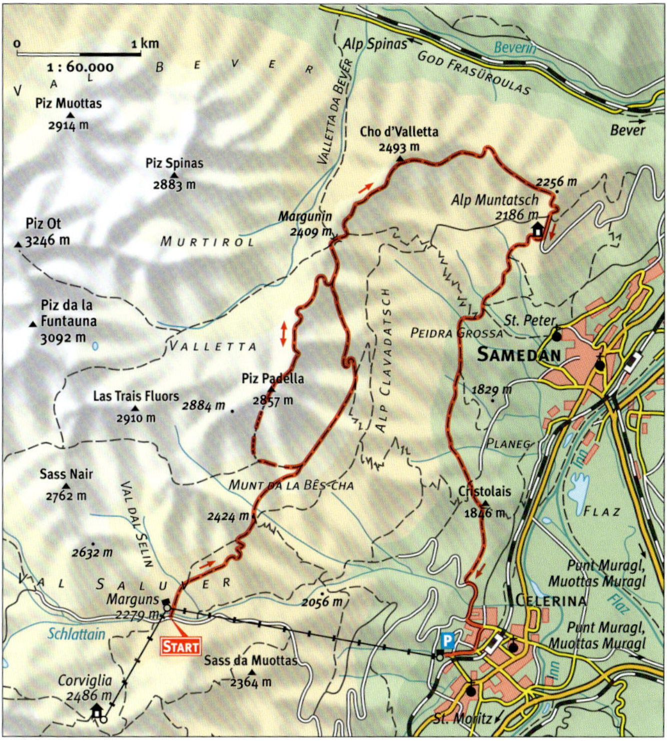

Am linken Hang, unterhalb von Corviglia, sieht man deutlich die Narben, die der Wintersport mit seinen Pisten und Aufstiegshilfen in der Landschaft hinterlässt.

Von der Bergstation der Gondelbahn folgen wir der **Via Engiadina** Richtung Piz Padella. Der schmale Weg führt, erst leicht, dann in einigen Serpentinen stärker ansteigend, durch die Wiesen. Unterhalb des lang gezogenen Gipfels des Piz Padella stoßen wir auf einen **Wegweiser** (30 Min.), dem wir weiter Richtung Piz Padella folgen. Auch beim nächsten **Wegweiser** (45 Min.) bleiben wir auf der Via Engiadina und folgen nun nicht der Ausschilderung zum Piz Padella.

Variante: Der kürzere, direkte Weg auf den Gipfel führt vom Wegweiser erst leicht ansteigend am Hang entlang, dann recht steil in Serpentinen am Südwesthang des Piz Padella aufwärts, zuerst über Wiesen, dann über Schutt und Blockwerk. Dadurch verkürzt sich die Tour um ca. 30 Min., aber man verpasst den Panorama-Höhenweg, der den Piz Padella östlich umgeht.

Der Weg zieht sich jetzt fast eben hoch am Hang durch die Blumenwiesen. Inn-abwärts sieht man in der Ferne die Orte Zuoz und S-chanf, hinter denen die Talenge folgt, die das Ober- vom Unterengadin trennt. Dominant erhebt sich über den Ber-

Blick von der Via Engiadina Richtung Piz Corvatsch

gen der Umgebung die Gipfelpyramide des Piz Quattervals. Nach einem kurzen Abstieg verlassen wir bei einem **Wegweiser** (1 Std.) die Via Engiadina und halten uns links, nun wieder der Ausschilderung Richtung Piz Padella folgend. Erst in Serpentinen ansteigend, führt der Weg dann relativ eben bzw. leicht abfallend um den Piz Padella herum. Auf dessen Nordostseite beginnt an einem weiteren Wegweiser der eigentliche **Gipfelanstieg** (1.20 Std.).

Direkt auf Höhe der ersten Serpentine stehen in den Felsen rechts des Weges mehrere Edelweiß. Von dem Rücken, auf dem sich der Weg hinauf windet, hat man einen immer besseren Blick ins Valetta (›Tälchen‹), das sich nördlich des Piz Padella erstreckt und ins Val Bever mündet. Über diesem Tal erhebt sich dominierend der massige Gipfel des Piz Ot, der mit der Zeit immer deutlicher hinter einem Vorgipfel hervortritt. Zunächst geht es noch durch Wiesen aufwärts, dann wird die Vegetation immer spärlicher, im Geröll verstreute Polsterpflanzen – v. a. das violette Leinkraut – bestimmen das Bild.

Schließlich geht es in steilem Zickzack durch eine **Schuttrinne** hoch. Hier ist etwas Vorsicht geboten, denn manchmal erschweren im Frühsommer Schneefelder den Aufstieg erheblich. Danach folgt noch einmal eine Querung hoch am Hang, bevor der Weg relativ eben zu einem Wegweiser und von dort in kurzem Anstieg zum **Gipfel des Piz Padella** führt (2.20 Std.). Von hier – übrigens nicht der höchste Punkt des Bergmassivs – bietet sich eine fantastische Aussicht auf die Inn-Ebene bei Celerina und Samedan, das Oberengadin hinab bis S-chanf, in die gegenüberliegenden Täler Val Champagna (Tour 11), Val Muragl, Val Languard (Tour 12) und natürlich auf den gesamten Verlauf des Berninapasses bis zum Lago Bianco. Nach Süden breiten sich im Tal die Engadiner Seen aus, darüber die Hänge des Skigebiets von St. Moritz mit der auffälligen Station Corviglia auf einem Absatz und rechts dahinter dem Piz Julier, dem eine Ecke zu fehlen scheint.

Beim Abstieg folgen wir dem selben Weg zurück bis zum **Wegweiser** (3 Std.). Nun wenden wir uns aber links abwärts und erreichen schon bald **Margunin** (3.10 Std.), eine Einsattelung, von der ein Weg steil hinab ins Valletta führt. Wir folgen aber dem Wegweiser Richtung Cho d'Valetta. Beim Aufstieg durch üppige Wiesen sind größtenteils nur Pfadspuren zu erkennen, aber die Markierung ist eindeutig. Es geht an einem kleinen Seelein vorbei, wo es von Fröschen und Kaulquappen wimmelt, hinauf zur **Cho d'Valetta** (3.40 Std.). Die höchste Stelle des Wiesenhangs, der schroff ins Valetta abfällt, wird von einem Steinmann markiert und ist mit winzigen, weißen Faltenlilien übersät. Von dem runden Buckel bietet sich noch einmal ein schöner Blick zurück auf den Piz Padella und das Valletta, aber auch hinab ins Val Bever, auf dessen Gegenseite links des markanten Doppelgipfels der Dschimels (›Zwillinge‹) die Fuorcla Crap Alv hinüber ins Albulatal führt (Tour 17).

Der Abstiegsweg – wieder sind teils nur Pfadspuren sichtbar – verläuft immer nahe der Kante des Rükkens. Unten im Val Bever sieht man zeitweise die Bahnlinie, die durch das Tal zum Albulatunnel führt. Am Ende des Rückens, wo man einen hervorragenden Blick über das gesamte untere Oberengadin hat, wendet sich der Weg nach rechts und führt relativ steil hinab zu den Gebäuden der **Alp Muntatsch** (4.15 Std.).

Von der Alp folgen wir ein kleines Stück einem Fahrweg (Via Engiadina) abwärts, um bei einem Wegweiser Richtung Samedan bzw. St. Peter in die Wiesen abzubiegen. **Achtung:** An dieser Stelle ist der Weg schlecht zu erkennen. Er führt ohne Markierung mitten auf der Wiese steil nach unten und geht dann in einen Waldweg über.

Wenig später halten wir uns auf einer Lichtung an einem Wegweiser rechts Richtung Peidra Grossa bzw. Cristolais und treffen so schließlich auf einen Fahrweg. Diesem folgen wir, an einem weiteren Abzweig vorbei, aufwärts zur Kuppe **Peidra Grossa** (4.40 Std.).

Hier beginnt ein Naturlehrpfad, dem wir jetzt für einige Zeit in stetigem Auf und Ab am Hang entlang folgen (Ausschilderung Richtung Cristolais). Dabei bieten sich immer wieder schöne Ausblicke auf die Inn-Ebene und hinunter nach Samedan, über dem das Kirchlein St. Peter am Hang steht. Schließlich senkt sich der Naturlehrpfad zu einem Wegweiser ab. Wir folgen ihm noch ein Stückchen weiter auf einem Wiesenpfad, um ihn dann auf der Lichtung **Cristolais** endgültig zu verlassen (5.10 Std.).

Ab hier folgen wir der Ausschilderung Richtung Celerina/Schlarigna durch die üppigen Blumenwiesen. Wunderschön führt der bequeme Weg am Hang entlang auf den Ort zu. Nun sieht man jenseits des mäandrierenden Inns das Kirchlein San Gian mit seinem charakteristischen Kirchturm ohne Dachstuhl am Rande eines bewaldeten Hügels stehen, dahinter der Aussichtsberg Muottas Muragl mit der Bergstation der Standseilbahn (Tour 11). Schließlich erreichen wir einen Fahrweg, dem wir nach links abwärts folgen. Er überquert einen Bach und führt als Teerstraße nach **Celerina** hinein. Wir folgen ihr abwärts, biegen dann in die Via Chalchera ein und erreichen so schließlich wieder die **Talstation der Gondelbahn** (5.30 Std.).

Tour 10

Logenplatz am Gletscherrand

Von Pontresina durch das Val Roseg zur Chamanna Coaz
Das lang gestreckte, weite Val Roseg wurde im Laufe der Jahrmillionen von Gletschern geformt, die auch heute noch sein Bild bestimmen. An den Rand des ewigen Eises führt die lange Wanderung und bietet dabei immer wieder Einblicke in die spektakuläre Eiswelt.

DIE WANDERUNG IN KÜRZE

++ Anspruch

8.30 Std. Gehzeit

900 m An-/Abstieg

Charakter: Sehr lange, anstrengende, aber technisch unschwierige Tour; größtenteils auf Bergwegen, anfangs breiter Waldweg, ein Stück Fahrweg (Abkürzungsmöglichkeit).

Markierung: weiß-rot-weiß

Wanderkarten: 1:50 000 Oberengadin; 1:50 000 268T Julierpass; 1:25 000 1257 St. Moritz u. 1277 Piz Bernina

Einkehrmöglichkeiten: Hotel Roseg, Chamanna Coaz

Anfahrt: Mit der Bahn/dem Engadin Bus (Linie 1, 2) von Samedan oder Sils bis zur Haltestelle Pontresina Bahnhof, von dort zum Parkplatz am Beginn des Val Roseg, wo die Wanderung beginnt (ca. 400 m).
Mit dem Auto aus Richtung Samedan bis zum Abzweig nach Pontresina, aus Richtung Berninapass zweiter Abzweig nach Pontresina (links); am Abzweig zum Bahnhof vorbei zum Parkplatz am Beginn des Val Roseg (gebührenpflichtig).

Hinweis: Die Wanderung lässt sich durch Benutzung der Pferdekutsche zum bzw. vom Hotel Roseg verkürzen (letzte Kutsche um 17 Uhr, Juli–Mitte Sept. um 18 Uhr, obligatorische Anmeldung bei Luigi Costa, Tel. 081 842 60 57).

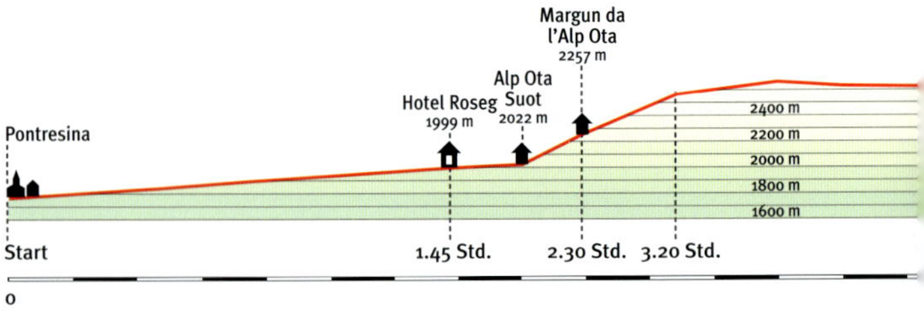

Nahe dem Bahnhof von **Pontresina** liegt am Beginn des Val Roseg der Parkplatz, wo der Weg zur Chamanna Coaz anfängt. Zunächst führt der breite Wanderweg bequem, leicht ansteigend durch den Arven-Lärchen-Mischwald unterhalb des Muottas da Puntraschigna. Wir folgen, an mehreren Abzweigungen vorbei, immer dem weiß-rot-weiß markierten Hauptweg. Viele der Bäume sind komplett von Flechten überwuchert, der Wald ist mit der Zeit immer stärker von Blockwerk durchsetzt.

Nach 40 Min. wird der Weg schmaler und windet sich jetzt am Hang entlang, hoch oberhalb der Ova da Roseg. Nach dem Engpass wird der Weg wieder bequemer und führt auf dem breiten Talboden erst über Weiden, dann wieder durch den Wald. Jetzt verläuft er eine ganze Zeit parallel zu einem **Fahrweg,** auf den er schließlich trifft (1.30 Std.). Diesem Weg folgen wir weiter Richtung Talschluss, wo bereits die großen Gletscherfelder zu erkennen sind. Am **Abzweig zur Chamanna da Tschierva** bleiben wir auf dem Fahrweg, überqueren eine Brücke und erreichen das **Hotel Roseg** (1.45 Std.), das inmitten der Almweiden steht.

Mit dem Fernglas kann man im Talschluss auf einer Felsrippe bereits die Chamanna Coaz erkennen. Geradeaus erheben sich an der rechten Flanke über einem kleinen Gletscher die Antennen der Corvatsch-Bergstation. Am Hotel Roseg zweigt der Weg zur Fuorcla Surlej ab (Tour 6), wir halten uns jedoch links Richtung Chamanna Coaz und gehen unterhalb der Gebäude weiter durch die Weiden.

An der **Alp Ota Suot** (2 Std.) gabelt sich der Weg, beide Varianten führen zum Ziel. Wir halten uns rechts, weil uns hier der weniger steile Anstieg erwartet. Der Weg führt mäßig steil durch lichten Lärchenwald mit Erlen- und Alpenrosen-Unterwuchs. Je weiter wir voran kommen, desto weiter öffnet sich der Blick auf den gegenüberliegenden Kessel des Tschierva-Gletschers, an dessen (von hier aus) linker Seitenmoräne die Chamanna da Tschierva zu erkennen ist.

Kurz vor der **Margun da l'Alp Ota** (2.30 Std.) verlassen wir den Wald. Von den Almgebäuden bietet sich eine hervorragende Aussicht auf den direkt gegenüberliegenden Vadret da Tschierva. An den mächtigen Seitenmoränen ist zu erkennen, wie weit sich dieser Gletscher in den letzten Jahrhunderten und besonders Jahrzehnten zurück gezogen hat. Überragt wird das Eisfeld von einem Halbkreis eindrucksvoller Gipfel: ganz rechts die weiße Pyramide des Piz Roseg, daneben der Piz Bernina mit dem markanten messer-

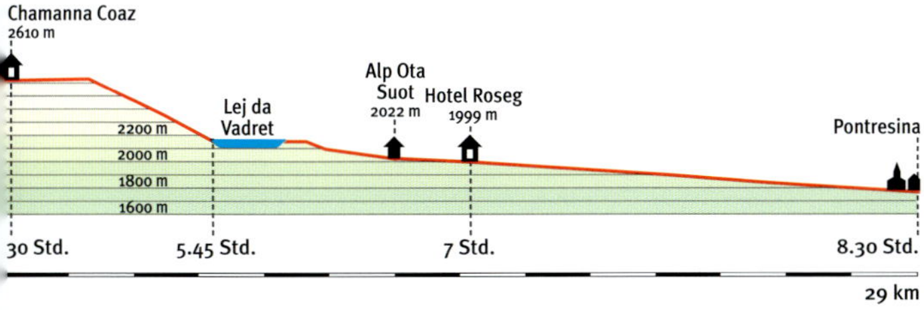

scharfen Biancograt, links Piz Morteratsch und Piz Tschierva.

An einem **Wegweiser** (3.20 Std.) treffen wir auf den Weg, der von der Fuorcla Surlej herüber kommt und dem wir weiter Richtung Talschluss folgen. Nun geht es flacher am Hang oberhalb des Gletschersees entlang, der vom Vadret da Roseg gespeist wird. Am Rande des Gletschers ist auf einer Felsrippe wieder die Chamanna Coaz zu erkennen. Der Weg beschreibt einen weiten Bogen am rechten Hang entlang und erreicht schließlich erneut einen **Wegweiser** (4.10 Std.). Hier zweigt der Pfad nach unten ab, dem wir auf dem Rückweg folgen werden.

Nun geht es leicht abfallend zur **Chamanna Coaz** (4.30 Std.), die am Rande des Vadret da Roseg liegt. Auf dem letzten Stück können noch weit in den Sommer hinein Schneefelder den Weg erschweren, für den man dann entsprechend länger braucht. Von der Terrasse der Hütte bieten sich Ausblicke tief in das ewige Eis von Vadret da Roseg und Vadret da la Sella mit seinen Spalten, Schrunden und Abbrüchen. Die kompakte Hütte wurde 1964 errichtet und 1981 erweitert. Benannt ist sie nach Johann Wilhelm Fortunat Coaz, der im Rahmen seiner topografischen Aufnahmen am 13. September 1850 als Erster den Gipfel des Piz Bernina (4049 m) erreichte. Damit steht die Erstbesteigung des einzigen Viertausenders der Ostalpen am Beginn der Blütezeit des klassischen Alpinismus der 1850er und 1860er Jahre mit den großen ›Eroberungen‹ von Matterhorn, Monte Rosa oder Montblanc in einer Reihe.

Von der Coaz-Hütte geht es zunächst auf dem bekannten Weg zurück zu dem **Wegweiser** (4.50 Std.), der rechts hinab zum Gletschersee (Lej da Vadret) zeigt. Ihm folgen wir, erst mäßig steil, durch Wiesen abwärts. Dann geht es im Zickzack steil durch Blockwerk hinab, zwischen dem sich im unteren Bereich im Frühsommer ein regelrechtes gelbes Meer von Alpen-Wundklee erstreckt.

Schließlich erreicht der Weg das Ufer des **Gletschersees** (5.45 Std.) und führt nun in ständigem leichtem Auf und Ab an diesem entlang. Mit etwas Glück kann man Abbrüche des Vadret da Roseg mit Getöse in den See poltern sehen, die dann als Eisberge auf dem milchig-türkisen Wasser treiben. In den stehenden Gewässern seitlich des Weges tummeln sich im Frühsommer Unmengen von Kaulquappen.

Nach 6 Std. ist das Ende des Sees erreicht. An der Stelle, wo sich die Ova da Roseg durch die **Seitenmoräne des Vadret da Tschierva** gefressen hat, ist noch einmal eine kleine Steilstufe zu überwinden. Nun sieht man bereits das Hotel Roseg in der Ferne liegen. Schließlich erreichen wir an der Alp Ota Suot wieder den Weg, dem wir zu Beginn unserer Wanderung gefolgt sind und gehen auf ihm zum **Hotel Roseg** (7 Std.).

Von hier aus folgen wir dem Hinweg zurück zum Parkplatz in **Pontresina** (8.30 Std.).

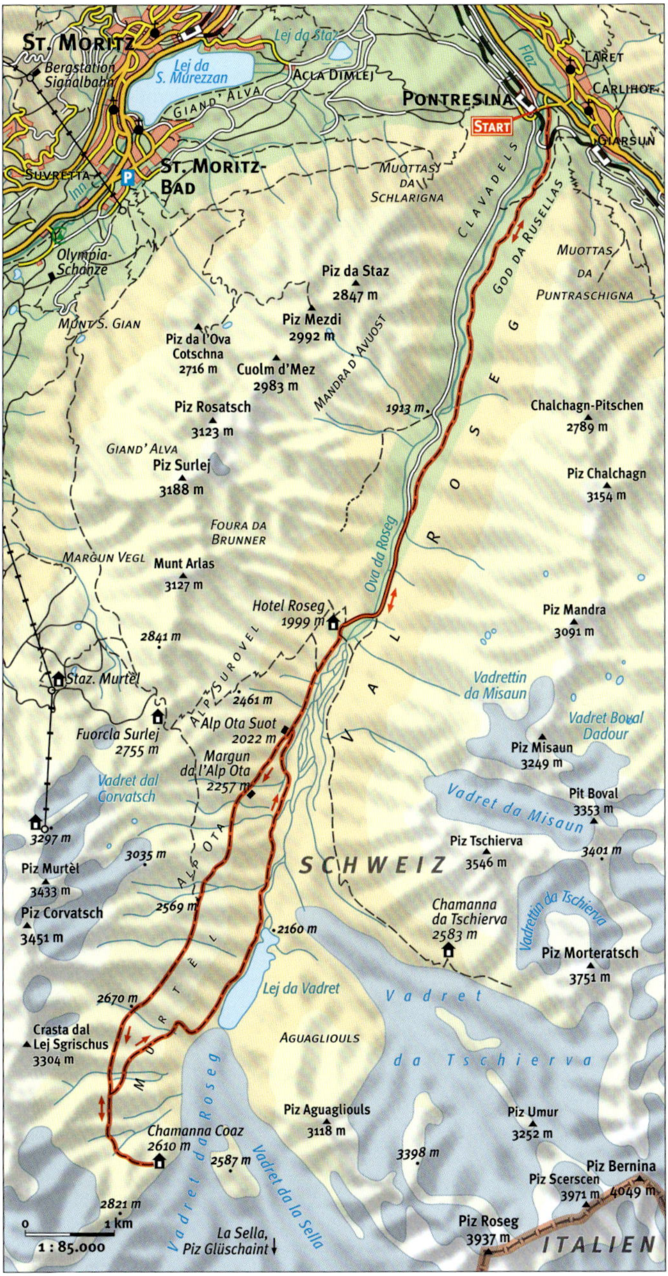
St. Moritz
Bergstation Signalbahn
Lej da S. Murezzan
Lej da Staz
Acla Dimlej
Giand' Alva
Pontresina
Start
Laret
Carlihof
Giarsun
Flaz
St. Moritz-Bad
Suvretta
Inn
Muottas da Schlarigna
Clavadels
God da Rusellas
Muottas da Puntraschigna
Olympia-Schanze
Piz da Staz 2847 m
Piz Mezdi 2992 m
Munt S. Gian
Piz da l'Ova Cotschna 2716 m
Cuolm d'Mez 2983 m
Mandra d'Avuost
1913 m
Chalchagn-Pitschen 2789 m
Piz Rosatsch 3123 m
Giand' Alva
Piz Surlej 3188 m
Piz Chalchagn 3154 m
Foura da Brunner
Margun Vegl
Munt Arlas 3127 m
Ova da Roseg
Val Roseg
Hotel Roseg 1999 m
Piz Mandra 3091 m
2841 m
Alp Surovel
Staz. Murtel
2461 m
Vadrettin da Misaun
Alp Ota Suot 2022 m
Vadret Boval Dadour
Fuorcla Surlej 2755 m
Piz Misaun 3249 m
Margun da l'Alp Ota 2257 m
Vadret dal Corvatsch
Vadret da Misaun
Pit Boval 3353 m
3297 m
Piz Tschierva 3546 m
3401 m
3035 m
Alp Ota
Schweiz
Piz Murtèl 3433 m
Chamanna da Tschierva 2583 m
Vadrettin da Tschierva
2569 m
Piz Corvatsch 3451 m
2160 m
Piz Morteratsch 3751 m
Murtèl
Lej da Vadret
Vadret da Tschierva
2670 m
Crasta dal Lej Sgrischus 3304 m
Aguagliouls
Vadret da Roseg
Piz Aguagliouls 3118 m
Piz Umur 3252 m
Chamanna Coaz 2610 m
2587 m
Vadret da la Sella
3398 m
Piz Bernina 4049 m
Piz Scerscen 3971 m
2821 m
0
1 km
1 : 85.000
La Sella, Piz Glüschaint
Piz Roseg 3937 m
Italien

Tour 11

Die »Rigi des Oberengadins«

Vom Muottas Muragl zum Lej Muragl und in das Val Champagna
Von einem der schönsten Aussichtspunkte des Engadins führt die Wanderung zu dem malerischen kleinen Lej Muragl. Sozusagen durch den Hinterausgang geht es dann hinüber in das abgelegene, wenig besuchte Val Champagna mit seinen bunten Almwiesen.

DIE WANDERUNG IN KÜRZE

++ Anspruch

4.30 Std. Gehzeit

500 m Anstieg

1200 m Abstieg

Charakter: Kurze, wenig anstrengende Ganztageswanderung mit langem Abstieg; größtenteils auf Bergwegen.

Markierung: weiß-rot-weiß

Wanderkarten: 1:50 000 Oberengadin; 1:50 000 268T Julierpass; 1:25 000 1257 St. Moritz

Einkehrmöglichkeiten: keine

Anfahrt: Mit der Bahn von St. Moritz Richtung Pontresina bis Punt Muragl Staz, vom Haltepunkt zu Fuß über den Flaz zur Talstation der Standseilbahn; von Samedan Richtung Pontresina bis Punt Muragl, vom Haltepunkt zu Fuß parallel zum Flaz zur Talstation der Standseilbahn.
Mit dem Engadin Bus (Linie 1, 2) von Pontresina, Samedan oder Sils bis zur Haltestelle Punt Muragl.
Mit dem Auto von St. Moritz oder Samedan Richtung Pontresina bis zum Parkplatz an der Talstation der Muottas Muragl Bahn.

Mit der Muottas Muragl Bahn fahren wir von **Punt Muragl** auf den **Muottas Muragl,** von dem die Gemeindechronik Samedans selbstbewusst behauptet: »Was der Innerschweiz die Rigi ist, ist dem Oberengadin der Muottas Muragl.« In der Tat bietet sich von der Terrasse der Bergstati-

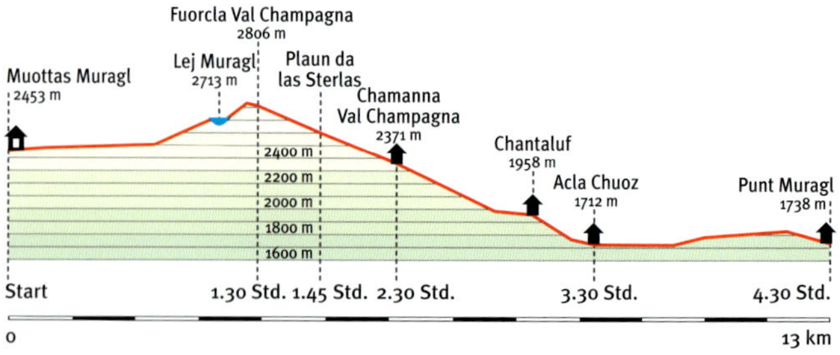

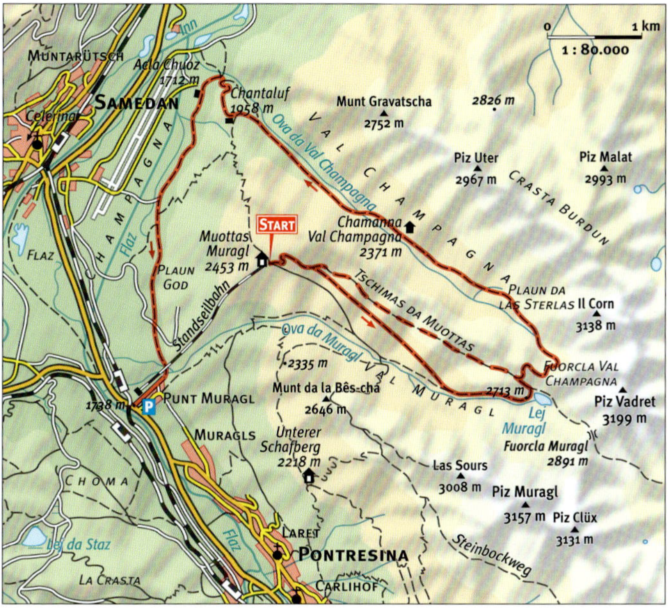

on ein fantastisches Panorama der Bernina sowie der gesamten Oberengadiner Seenplatte bis zum Malojapass. Bei guter Thermik kreisen häufig Segelflieger über dem Hang. Die Standseilbahn wurde 1907 in Betrieb genommen, ihre roten Wagen überwinden eine maximale Steigung von 52 %.

Von dem Wegweiser hinter der Bergstation folgen wir links der Ausschilderung Richtung Lej Muragl bzw. Fuorcla Val Champagna aufwärts. Nach kurzem Anstieg führt der Weg breit und bequem am Hang entlang in das **Val Muragl,** ein recht karges Hochtal. Hinter einer Linkskurve zweigt, wo es ein paar Meter leicht abwärts geht (10 Min.), rechts ein schmaler, unmarkierter Pfad ab, dessen weiteren Verlauf man am Hang gut erkennen kann und dem wir jetzt folgen. **(Achtung:** Bei feuchter Witterung sollte man unbedingt auf dem Hauptweg bleiben und auf diesem der Ausschilderung zum Lej Muragl folgen. Gleiches gilt für Personen, die nicht trittsicher sind, da der Weg schmal ist und hoch am Hang entlang führt.)

Von dem Abzweig aus kann man rechts das gesamte Val Roseg überblicken, mit der Chamanna Coaz am Talschluss (Tour 10). Der Pfad schlängelt sich, insgesamt immer auf einer Höhe bleibend, am Hang entlang und läuft auf das Talende zu. Am Gegenhang kann man gut den Serpentinen-Anstieg zur Chamanna Segantini (Tour 12) erkennen.

Nach 40 Min. trifft der Pfad auf den Weg, der im Tal an der Ova da Muragl entlang führt und dem wir nun weiter aufwärts folgen. Nach Überwindung mehrerer Steilstufen erreichen wir den **Lej Muragl** (1.10 Std.), der wunderschön in einen Kessel eingebettet ist. Direkt über dem

See erhebt sich der Piz Vadret, daneben die Fuorcla Muragl, die hinüber ins Val Prüna führt. Rechts schließen sich dann der Piz Muragl und Las Sours (›Die Schwestern‹) an. Beim Blick zurück über das Val Muragl sieht man auf einem Absatz, hinter dem sich in der Ferne der Piz Julier mit seiner charakteristischen Einkerbung erhebt, die Chamanna Segantini.

Wir gehen am Seeufer nach links und vom Wegweiser aufwärts Richtung Fuorcla Val Champagna. Diese Richtung behalten wir nach steilem Anstieg an einem zweiten Wegweiser bei. Kurz nach der Schneeschmelze sind die Hänge rund um den Lej Muragl geradezu übersät mit den violetten, gefransten Glöckchen der Soldanellen. Der Weg führt auf einen Rücken hinauf, auf dem es dann ein paar Meter abwärts zur **Fuorcla Val Champagna** geht (1.30 Std.). Direkt über dem Sattel erhebt sich der Piz Vadret, direkt unterhalb leuchtet noch einmal der Lej Muragl.

Nun führt der Weg steil über Geröll hinab in das **Val Champagna,** das nichts mit dem bekannten Oberengadiner »Champagnerklima« zu tun hat. In diesem oberen Bereich des Tals erstrecken sich im Frühsommer u. U. noch ausgedehnte Altschneefelder, über die man gut abfahren und sich so den Abstieg erleichtern kann. Auf gut 2600 m Höhe ist mit der **Plaun da las Sterlas** ein erster Talboden erreicht (1.45 Std.). Jenseits des Inntals öffnet sich das Val Bever, durch das die Gleise der Rhätischen Bahn zum Albulatunnel führen (Tour 17).

Wir wandern immer weiter talauswärts, mal steiler, mal fast eben, und kommen so langsam in den Bereich der Almweiden. Beim Blick zurück dominiert der treffend benannte Il Corn (›Das Horn‹) den Talschluss. Mitten in den saftigen Blumenwiesen liegt die winzige **Chamanna Val Champagna** (2.30 Std.). Hinter der Almhütte wird der Taleinschnitt enger, und der Weg führt fast direkt am

Chamanna Val Champagna und Il Corn

Bach entlang, den er nach 10 Min. auf einem Steg überquert.

Durch ein Meer von Alpenrosen und Preiselbeeren geht es nun steiler abwärts am linken Hang entlang. Langsam kommen wir in den Bereich der Legföhren, passieren ein kleines Wehr und lassen kurz darauf einen breiten Steg über den Bach rechts liegen. So erreichen wir schließlich am Waldrand einen **Wegweiser** (3 Std.), an dem wir dem linken, markierten Weg Richtung Samedan folgen.

Nachdem wir 5 Min. eben durch den lichten Nadelwald gewandert sind, erreichen wir die Lichtung der **Alp Chantaluf** mit einem Wegweiser. Hier halten wir uns abwärts Richtung Samedan bzw. Bever, obwohl der Weg nach Punt Muragl nach links aufwärts ausgeschildet ist. Steil windet sich der Pfad nun durch den Wald auf dem Rücken hinab, der das Val Champagna vom Inntal trennt. Am Talboden erreichen wir eine breite Schneise, der wir nach links folgen, um so den Reiterhof **Acla Chuoz** zu erreichen (3.30 Std.). Von hier aus hat man einen guten Blick über die weite Inn-Ebene bei Samedan, die dem Val Champagna seinen Namen gegeben hat. In der Ferne erhebt sich der massige Piz da la Margna am linken Hang des Engadins.

Am Wegweiser halten wir uns links Richtung Punt Muragl bzw. Pontresina und gehen links an dem Hof vorbei. Nach kurzem An- und Abstieg, wobei wir immer auf dem Hauptweg bleiben, wird der Weg breiter und führt nun direkt am Rande der **Champagna** entlang. Wo an einem Wegweiser ein Fahrweg in Richtung Flugplatz abzweigt (3.50 Std.), halten wir uns links aufwärts. Der Weg steigt nun wieder kräftig durch den Wald an, von links mündet ein kleinerer Weg ein. Schließlich wird es flacher, teilweise eben, und wir folgen immer dem Hauptweg bzw. der Ausschilderung Richtung Punt Muragl. So erreichen wir die Trasse der Muottas Muragl Bahn, unter der es hindurch geht. Direkt dahinter zweigt rechts ein unmarkierter Waldpfad ab. Ihm folgen wir und erreichen so, immer zwischen Bach und Bahntrasse hinabwandernd, wieder die Talstation der Standseilbahn bei **Punt Muragl** (4.30 Std.).

Tour 12

Panoramatour im Steinbockrevier

Auf den Piz Languard und über den Steinbockweg

Besonders bei frühem Aufbruch sind unterwegs fast garantiert Steinböcke zu sehen – sogar in der unmittelbaren Umgebung der Chamanna Georgy. Höhepunkt der Wanderung ist die Aussicht vom Piz Languard, einem einfachen Dreitausender.

DIE WANDERUNG IN KÜRZE

+++ Anspruch

7 Std. Gehzeit

1000 m Anstieg

1450 m Abstieg

Charakter: Lange Tagestour mit anstrengendem An- und steilem Abstieg, an einigen Stellen im Gipfelbereich des Piz Languard und auf dem Steinbockweg etwas ausgesetzt, Trittsicherheit erforderlich; größtenteils Bergwege.

Markierung: weiß-rot-weiß

Wanderkarten: 1:50 000 Oberengadin; 1:50 000 268T Julierpass; 1:25 000 1257 St. Moritz

Einkehrmöglichkeiten: Chamanna Georgy, Chamanna Segantini, Ausflugslokal Unterer Schafberg

Anfahrt: **Mit der Bahn** bis Pontresina; vom Bahnhof zu Fuß in Richtung Ortskern, direkt hinter der Brücke über den Flaz dem schmalen Weg La Senda und danach der Ausschilderung zum Sessellift folgen (ca. 20 Min.). **Mit dem Engadin Bus** (Linie 1, 2) von Samedan oder Sils bis zur Haltestelle Pontresina Rondo; von dort der Straße weiter folgen und zwischen den Hotels Allegra und Schweizerhof links hoch zum Sessellift.
Mit dem Auto von der Umgehung Pontresina Richtung Ortskern, dann der Ausschilderung zum Sessellift folgen (gebührenpflichtiger Parkplatz).

Der Sessellift bringt uns in ca. 15 Min. von **Pontresina** hinauf zur **Alp Languard,** deren Gebäude etwas unterhalb der Bergstation liegen.

Wir folgen der Ausschilderung Richtung Piz Languard und bleiben nach wenigen Minuten an einer Gabelung auf dem oberen Weg. Der Weg zieht sich kräftig ansteigend am linken Hang des **Val Languard** entlang durch die Wiesen. Fast das ganze lang gezogene Tal, das von den Gipfeln Piz Albris (3166 m), Piz Languard (3262 m) und Piz Muragl (3157 m) eingefasst wird, steht unter Naturschutz. Hier lebt die größte Steinbock-Kolonie der Schweiz. Die Tiere wurden ursprünglich im Gebiet des Schweizerischen Nationalparks ausgesetzt, wanderten dann jedoch ins Oberengadin. Je höher wir steigen, desto besser ist hinter dem ge-

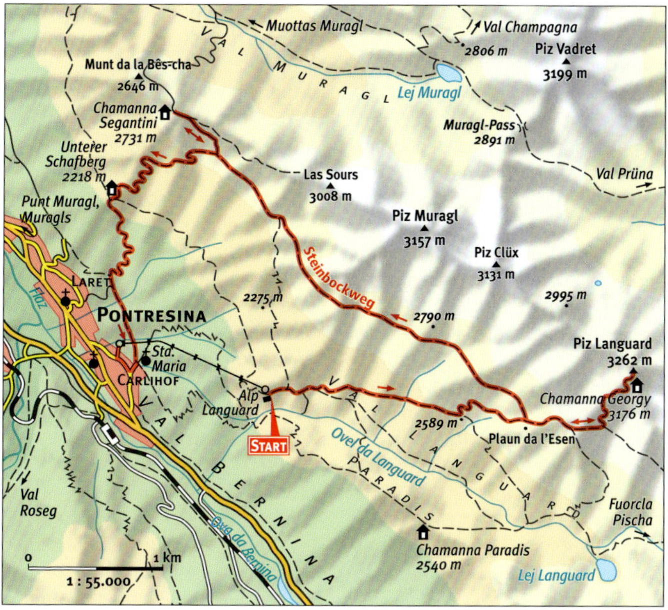

genüberliegenden Rücken die gesamte Bernina-Gruppe zu sehen: links der Piz Palü mit seinen drei Pfeilern, daneben die Bellavista, der Piz Bernina mit dem Biancograt und schließlich der Buckel des Piz Morteratsch.

Nach 45 Min. kommen wir an einen **Wegweiser,** an dem es geradeaus zur Chamanna Paradis und zum Lej Languard geht. Wir steigen jedoch links weiter aufwärts Richtung Piz Languard und erreichen so am **Plaun da l'Esen** den Abzweig des **Steinbockwegs** (1.15 Std.). Dieser Ort (›Eselsboden‹) verdankt seinen Namen den Zeiten, als sich die Touristen noch mit Esel, Maultier oder Pferd möglichst weit hinauf in die Berge tragen ließen. Am Plaun da l'Esen hatten diese Transportmittel ihre Endstation, woran auch der heute nicht mehr so gebräuchliche deutsche Name Rossstation erinnert.

An den nächsten beiden Wegweisern, die wir im Abstand von jeweils 15 Min. erreichen, halten wir uns links und folgen weiterhin dem Weg Richtung Piz Languard. Nach dem zweiten Wegweiser beginnt der eigentliche Anstieg zum Gipfel, der sich an der Südwestflanke des Berges steil durch feinen Schutt nach oben windet. Die Vegetation wird immer spärlicher, Polsterpflanzen bestimmen das Bild: Alpen-Leinkraut, Gletscher-Hahnenfuß und der hellblaue, an Vergissmeinnicht erinnernde, sehr seltene Himmelsherold.

Nach steilem Aufstieg erreichen wir die **Chamanna Georgy** (2.30 Std.), von deren Terrasse man eine hervorragende Aussicht hat. Ein kurzer Anstieg über Blockwerk, wo man gelegentlich die Hände zu Hilfe nehmen muss, und mit Seilversicherungen an zwei Stellen bringt uns auf den 3262 m hohen Gipfel des **Piz Languard** (2.45 Std.). Von dort aus bietet sich in alle Himmelsrichtungen eine fantastische Aussicht, die der Berg seiner isolierten Lage und Höhe verdankt. Im Norden erstreckt sich direkt unterhalb das langgezogene Val Prüna, von dem die Fourcla Muragl hinüber ins Val Muragl führt (Tour 11). Im Norden sieht man in der Ferne die Silvretta, im Nordosten die Schneehaube des Ortlers aufragen. Im Südosten leuchtet im Frühsommer türkis zwischen den Altschneefeldern der Lej da Prüna, hinter dem es hinab ins Val dal Fain geht (Tour 13). Im Süden hat man den Blick in die Bernina-Gruppe, wobei der Morteratsch-Gletscher leider vom Piz Albris verdeckt wird, und im Osten sieht man St. Moritz mit dem halbmondförmigen Lej da San Murezzan.

Der Abstieg führt uns auf der gleichen Route wieder zurück zum **Plaun da l'Esen,** wo der Steinbockweg abzweigt (3.45 Std.). Diesem Panoramaweg folgen wir jetzt in leichtem Auf und Ab am Hang entlang, anfangs noch durch Wiesen, dann größtenteils über Blockwerk. Hinter einer Kurve zeigt sich geradeaus am Hang zum ersten Mal die Segantini-Hütte als nächstes Etappenziel. Unter dem markanten Doppelgipfel Las Sours (›Die Schwestern‹) kommen wir schließlich an den Abzweig eines schmalen Weges, der hinunter zur Bergstation des Sessellifts auf der **Alp Languard** führt (4.30 Std.).

Wir folgen weiter dem Steinbockweg, der nun zwischen Lawinenverbauungen hindurch führt und an einigen Stellen durch Drahtseile gesichert ist. Nach einer Viertelstunde erreichen wir das Ende dieses Panoramaweges und wenden uns nach rechts, um nach einem kurzen Anstieg zur **Chamanna Segantini** zu gelangen (5 Std.). Diesen Abstecher sollte man sich auf jeden Fall als ›Dessert‹ gönnen, denn von der Hütte aus bietet sich noch einmal ein schöner Ausblick auf die Bernina, ins Val Roseg und über die gesamten Engadiner Seen. Bei guter Thermik kreisen hier und über dem Muottas Muragl gerne Segelflieger und zischen über die winzige Hütte hinweg.

Wir wählen beim Rückweg zunächst den gleichen Weg wie beim Anstieg. Auf den ersten Metern ist am linken Hang des Val Muragl gut der Weg zu verfolgen, der zur Fuorcla Val Champagna führt (Tour 11), am Talende die beiden Felsklötze des Piz Vadret (rechts) und des Il

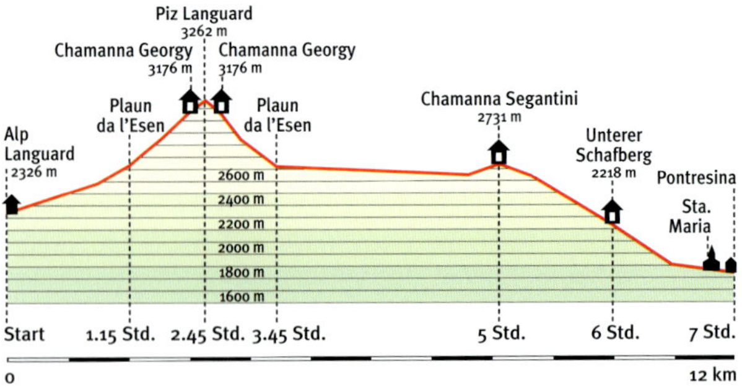

Corn. Am Abzweig des **Steinbockwegs** halten wir uns aber rechts und steigen steil Richtung Pontresina/Puntraschigna ab, das nun immer in unserem Blickfeld bleibt. Zunächst geht es durch Geröll zwischen Lawinenverbauungen hindurch, dann kommen wir in den Bereich der Legföhren, die später von einzeln stehenden Arven abgelöst werden.

Am **Unteren Schafberg** (6 Std.) treffen wir zunächst auf den Weg zur Alp Languard (links), dann auf den zum Muottas Muragl (rechts), an denen wir jedoch vorbei weiter abwärts Richtung Pontresina gehen. Das Ausflugsrestaurant bietet eine letzte Gelegenheit zur Einkehr. Nun geht es weniger steil in Serpentinen in den Arvenwald hinab, der weiter unten von Lärchen durchsetzt ist.

Schließlich erreichen wir einen **Wegweiser im Wald** (6.40), der links zur Kirche Sta. Maria und nach Giarsun weist, rechts nach Laret. Hier halten wir uns links. Der Weg führt nun flacher, zuerst noch durch Wald, dann auf die Wiesen oberhalb von Pontresina hinaus. Hier wurden Anfang des Jahrtausends große Auffangdämme angelegt, mit denen Lawinen oder Muren gestoppt werden sollen, die sich im Gipfelbereich der Las Sours aufgrund der Klimaerwärmung und der damit verbundenen Aufweichung des Permafrostbodens lösen.

Über die Wiesen führt der Weg hinüber zum romanischen Kirchlein **Sta. Maria,** das malerisch am Waldrand oberhalb von Pontresina liegt. Im fast vollständig ausgemalten Inneren erzählt ein hervorragend erhaltener Freskenzyklus aus dem 15. Jh. die Lebensgeschichte Christi und der Maria Magdalena. Von der Kirche erreichen wir in wenigen Minuten wieder die **Talstation des Sessellifts** am Rande von **Pontresina,** die von hier aus bereits zu sehen ist (7 Std.).

Giovanni Segantini

Auf dem Rücken des Munt da la Bescha (Schafberg) steht die Chamanna Segantini, die an den berühmtesten Maler des Engadins erinnert. Den Blick von dort ins Val Roseg und auf die Engadiner Seenplatte hat Giovanni Segantini (1858–1899) im mittleren Bild seines berühmten ›Alpentriptychons‹ (›Werden – Sein – Vergehen‹) verewigt. Bei der Arbeit an diesem Werk, das sein letztes werden sollte, lebte Segantini in der winzigen Hütte, die heute seinen Namen trägt. Hier zog er sich die Bauchfellentzündung zu, die zu seinem Tod auf dem Berg führte. Zu diesem Zeitpunkt hatte sich der in Mailand aufgewachsene Künstler mit seiner Familie in Maloja nieder gelassen, nachdem er zuvor einige Jahre in Savognin verbracht hatte. Die internationale Anerkennung für sein Werk schlug sich in dem – noch zu seinen Lebzeiten verworfenen – Plan nieder, das ›Alpentriptychon‹ in einem monumentalen Pavillon auf der Pariser Weltausstellung 1900 zu präsentieren. Heute hat es seinen Platz im Segantini-Museum in St. Moritz.

Durch das Heutal

Von Bernina Suot durch das Val dal Fain auf den Piz La Stretta

Das Val dal Fain gilt als eines der sonnigsten Seitentäler des Engadins bzw. der Bernina. Hier sind etliche Murmeltier-Kolonien zu finden. Den Anstieg belohnt das Panorama, das sich von der windigen Fuorcla Chamuera und dem Piz La Stretta bietet.

DIE WANDERUNG IN KÜRZE

++ Anspruch

5.30 Std. Gehzeit

800 m An-/Abstieg

Charakter: Tagestour mit kräftigem Anstieg zum Sattel; bis zur Alp La Stretta Fahrweg, danach Bergwege. Auf der gesamten Wanderung gibt es keinen Schatten.

Markierung: weiß-rot-weiß, Aufstieg zum Gipfel weglos

Wanderkarten: 1:50 000 Oberengadin; 1:50 000 269 Passo del Bernina; 1:25 000 1258 La Stretta

Einkehrmöglichkeiten: keine

Anfahrt: **Mit der Bahn** von Pontresina oder Poschiavo auf der Bernina-Strecke bis Bernina-Diavolezza. **Mit dem Auto** von Pontresina Richtung Berninapass bis zum Parkplatz an der Talstation der Diavolezza-Luftseilbahn.

Hinweise: Die beste Zeit für die Wanderung ist etwa ab Ende Juli, da dann die jungen Murmeltiere gut zu beobachten sind. Nur bei guter Sicht gehen, da sonst die Orientierung im oberen Bereich etwas schwierig sein kann.

Vom Parkplatz an der **Diavolezza-Luftseilbahn** überqueren wir die Bernina-Passstraße und folgen auf der anderen Seite einem Wiesenpfad, der zwischen Straße und Bach entlang führt, ein Stück abwärts, bis

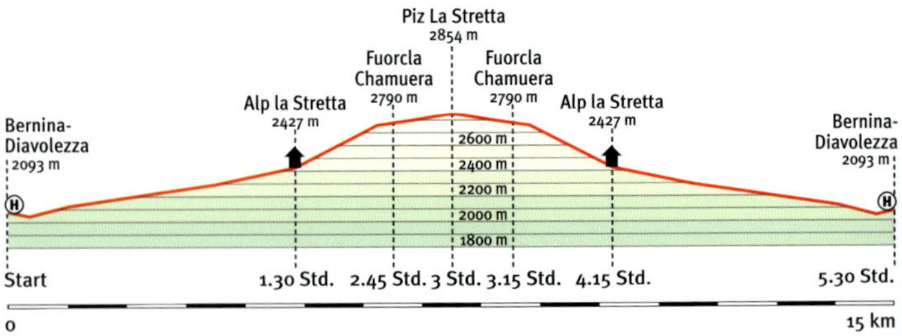

Blick von der Fuorcla Chamuera auf den Monte Breva

wir eine Brücke erreichen. Auf dieser überqueren wir die **Ova da Bernina** und folgen dem mäßig ansteigenden Fahrweg in das Val dal Fain hinein. Auf Höhe der **Alp Bernina** wird der Weg etwas flacher. Von hier an hat man gute Gelegenheit, die Murmeltiere zu beobachten, die ihre Baue beiderseits des Weges am sonnenbeschienenen Hang angelegt haben.

Nach 30 Min. passieren wir den Abzweig des Weges, der über die Fuorcla Pischa und zum Piz Languard (Tour 12) führt. Der Fahrweg zieht sich in einem weiten Bogen weiter in das Tal hinein, das seinen Namen – ›Heutal‹ – den reichen Wiesen verdankt. Richtung Talende sieht man am linken Hang vor dem auffälligen dunklen Schuttgipfel des Monte Breva das Ziel der Wanderung, den abgerundeten Buckel des Piz La Stretta.

Wo es wieder etwas steiler wird, tost rechts unterhalb die Ova da la Val dal Fain durch eine Schlucht, in der einige Strudeltöpfe zu erkennen sind, die das Wasser in den Fels gemahlen hat. Schließlich erreicht der Weg die **Alp la Stretta** (1.30 Std.).

Abstecher: An der Alp la Stretta endet der Fahrweg und geht in einen Wiesenweg über, der ohne Steigung weiter nach **La Stretta** führt (45 Min.). Von dort bietet sich ein schöner Tiefblick auf die Passstraße der Forcola di Livigno.

Wir folgen von der Alp der Ausschilderung zur Fuorcla Chamuera bzw. nach La Punt. Der wenig begangene, aber gut markierte Wiesenpfad führt zunächst mäßig steil am Hang entlang wieder talauswärts, wird dann aber deutlich steiler und windet sich im Zickzack den Hang hinauf. An den Hängen erstreckt sich ein vielfarbiges Blumenmeer mit den braunvioletten, nach Vanille duftenden Kohlröschen, lila-orangen Alpen-Astern, Hahnenfuß, verschiedenen Enzian-Arten und der dunkelblauen Teu-

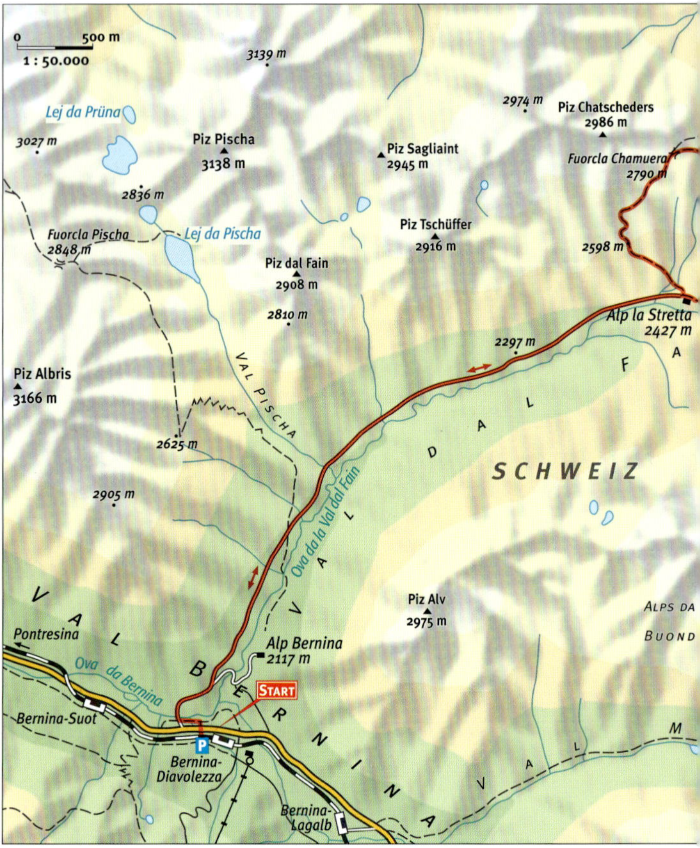

felskralle, deren Aussehen ihrem Namen alle Ehre macht.

Nach einem steilen, Schweiß treibenden Anstieg wendet sich der Weg wieder taleinwärts und führt, nun deutlich flacher, unter dem Gipfel des Piz Chatscheders hinüber Richtung Fuorcla Chamuera. Teilweise sind in diesem Bereich nur noch Pfadspuren zu erkennen. Überall, wo sich länger Feuchtigkeit hält, findet man üppige Ansammlungen von Gletscher-Hahnenfuß im Schutt.

Schließlich erreichen wir die **Fuorcla Chamuera** (2.45 Std.), über die der Wind pfeift. Von hier aus bietet sich ein fantastischer Blick auf die gesamte Bernina-Gruppe, im Osten beginnend mit dem Piz d'Arlas, gefolgt vom mächtigen Piz Palü mit seinen drei Pfeilern, den Schneegipfelchen der Bellavista, dem Piz Bernina mit dem messerscharfen Biancograt, bis hin zum buckligen Piz Morteratsch. Über dem Ende des Val dal Fain erhebt sich in der Ferne der Piz Val Nera mit dem gleichnamigen Hängegletscher.

Von der Fuorcla Chamuera folgen wir weglos dem Rücken weiter nach

Osten, auf den Monte Breva zu. An der Färbung des Gesteins ist deutlich seine unterschiedliche mineralische Zusammensetzung abzulesen: vorne der bläuliche Piz La Stretta, dahinter ein rötlicher Bereich, dann der fast schwarze Monte Breva. Auf dem letzten Stück zum Gipfel sollte man nicht direkt dem felsigen Gratrücken folgen, sondern rechts unterhalb des Gipfels vorbei gehen, um dann von Süden her mäßig steil die letzten Meter zum höchsten Punkt über Schutt hinauf zu steigen.

Vom Gipfel des **Piz La Stretta** (3 Std.), der eigentlich nur eine mit Alpen-Margeriten bewachsene Kuppe in der Bergkette zwischen Monte Breva und Piz Albris darstellt, ist der Blick in die Bernina noch etwas freier als von der Fuorcla Chamuera aus. Zudem sieht man nun über dem Ende des Val Chamuera den massigen Piz Kesch mit der daneben gelegenen Porta d'Es-cha (Tour 19) aufragen.

Vom Gipfel folgen wir demselben Weg zurück zur Talstation der **Diavolezza-Gondelbahn** (5.30 Std.).

Murmeltiere

Nur an wenigen anderen Stellen im Engadin bieten sich so gute Gelegenheiten zur Beobachtung von Murmeltieren wie im Val dal Fain. Praktisch der gesamte nördliche Hang des Tals, der fast den ganzen Tag in der Sonne liegt, ist von den gut halbmetergroßen, kräftigen Nagern besiedelt. Sie leben in Familienverbänden zusammen, die jeweils bis zu 15 Tiere umfassen können.

Während der Großteil der Gruppe weidet, um sich Fettpolster für den Winterschlaf anzufressen, halten immer einige Wächter Ausschau. Bei Gefahr warnen sie die anderen Tiere mit gellenden Pfiffen – eigentlich sind es Schreie –, so dass in Sekundenschnelle alle in den Bauen verschwunden sind.

Im Juni bringen die Weibchen zwei bis sieben Jungen zur Welt, die allerdings erst einen Monat später an die frische Luft kommen. Daher eignen sich besonders die Wochen ab Mitte/Ende Juli – je nach Dauer und Härte des Winters – für die Wanderung, da sich dann die herumtollenden Jungtiere gut beobachten lassen.

Tour 14

Zwei leichte Dreitausender

Von der Diavolezza auf den Munt Pers und den Sass Queder

Vom spektakulärsten Aussichtspunkt des Oberengadins geht es, immer mit Blick auf die Gletscherwelt der Bernina, auf zwei einfache Dreitausender. Der Abstieg führt zuerst durch das Diavolezza-Skigebiet, dann durch das einsame, blumenreiche Val d'Arlas.

DIE WANDERUNG IN KÜRZE

++ Anspruch

5 Std. Gehzeit

200 m Anstieg

1100 m Abstieg

Charakter: Kurze Ganztageswanderung auf zwei Dreitausender mit fantastischem Panorama des Gletscher-Amphitheaters der Bernina; stellenweise recht steiler Abstieg; größtenteils schmale Bergwege. Auf der gesamten Wanderung gibt es keinen Schatten.

Markierung: weiß-rot-weiß

Wanderkarten: 1:50 000 Oberengadin; 1:50 000 268T Julierpass u. 269 Passo del Bernina; 1:25 000 1258 La Stretta, 1277 Piz Bernina u. 1278 La Rösa

Einkehrmöglichkeit: Berggasthaus Diavolezza

Anfahrt: Mit der Bahn von Pontresina oder Poschiavo auf der Bernina-Strecke bis Bernina-Diavolezza. **Mit dem Auto** von Pontresina Richtung Berninapass bis zum Parkplatz an der Talstation der Diavolezza-Gondelbahn.

Hinweise: Von der Diavolezza werden geführte Gletscher-Wanderungen nach Morteratsch angeboten, bei denen man die Gletscherwelt der Bernina hautnah und ohne Risiko erleben kann (Juli/Aug. tägl., sonst Di, Mi, Fr, So; keine Anmeldung, Treffpunkt ab 9 Uhr an der Bergstation, Abmarsch 11 Uhr; Dauer: ca. 5 Std.). Diese alternative Abstiegsroute sollte man aber nur mit einem Bergführer wählen!

Von der **Diavolezza**, zu der uns die Gondelbahn in 15 Min. hinauf bringt, bietet sich ein fantastisches Panorama der gesamten Bernina. Die Kette der schneebedeckten Drei- und Viertausender, die dieses Amphitheater bilden, beginnt links am Piz Cambrena. Dann schließen sich der Piz Palü mit seinen markanten drei Pfeilern und die Bellavista an, hinter deren drei weißen Gipfelchen sich der Piz Zupò verbirgt, um damit seinem Namen alle Ehre zu machen (›Versteckte Spitze‹). Krönender Höhepunkt des Halbkreises ist der Piz Bernina, der 1850 erstmals bestiegene einzige Viertausender der Ostalpen, mit dem Biancograt. Der buk-

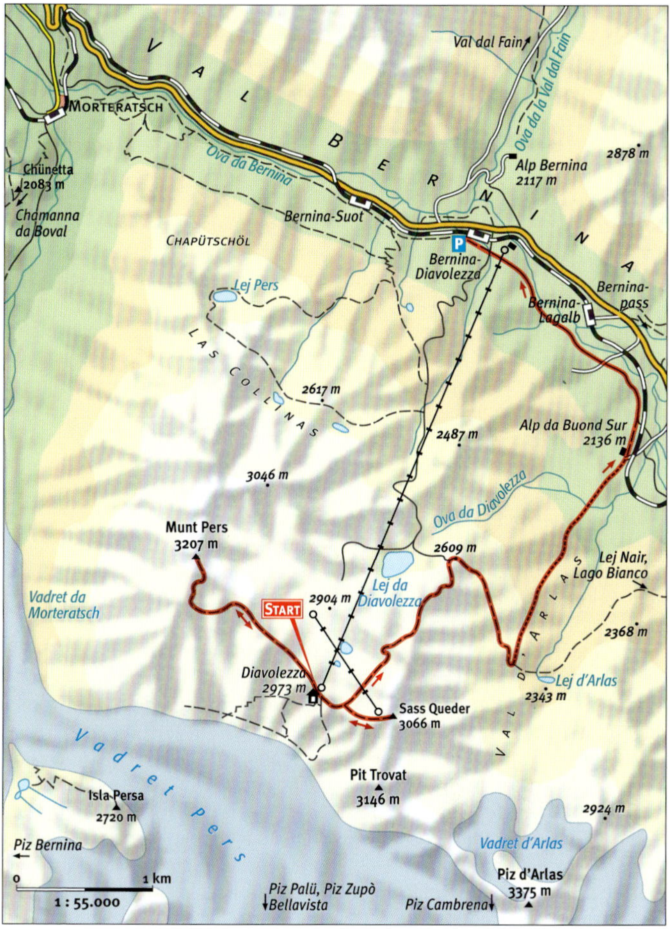

kelige Piz Morteratsch leitet dann zu dem Rücken über, der schließlich im Muottas da Puntraschigna bei Pontresina ausläuft.

Von der **Bergstation** folgen wir dem Wegweiser Richtung Munt Pers. Erst geht es relativ eben am Hang entlang, dann beginnt der mäßig steile Aufstieg über Schutt und Blockwerk auf den Aussichtsberg. Vom Gipfel des **Munt Pers** (1 Std.) bietet sich ein großartiger Ausblick auf die Bernina, den Berninapass und die Berge um St. Moritz und Pontresina. Mächtig erhebt sich in der Ferne der unverkennbare Piz Kesch, dann die anderen Gipfel, die das Engadin nach Norden begrenzen, darunter der Piz Ot und der Piz Julier. Hinter dem Gipfel des Piz Morteratsch kann man die Bergstation der Corvatsch-Bahn mit ihren Antennen erkennen. Jenseits des Tals, in dem Pontresina liegt, erhebt sich die schneefreie Pyramide des Piz Languard mit der gut sichbaren Chamanna Georgy (Tour 12), davor der Piz Albris. Im weiteren Verlauf des Berninapasses folgt der Skiberg Lagalb.

Auf dem gleichen Weg gehen wir wieder zurück zur **Diavolezza-Bergstation** (1.40 Std.) und an dieser vorbei Richtung Sass Queder. Schon nach 200 m zweigt links der Weg ab, dem wir später beim Abstieg folgen werden. Wir gehen jedoch erst weiter geradeaus auf die markante dunkle Pyramide des Piz Trovat zu. Der Name dieser ›Gefundenen Spitze‹ steht in Kontrast zum ›Verlorenen Berg‹, dem Munt Pers. Der markierte Weg führt oberhalb der Bergstation eines Sessellifts vorbei.

Danach beginnt der eigentliche Aufstieg, der mäßig steil größtenteils über Schutt und Blockwerk zu dem weiten, abgeflachten Gipfelplateau des **Sass Queder** hinauf führt (2.10 Std.). Von dem ›Viereckigen Berg‹ bietet sich ein schöner Blick hinunter auf den Berninapass, die gegenüberliegenden Täler Val dal Fain (Tour 13) und Val Minor sowie auf die beiden Seen Lej Nair und Lago Bianco. Die beiden Seen könnten unterschiedlicher kaum sein: der eine wird von klaren Gebirgsbächen gespeist, der andere von milchigem Gletscherwasser. Zudem verlaufen zwischen ihnen zwei Grenzen: die Wasserscheide zwischen Schwarzem Meer und Adria und die Sprachgrenze zwischen dem Romanischen und dem Italienischen.

Vom Gipfel kehren wir wieder zu dem **Wegweiser** kurz vor der Diavolezza zurück (2.30 Std.), an dem der Weg zur Talstation abzweigt, dem wir jetzt abwärts folgen. Zunächst quert er einen kleinen Gletscher und führt dann am Hang unterhalb des Sass Queder entlang, bevor er sich abwärts wendet. Anschließend geht es über eine Steilstufe hinab, an der teilweise Seilsicherungen angebracht sind. Es folgt ein steiles Schneefeld, das sich bis in den Hochsommer hinein hält, danach wird der Weg wieder etwas flacher. Nun bietet sich ein hervorragender Blick hinab auf den blaugrün schimmernden **Lej da Diavolezza,** zu dem wir über einen Rücken mäßig steil hinab steigen. Etwas oberhalb des Sees verlassen wir an einem Wegweiser (3.30 Std.) die Route, die direkt zurück zur Talstation führt, und wenden uns nach rechts, Richtung Lej d'Arlas. Nun geht es unterhalb des Sass Queder in das Val d'Arlas hinein, immer auf die Pyramide des Piz d'Arlas zu. Zunächst führt der Weg nur leicht abwärts, dabei häufig über Blockwerk, dann folgt ein

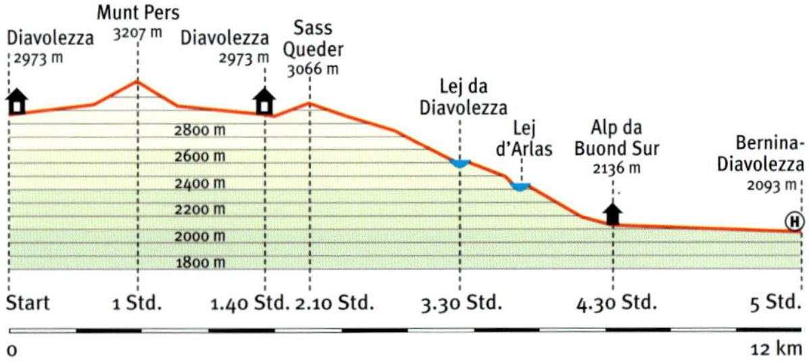

Piz Bernina und Morteratsch-Gletscher

mäßig steiler Abstieg, der uns oberhalb des **Lej d'Arlas** an einen Wegweiser bringt (3.50 Std.).

Hier biegen wir nach links ab Richtung Diavolezza-Talstation bzw. Alp da Buond Sur. Recht steil und größtenteils weglos, allenfalls mit Pfadspuren, aber stets gut markiert, geht es nun durch die Wiesen im Val d'Arlas hinab, die mit Blockwerk durchsetzt sind. Ab und zu sieht man seitlich des Weges Dolinen, trichterförmige Einbrüche im Kalkgestein. Weiter unten im Tal wird der Hang flacher, wir überqueren einen Bach und gehen über die leicht abfallenden Weiden auf die Gebäude der **Alp da Buond Sur** zu (4.30 Std.).

Von der Alp folgen wir der Ausschilderung zur Talstation der Diavolezza-Bahn nach links. Teils als Fahr-, teils als Wiesenweg geht es nun nur noch leicht bergab durch die Weiden, immer mehr oder weniger parallel zur Bahntrasse der Bernina-Bahn. So erreichen wir schließlich die Talstation der Diavolezza-Gondelbahn und die **Bahnstation Bernina-Diavolezza** (5 Std.).

Tour 15

Die höchste Bahnlinie Europas

Vom Berninapass über Alp Grüm nach Poschiavo

Aus der Gletscherwelt der Bernina führt der Weg hinunter ins mediterrane Poschiavo. Dabei folgt er einer der spektakulärsten Streckenführungen der Rhätischen Bahn – immer wieder mit Ausblicken über die Ebene von Poschiavo mit dem gleichnamigen See.

DIE WANDERUNG IN KÜRZE

++ Anspruch

4.30 Std. Gehzeit

150 m Anstieg

1350 m Abstieg

Charakter: Einfache, kurze Tagestour mit langem Abstieg; größtenteils bequeme Berg- und Waldwege, am Schluss ein Stück Fahrsträßchen.

Markierung: weiß-rot-weiß

Wanderkarten: 1:50 000 Oberengadin; 1:50 000 269 Passo del Bernina u. 279 Brusio; 1:25 000 1278 La Rösa u. 1298 Lago di Poschiavo

Einkehrmöglichkeiten: Sassal Mason, Bahnhofsbuffet Alp Grüm, Restaurants in Poschiavo

Anfahrt: Mit der Bahn von Pontresina oder Poschiavo auf der Bernina-Strecke bis Ospizio Bernina. **Mit dem Postauto** von Poschiavo bis Ospizio Bernina (ab Sommer 2009 auch Postauto-Verbindung von Pontresina.). **Mit dem Auto** von Pontresina bis zur Passhöhe des Berninapasses, auf dem Parkplatz gegenüber dem Ospizio Bernina parken (gebührenpflichtig); **Rückfahrt** ab Poschiavo mit der Bahn.

Der **Berninapass** markiert nicht nur die Grenze zwischen dem Oberengadin und dem Val Poschiavo (Puschlav), sondern auch die zwischen dem rätoromanischen und dem italienischen Sprachraum.

Am Ende des Parkplatzes auf der Passhöhe, gegenüber dem **Ospizio Bernina,** folgen wir nicht dem Fahrweg rechts hinunter zur Bahnstation, sondern einem schmalen, nicht markierten Bergweg geradeaus. Er führt am Hang entlang, oberhalb der Bahnstation vorbei und senkt sich dabei langsam zum **Lago Bianco** ab. Der ›Weiße See‹ verdankt seine milchigweiße Farbe den Zuflüssen, die von den Gletschern am Piz Cambrena herunter kommen und dabei große Mengen an Schwebstoffen transportieren. Damit steht er in deutlichem Kontrast zum unmittelbar benachbarten Lej Nair (›Schwarzer See‹), der von klaren Gebirgsbächen gespeist wird – und jenseits der Wasserscheide und der Sprachgrenze liegt. Schließlich trifft der Pfad auf den Fahrweg, der von der Bahnstation kommt und wenig später die Bahngleise überquert. Hier wurde

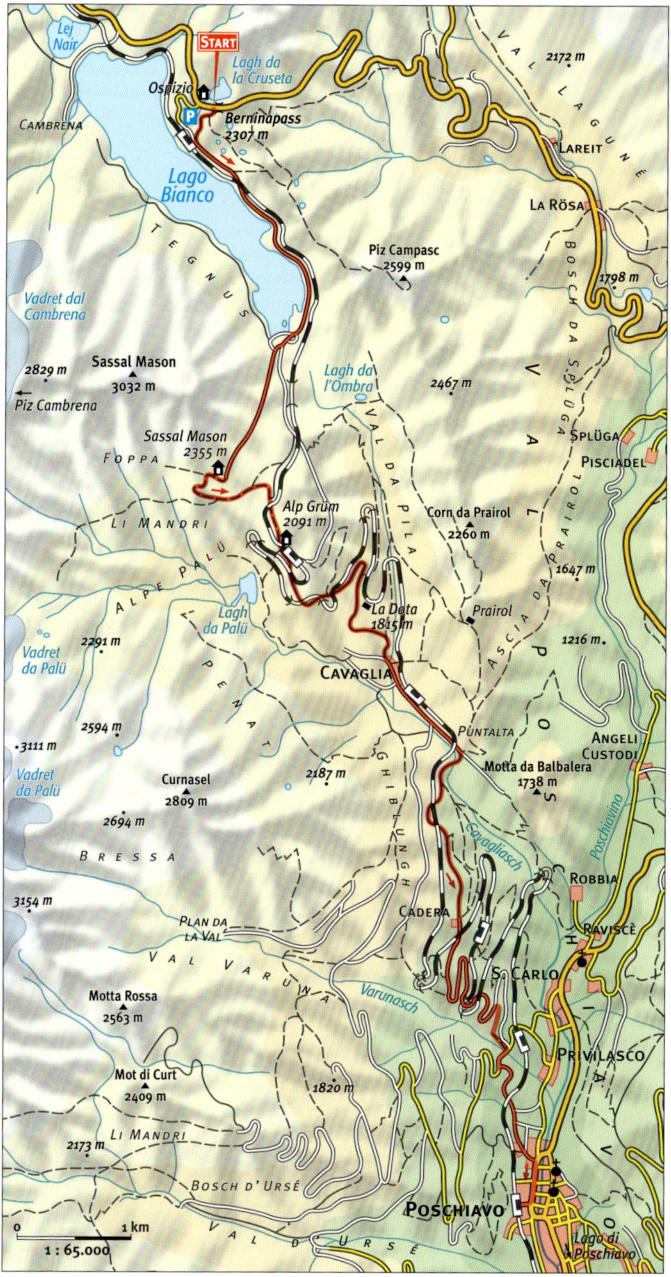

START
Lej Nair
Lagh da la Cruseta
Ospizio
Berninapass 2307 m
Cambrena
Lago Bianco
Tegnus
Piz Campasc 2599 m
2172 m
Val Lagune
Lareit
La Rösa
1798 m
Bosch da Splüga
Vadret dal Cambrena
Sassal Mason 3032 m
2829 m
Piz Cambrena
Lagh da l'Ombra
2467 m
Val da Pila
Val Poschiavo
Sassal Mason 2355 m
Foppa
Splüga
Pisciadel
Alp Grüm 2091 m
Corn da Prairol 2260 m
Li Mandri
Alpe Palü
Lagh da Palü
La Dota 1815 m
Prairol
Ascia da Prairol
1647 m
Vadret da Palü
2291 m
Penat
1216 m
Cavaglia
2594 m
3111 m
Puntalta
Angeli Custodi
Motta da Balbalera 1738 m
Ghiblungh
2187 m
Curnasel 2809 m
2694 m
Cavagliasch
Poschiavino
Bressa
Robbia
Cadera
3154 m
Plan da la Val
Raviscè
Val Varuna
S. Carlo
Varunasch
Motta Rossa 2563 m
Privilasco
Mot di Curt 2409 m
1820 m
Li Mandri
2173 m
Bosch d' Ursé
Poschiavo
0
1 km
1 : 65.000
Val d' Ursé
Lago di Poschiavo

2002 ein Öko-Strompfad eingerichtet, dessen Infotafeln uns nun ein Stück begleiten. Der Weg schlängelt sich immer weiter unterhalb der Bahnlinie am Ufer des Lago Bianco entlang.

Jenseits einer Kuppe erreichen wir unterhalb der **Staumauer** einen Wegweiser (45 Min.). Hier verlassen wir den Öko-Strompfad, biegen rechts vom Hauptweg ab und folgen dem stetig ansteigenden Weg, der uns nach **Sassal Mason** bringt (1.10 Std.). Von der Hütte aus bietet sich ein erster schöner Blick über das Val Poschiavo mit dem meistens im Dunst liegenden Lago di Poschiavo in der Ferne. Unterhalb liegt bereits in greifbarer Nähe Alp Grüm, nach rechts fällt der Blick auf den Vadret da Palü, dessen Eismassen hoch über dem Tal hängen und den türkisen Lagh da Palü speisen. Hinter der Hütte stehen zwei eigentümliche Rundbauten aus Trockenmauerwerk. Sie sind den traditionellen Puschlaver Milchkellern *(crott)* nachempfunden, die von hindurchfließenden Bergbächen gekühlt wurden. Hier sind sie jedoch jüngeren Ursprungs und erfüllen in erster Linie eine dekorative Funktion.

Von Sassal Mason führt der schmale Weg zunächst eben am Hang entlang, dann in einigen Serpentinen steiler hinab in die Region der ersten Krüppellärchen. Jenseits eines kleinen Tälchens stoßen wir wieder auf die Bahnlinie. Wir überqueren sie und folgen ihr nach rechts, immer direkt an den Gleisen entlang, die wir noch einmal überqueren, bis zur Station **Alp Grüm** (1.45 Std.). Unterhalb dieses Haltepunkts, der nicht mit dem Auto zu erreichen ist, beginnt eine der atemberaubendsten Strecken im Netz der Rhätischen Bahn.

Von der Bahnstation führt der **Sentiero Panoramico** abwärts in den Wald und überquert noch einmal die Bahngleise. Zunächst bietet sich dabei noch der Blick auf den Vadret da Palü. Wir bleiben immer auf dem mäßig steil abfallenden, markierten Hauptweg und überqueren bei einem Haus einmal mehr die Gleise. Ab und zu bietet sich bereits ein schöner Blick über die Ebene von Cavaglia.

Bei den Häusern von **La Dota** (2.20 Std.) geht es ein Stück an den Gleisen entlang, dann wieder abwärts durch den Wald. Wo es etwas flacher wird, treffen wir auf den Weg, der vom Lagh da l'Ombra herunter kommt und dem wir abwärts folgen, bis wir die Häuser des Dörfchens **Cavaglia** erreichen. Wir gehen auf einer Teerstraße zwischen ihnen hindurch

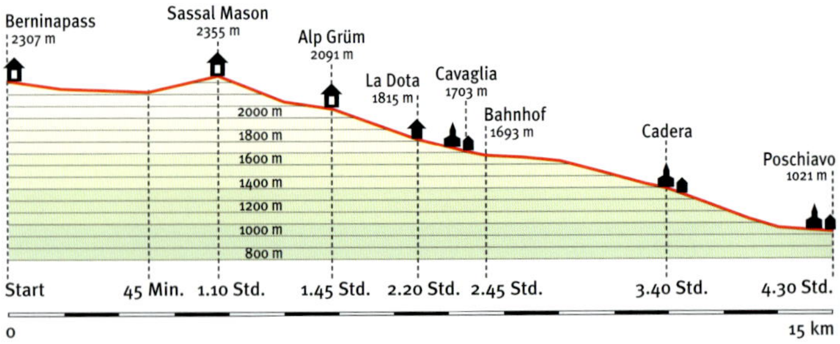

Bemaltes Haus am Poschiavino

und kommen am **Bahnhof** vorbei (2.45 Std.).

Wo die Straße am Ende einer langen Geraden nach rechts abknickt, verlassen wir sie – und damit den Sentiero Panoramico – und folgen geradeaus dem Wegweiser nach Puntalta. Von dieser Stelle bietet sich ein Abstecher zu einem Naturlehrpfad an, der einige Gletschermühlen passiert (ca. 15 Min.).

Schon nach kurzer Zeit erreichen wir die **Puntalta** (›Hohe Brücke‹), an der sich der Cavagliasch tief in den Felsen eingefressen und dabei einige Strudeltöpfe gebildet hat. Wir überqueren Brücke und Gleise und halten uns direkt dahinter rechts Richtung Poschiavo. Noch einmal geht es bergauf und nach der Überquerung der Gleise wieder steiler abwärts durch den Wald, wobei der Weg jetzt teilweise mit größeren Steinen befestigt ist.

Bei einem einzelnen **Haus** treten wir auf eine größere Wiese (3.20 Std.), gehen am Haus vorbei und halten uns direkt dahinter links abwärts in einen Weg, der von Trokkenmauern gesäumt wird. Nun hat man einen wundervollen Blick über das mittlere Puschlav mit dem Ort Poschiavo und dem dahinter im Dunst liegenden Lago di Poschiavo.

Durch Blumenwiesen geht es zwischen den weit verstreuten Häusern von **Cadera** mit ihren schönen Gärtchen entlang. Wir bleiben immer auf dem markierten Wanderweg und treffen auf einen Fahrweg, dem wir nach links abwärts folgen. In der nächsten Kehre zweigt der Weg zur winzigen **Bahnstation von Cadera** ab (3.40 Std.).

Direkt dahinter verlassen wir den Fahrweg wieder links abwärts Richtung Poschiavo. Nun geht es auf einem schmalen Weg mal durch den Mischwald, der hier mit Holunder und Erlen durchsetzt ist, mal über Wiesen steiler abwärts, wobei wir immer dem markierten Weg folgen und noch einmal die Gleise überqueren. Von einer Lichtung bietet sich ein Blick auf das 250 m tiefer am jenseitigen Hang liegende San Carlo.

Oberhalb von Privilasco treten wir endgültig aus dem Wald hinaus (4.10 Std.) und folgen einem schmalen Weg, der auf dem Damm des kanalisierten **Varunasch** entlangführt. Wir treffen auf eine Teerstraße, folgen ihr nach rechts und biegen nach 100 m wieder links in einen Wirtschaftsweg ein. Ein letztes Mal überqueren wir die Bahngleise und folgen dem markierten Hauptweg immer weiter, an mehreren Abzweigungen vorbei. Bei den ersten Häusern von **Poschiavo** geht der Fahrweg in eine Teerstraße über, der wir weiter abwärts folgen, bis wir auf die Hauptstraße treffen. Auf dieser gehen wir nach rechts zum **Bahnhof** (ausgeschildert; 4.30 Std.).

Vor der Rückfahrt mit der Bahn auf den Berninapass sollte man unbedingt einen Abstecher in das Ortszentrum von Poschiavo unternehmen. Auf der Piazza herrscht südländisches Flair, das man in einem der Straßencafés bei Eis oder Cappuccino genießt. Hier wähnt man sich eher in Italien als in einem Bündner 3500-Seelen-Ort. Der Rathausturm, wundervoll restaurierte Palazzi und die Kirche San Vittore Mauro rahmen den Platz ein. Sehenswert ist das kleine Beinhaus neben der Kirche, dessen sorgsam übereinander geschichtete Schädel einen morbiden Charme versprühen.

Die Bahnlinie über den Berninapass

»Der technische Spuk mit dem Kirchlein von Wassen an der Gotthardlinie, die Kehren im Diazo grande im Tessin und die Schleifen der Albulabahn zwischen Bergün und Preda sind ein Kinderspiel gegen das Satanswerk der Ingenieure auf der Südrampe des Berninapasses.«

Dieses Urteil aus Hans Schmids ›Bündnerfahrten‹ ist kaum übertrieben. Denn der Bau der Berninabahn 1904–1910, durch den das Puschlav wichtige wirtschaftliche Impulse erhielt und die Abwanderung gestoppt wurde, ist eine technische Meisterleistung.

Die direkte Entfernung zwischen Ospizio Bernina, dem 2253 m hoch gelegenen einzigen offenen Übergang einer Bahnlinie über den Alpenhauptkamm, und Poschiavo beträgt etwa 10 km mit 1230 m Höhenunterschied. Da eine reine Adhäsionsbahn ohne Zahnradunterstützung eine solche Steigung nicht bewältigen kann, musste die Distanz künstlich verlängert werden. Dazu legte man die im Straßenbau üblichen Serpentinen an, über die sich die Züge nun unter ohrenbetäubendem Quietschen hinab ins Puschlav winden. Aber selbst dabei ging man bis an die absolute Grenze des technisch Machbaren: 7 % Steigung – eine steilere Bahnlinie gibt es nirgends auf der Welt.

Dieses technische Meisterstück erhielt 2008, zusammen mit der Bahnlinie über den Albulapass (Tour 17), den Ritterschlag und wurde in das UNESCO-Welterbe der Menschheit aufgenommen.

Auf den Spuren der Schmuggler

Von Poschiavo über San Romerio und Roncaiola nach Tirano
Hoch über dem Tal folgt die Wanderung schmalen Bergwegen, die besonders in den 1960er und 70er Jahren von Schmugglern genutzt wurden. Immer wieder bieten sich schöne Ausblicke ins untere Puschlav, auf den Lago di Poschiavo und ins Veltlin.

DIE WANDERUNG IN KÜRZE

++ Anspruch

7.30 Std. Gehzeit

1000 m Anstiege

1600 m Abstiege

Charakter: Lange Panorama-Wanderung mit mäßig steilem Anstieg in der Mitte und teilweise sehr steilem und anstrengendem Abstieg; etwa gleiche Anteile Fahrwege und Bergwege, einige kurze Stücke Teerstraße.

Markierung: weiß-rot-weiß (Schweiz), weiß-rot bzw. rot-weiß-rot (Italien)

Ausrüstung: Teleskopstöcke, lange Hosen

Wanderkarten: 1:50 000 279 Brusio; 1:25 000 1298 Lago di Poschiavo

Einkehrmöglichkeiten: Gasthäuser bei der Kirche San Romerio, in Viano und Tirano

Anfahrt: Mit der Bahn vom Berninapass oder aus dem unteren Puschlav nach Poschiavo.
Mit dem Auto in Poschiavo von der Kantonsstraße der Ausschilderung zum Bahnhof folgen (Parkplatz werktags gebührenpflichtig); **Rückfahrt** ab Tirano mit der Bahn.

Hinweise: Unbedingt Ausweispapiere mitnehmen, da die Wanderung in Italien endet! Der Abstieg von der Grenze nach Nasen ist wenig begangen und schlecht gepflegt; bei Regen sollte er nicht unternommen werden, da dann die Steine sehr rutschig sein können.

Vom Bahnhof in **Poschiavo** gehen wir zur Kantonsstraße, wenden uns auf ihr nach rechts (Ausschilderung nach San Romerio) und folgen ihr auf das andere Ufer des Poschiavino. Kurz vor dem Ortsende weist nach links ein Hinweisschild zum Krankenhaus *(Ospedale)* in die Via di Palaz. Diese Straße verdankt ihren Namen den neoklassizistischen Palazzi des Spaniolenviertels. Sie wurden Mitte des 19. Jh. von Bürgern Poschiavos erbaut, die als Zuckerbäcker in der Fremde – größtenteils in Spanien, daher der Name des Viertels – zu Vermögen gekommen waren und dies nach ihrer Rückkehr in die Heimat zur Schau stellten. An dieser homogenen Häuserfront, die talwärts über kleine Gärten blickt, geht es vorbei und dann weiter geradeaus hinauf zum Krankenhaus.

Nun zieht sich die Straße mäßig steil nach **Cologna** hoch (20 Min.), wo wir der Teerstraße durch den Ort folgen. Aus einer Kurve bietet sich noch einmal ein schöner Blick zurück auf Poschiavo. Am Ortsende von Cologna verlässt die Markierung in einer Kurve die Straße und führt an einem Haus vorbei in einen Wiesenweg.

Der schmale Weg führt im Schatten von Haselsträuchern zwischen den terrassierten Wiesen entlang, in die immer wieder Stichwege abzweigen. Wir bleiben immer auf dem Hauptweg, bis wir an einem Brunnen am Rande der Lichtung von **Saltaplana** (45 Min.) auf einen Fahrweg treffen. Ihm folgen wir, an ein paar verstreuten Häusern vorbei, leicht ansteigend nach links. Hier ist gut zu erkennen, dass die steilen Hänge erst durch die Terrassierung mit Hilfe von Trockenmauern landwirtschaftlich nutzbar wurden. Die zwischen den Wiesen angepflanzten Haselhecken dienen als Windschutz. Erstmals sieht man nun auch den Lago di Poschiavo in der Ebene liegen.

Hinter einer Haarnadelkurve verlassen wir den Fahrweg und folgen der Markierung in einen schmalen Weg, der nun größtenteils durch lichten Fichtenmischwald führt. Die Markierungen sind hier schlecht und spärlich, wir folgen aber immer dem Hauptweg in stetem Auf und Ab durch den Wald, der reichlich Schatten spendet. Nach einem etwas kräftigeren, aber kurzen Anstieg erreichen wir eine Aussichtskanzel (1.15 Std.) direkt oberhalb von Le Prese, von der sich ein hervorragender Blick auf den Lago di Poschiavo bietet.

Wenig später passieren wir ein Haus (Vündület) und kreuzen hier den Fahrweg, wobei wir weiter der

Piz di Sassiglion 2855 m
M. Pedruna 2539 m
0 1 km
1 : 75.000
Lago di Pedruna
ITALIEN
VAL POSCHIAVO
Piz Trevisina 2823 m
VAL TREVISINA
PLAN DA LA VAL
Cornasc 2480 m
VALLE PIANA
Cima da li Gandi Rossi 2833m
San Romerio
Lago di Val Ferrata
Piaz
Banderola o. Pizzo Ometto 2795 m
Predasc
Poschiavino
Zavena
Güimelin 2040 m
BRUSIO
VIANO
CAMPASCIO
La Dogana
SAENT
CAMPOCOLOGNO
Nasen
BARUFFINI
RONCAIOLA
BEDOLLE
Adda
TIRANO
ITALIEN

Markierung folgen. Nun steigt der Weg stärker an und führt schließlich im Zickzack hinauf zur Lichtung von **Barghi** (1.45 Std.). An ihrem Rand treffen wir auf einen Fahrweg, dem wir nach rechts folgen. Sanft ansteigend geht es wieder über terrassierte Wiesen. Dann zieht sich der Fahrweg relativ eben in einen Tobel hinein und erreicht bei **Plan da la Val** eine kleine Brücke (2 Std.).

Nun beginnt der eigentliche Aufstieg nach San Romerio. Mäßig steil und immer angenehm zu gehen windet sich der schmale Weg mal durch Wald, mal über Lichtungen im Zickzack den Hang hinauf. Der Anstieg endet am Abzweig des Weges nach Albertüsc und zur Forcola di Sassaglion (2.45 Std.). Wir gehen weiter immer relativ eben am Hang entlang, und schließlich ein paar Meter abwärts zur Kirche **San Romerio** (3.15 Std.). Das Kirchlein aus Bruchsteinen, das 1055 erstmals urkundlich erwähnt wurde, thront in fantastischer Lage wie auf einer Kanzel hoch über dem Lago di Poschiavo. Von hier oben ist der Riegel zu erkennen, der durch einen Bergsturz vor ca. 15 000 Jahren entstand und hinter dem sich zunächst das Wasser des Poschiavino zu einem wesentlich größeren See staute, bis es sich in Form einer Schlucht einen schmalen Abfluss graben konnte. Talauswärts schweift der Blick über das gesamte untere Puschlav bis zum Veltlin; am Hang sieht man bereits das Dorf Viano liegen, unser nächstes Etappenziel.

Von der Kirche gehen wir, der Ausschilderung nach Viano bzw. Brusio folgend, am Gasthof vorbei. Auf dem bequem zu gehenden schmalen Fahrweg wandern wir, mal mäßig steil, mal flacher, hoch am Hang entlang durch den Wald, wobei sich immer wieder ein Blick hinunter auf den Kreisviadukt von Brusio bietet.

Auf der Lichtung **Piaz** (3.40 Std.) folgen wir der Ausschilderung nach Viano in einen Bergweg, der bald schmaler wird und mäßig steil abwärts in einen Tobel führt. Nach einiger Zeit treffen wir auf einen Fahrweg, dem wir, leicht ansteigend, nach links folgen und erreichen in einer geteerten Kurve die Lichtung **Predasc** (4 Std.). Nun geht es zunächst auf dem stellenweise geteerten Fahrweg abwärts durch die Wiesen. Nach einem Tobel folgen wir der Markierung auf einem Pfad in den Wald hinein. Teilweise recht steil geht es durch den Wald hinab, bis wir auf einen Fahrweg treffen, der uns zu den Häusern von **Zavena** bringt (4.20 Std.). Der Fahrweg führt jetzt wieder leicht aufwärts und trifft

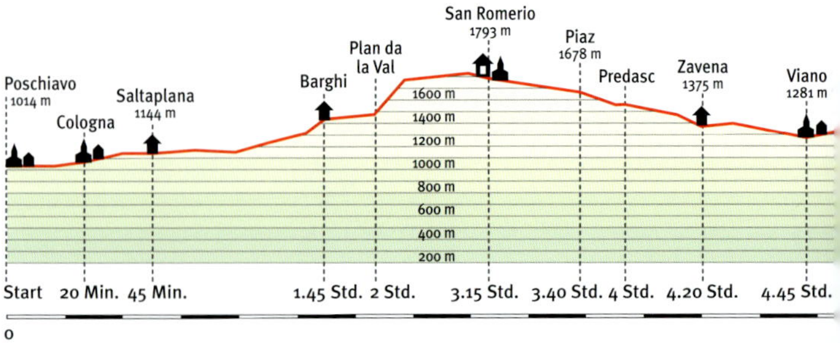

schließlich auf eine Teerstraße, der wir durch zwei weite Kehren hinab nach **Viano** folgen (4.45 Std.).

Variante: Wer die Wanderung abkürzen und sich den steilen Abstieg nach Tirano ersparen möchte, kann von Viano über die Teerstraße hinunter nach Brusio gehen (1.15 Std.) oder mit etwas Glück eines der nur ein paar Mal am Tag verkehrenden Postautos dorthin erwischen.

Wir gehen durch Viano und folgen in der Kurve der Hauptstraße der Ausschilderung Richtung Dogana bzw. Tirano. Es folgt ein letzter, mäßig steiler Anstieg über die Teerstraße hinauf nach **La Dogana** (5.15 Std.). Der Name des winzigen Dörfchens – ›Zollamt‹ – signalisiert bereits die Nähe der italienischen Grenze. Auf einem Fahrweg gehen wir zwischen den Häusern hindurch und folgen dann der Ausschilderung Richtung Tirano durch die Wiesen abwärts.

An der schweizerisch-italienischen **Grenze** (5.30 Std.) treffen wir erstmals auf die grauen italienischen Wegweiser und die weiß-roten (teilweise auch rot-weiß-roten) Wegmarkierungen. Wir folgen der Ausschilderung Richtung Roncaiola bzw. Baruffini in einen schmalen Pfad, der zwischen Trockenmauern mäßig steil bergab führt. Nun bietet sich ein erster Blick hinunter auf Tirano und die Weinberge des Veltlins. Nach kurzer Zeit treffen wir auf einen Wegweiser, wo sich die Wege nach Baruffini und nach Roncaiola trennen.

Wir folgen der Ausschilderung nach Roncaiola. Nun beginnt der unangenehmste Teil des Abstiegs: Teilweise recht steil führt der wenig begangene, an vielen Stellen mit Gras und Brennnesseln zugewucherte Weg über Steine zwischen Trockenmauern bergab. Bei Regen kann es hier sehr rutschig werden. Von einer Hangkante bietet sich noch einmal ein schöner Blick ins untere Puschlav und auf den Grenzort Campocologno. Nun geht es, an einigen Milchkellern vorbei, durch eine verwildernde Kulturlandschaft, die langsam von Holunder-, Brennnessel- und Brombeergestrüpp überwuchert wird. Nach längerem Abstieg führt der Weg in die Kastanienwälder hinein und, etwas flacher werdend, zu den Häusern von **Nasen** (6.15 Std.).

Hier entscheiden wir uns für den weniger anstrengenden Abstieg und folgen daher nicht der direkten Ausschilderung nach Tirano, sondern dem Weg Richtung Roncaiola. Von Mauern gestützt, führt er relativ eben hoch am Hang entlang, wobei sich fast ständig eine schöne Aussicht ins Veltlin bietet. Zunächst an einigen einzelnen Häusern, dann oberhalb des Dörfchens **Bedolle** vorbei, erreichen wir **Roncaiola** (6.45 Std.). Von dem Dorf bietet sich die Aussicht das Veltlin auf- und abwärts, an dessen Hängen sich die Weinberge hinaufziehen.

Wir gehen, der Markierung und der Ausschilderung Richtung Tirano folgend, die gepflasterten Gassen

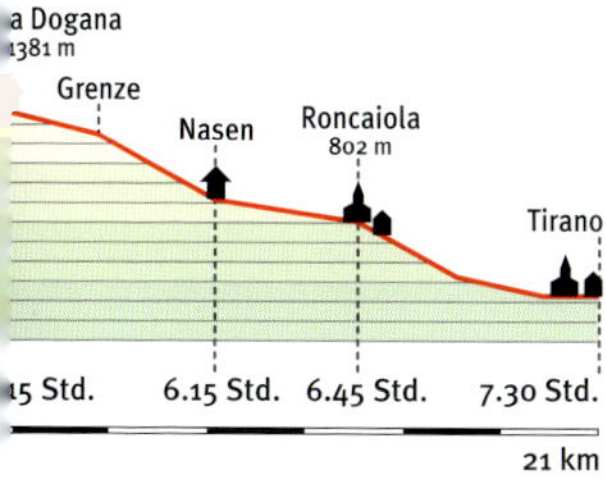

Blick auf Tirano und die Weinberge des Veltlins

zwischen den Häusern hinab. Unterhalb des Ortes führt der Weg mäßig steil in den lichten Laubwald hinunter und erreicht bald den Rand der Weinberge. Nach der Überquerung einer Straße geht es dann geradewegs den Hang hinab, flankiert von Kastanien. Wir treffen auf eine Teerstraße, auf der wir ein paar Meter nach rechts gehen, um dann der Markierung wieder nach links in die Weinberge zu folgen. Auf einem befestigten Fahrweg erreichen wir den Ortsrand von **Tirano.**

Nun folgen wir immer der Straße abwärts, bis wir die Adda erreichen. Dort wenden wir uns nach rechts, verlassen den Fluss jedoch schon nach gut 100 m wieder und biegen in die Straße Risorgimento ein. Von hier an ist der Weg zum Bahnhof ausgeschildert. Da sich in Tirano die Streckennetze der Italienischen Staatsbahn und der Rhätischen Bahn treffen, besitzt der Ort zwei unmittelbar benachbarte Bahnhöfe. Wir gehen am italienischen vorbei und erreichen den Bahnhof der Rhätischen Bahn (7.30 Std.).

Schmuggel im Val Poschiavo

Die Ursprünge des Schmuggels im unteren Puschlav liegen in den Jahren vor dem Zweiten Weltkrieg. Zunächst wurden Tabak, Kaffee und Zucker nach Italien geschmuggelt, in den Krisenjahren florierte dann der Tausch von Reis aus Italien gegen Kochsalz.

Seinen Höhepunkt erlebte der Schmuggel jedoch in den 60er und 70er Jahren, als er zu einem bedeutenden Wirtschaftsfaktor für das arme Tal wurde. Die hohen Kaffee- und Tabakpreise in Italien führten dazu, dass im Rekordjahr 1966 ca. 6,5 Mio. kg Kaffee auf den schmalen und unübersichtlichen Bergwegen aus dem Val Poschiavo nach Tirano gebracht wurden. Der Boom der Kaffeeröstereien um Brusio und des Tabakanbaus im unteren Puschlav neigte sich erst mit der Anpassung der Kaffee- und Tabakpreise in Italien während der 70er Jahre dem Ende zu.

Entlang der Albulabahn

Von Bever über die Fuorcla Crap Alv nach Preda und Bergün

Von Spinas bis Preda folgt diese Genusstour der Route, die während des Baus von den Arbeitern als kürzeste Verbindung zwischen den beiden Eingängen des Albulatunnels genutzt wurde. Zum Schluss geht es parallel zur spektakulären Bahnlinie hinunter nach Bergün.

DIE WANDERUNG IN KÜRZE

++ Anspruch

7 Std. Gehzeit

850 m Anstieg

1200 m Abstieg

Charakter: Relativ lange Tagestour mit einem recht steilen Anstieg; größtenteils schmale Bergwege, im Val Bever teilweise Fahrwege.

Markierung: weiß-rot-weiß

Wanderkarten: 1:50 000 258T Bergün; 1:25 000 1236 Savognin u. 1237 Albulapass

Einkehrmöglichkeiten: Berggasthaus Suvretta, Gasthäuser in Preda und Bergün

Anfahrt: **Mit der Bahn** bzw. dem **Engadin Bus** (Linie 6) bis zum Bahnhof von Bever. **Mit dem Auto** von der Umgehung Bever der Ausschilderung zum Bahnhof folgen (gebührenpflichtiger Parkplatz); **Rückfahrt** ab Bergün mit der Bahn.

Hinweis: Die Tour kann auch in Preda beendet werden, dort halten aber nicht alle Züge.

Vom Bahnhof in **Bever** gehen wir die Hauptstraße entlang Richtung Kirche, an dieser geradeaus vorbei und folgen immer dem Verlauf der Straße. Hinter einem großen Haus mit reichen Sgraffiti führt uns das Wanderwegsymbol (gelbe Raute) nach links in eine Seitenstraße, in der wir an der Gemeindeverwaltung (Chesa Cumunela) vorbei kommen.

Am Ortsrand folgen wir einem in einer Linkskurve leicht ansteigenden Fahrweg. Wo er anschließend eine Rechtskurve beschreibt, treffen wir auf die weiß-rot-weiße Markierung, die uns geradeaus in einen Wiesenweg Richtung Spinas weist. Der Weg zieht sich nach anfänglichem mäßigem Anstieg relativ eben am Hang entlang in das **Val Bever** hinein. Nach einiger Zeit trifft von links auf unseren Weg ein Fahrweg, dem wir jetzt weiter folgen. Größtenteils geht es weiterhin relativ eben ins Tal hinein, nur die Wiesen der **Alp Taverna** werden in einem Bogen etwas oberhalb am Hang umgangen. Immer wieder hat man einen guten Blick auf die am gegenüberliegenden Hang Richtung Albulatunnel fahrenden Züge der ›Kleinen Roten‹.

Unterhalb der Cho d'Valetta (Tour 9) und fast direkt gegenüber der Mündung des Valletta da Bever überqueren wir den Bach und erreichen wenig später die Station **Spinas** (1.15 Std.). Direkt hinter der Station verschwinden die Bahngleise im 5,8 km langen Albulatunnel. Neben ihr lädt das **Berggasthaus Suvretta** zu einer ersten Pause ein.

Vom Gasthaus folgen wir weiter dem Fahrweg taleinwärts Richtung Fuorcla Crap Alv bzw. Chamanna Jenatsch. Nun überwindet der Weg, mäßig ansteigend, eine erste Steilstufe. Danach schlängelt er sich fast eben weiter in das malerische Val Bever hinein, in dessen feuchten Wiesen das Wollgras steht. Schließlich erreichen wir bei **Palüd Marscha** (2.15 Std.) einen Wegweiser.

Hier verlassen wir den Fahrweg nach rechts und beginnen den Aufstieg zur Fuorcla Crap Alv. Der Pfad zieht sich nun recht steil am Hang aufwärts – zuerst noch zwischen Bäumen hindurch, dann zwischen Blockwerk und durch Wiesen. Diese sind in den unteren Bereichen von Weißem Eisenhut übersät, weiter oben von Schwefel-Anemonen, goldgelber Arnika und braunvioletten, nach Vanille duftenden Kohlröschen. Am Ende des anstrengenden Anstiegs zieht sich der Weg flacher durch die Wiesen aufwärts zum Einschnitt der **Fuorcla Crap Alv** (3.30 Std.). Beim Blick zurück erhebt sich dominierend über dem Val Bever die Pyramide des Piz Ot.

Vom Sattel führt der Weg zunächst nach links am Hang entlang, dann mäßig steil über Wiesen hinab. Nach einem insgesamt relativ bequemen Abstieg erreichen wir die **Crap Alv Laiets** (3.50 Std.), die idyllisch in eine Mulde eingebettet liegen.

Der Weg führt an den Seen vorbei und überwindet einen kleinen Rükken, bevor es wieder mäßig steil abwärts geht. Die Hänge sind jetzt immer stärker mit Wacholder, Heidelbeeren und Alpenrosen durchsetzt. Nachdem wir das Tälchen unterhalb der Crap Alv Laiets verlassen haben, bietet sich ein schöner Blick hinab auf die Passstraße und die kleine Ebene bei Crap Alv. In diesem Bereich befindet sich der Weg übrigens direkt über dem Stollen des Albulatunnels. Er führt nun weiter am Hang unterhalb der unschwer zu erkennenden Dschimels (›Zwillinge‹) entlang und schließlich mäßig steil hinab zur **Albula-Passstraße** (4.10 Std.).

Jenseits der Straße wird der Weg breiter und vereinigt sich mit einem anderen Weg, der von der Passhöhe des Albulapasses herunter kommt. Nun geht es, nur noch leicht abfallend, teils über Blockwerk, teils durch Blumenwiesen, in weiten Schleifen hinunter zur Ebene **Igls Plans.** Dort führt der Weg an mehreren Seelein vorbei, deren Idylle nur durch die Hochspannungsleitung

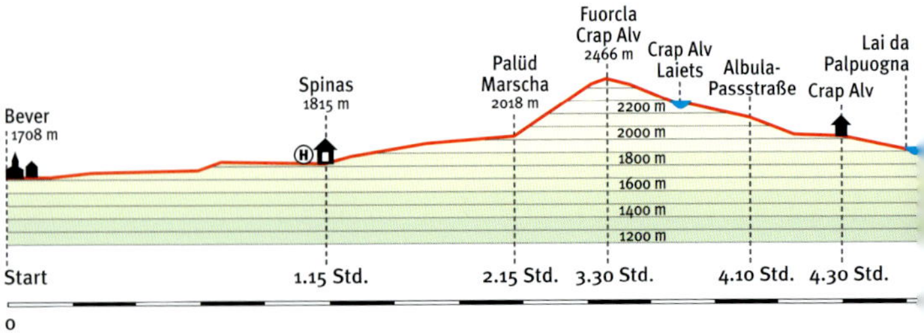

gestört wird. Nach einem nochmaligen Anstieg von ein paar Metern erreichen wir die Häuser von **Crap Alv** (4.30 Std.).

Ein zweites Mal überqueren wir die Passstraße und folgen der Ausschilderung Richtung Preda über eine Wiese in den lichten Lärchenwald hinein. Die Bäume sind mit Flechten behangen, das sieht malerisch-bizarr aus, deutet aber auf eine schwere Krankheit hin. Der Weg führt immer mäßig steil oberhalb der Albula entlang und erreicht am Rande einer Wiese den malerisch in eine Mulde eingebetteten **Lai da Palpuogna** (4.45 Std.).

Am oberen Ende des Sees überqueren wir die Albula und gehen am rechten Seeufer entlang, wo einige Bänke zum Verweilen einladen. Am Abfluss des Sees wechseln wir wieder auf die linke Bachseite hinüber, auf der wir jetzt auch bis kurz vor Preda bleiben. Weiter geht es leicht bis mäßig steil bergab. Gegenüber von Preda windet sich der Weg in engen Serpentinen eine Steilstufe hinab und führt dabei fast an einen Wasserfall heran. Unten treffen wir auf einen breiteren Waldweg, dem wir rechts nach **Preda** folgen (5.15 Std.).

Kurz vor der Unterführung, die unter den Bahngleisen hindurch zum Bahnhof von Preda führt, beginnt der **Bahnlehrpfad,** dem wir bis nach Bergün folgen werden. Zunächst gehen wir auf einem Fahrweg parallel zu den Gleisen bis zu den Häusern von **Naz** (5.30 Std.). Hier beginnt der eigentliche Lehrpfad mit den Infotafeln zur Baugeschichte der Albulabahn. Zunächst folgt er einem schmalen Wiesenpfad, der zwischen Bahn und Bach entlang führt.

Noch einmal führt der Weg an die Straße heran, dann geht es in den Wald hinab und zu einem ersten Aussichtspunkt, von dem man die Albula-Viadukte IV und III überblickt. Anschließend führt der Weg über Treppen relativ steil unter dem **Viadukt IV** hindurch, dann, mal mäßig steil, mal flacher durch Wald und über Wiesen. Weiterhin geht es mehr oder weniger parallel zur Bahntrasse abwärts und unter den nächsten beiden Viadukten hindurch. Schließlich erreichen wir den **Viadukt I** (6 Std.), an dem sich Passstraße und Bahnlinie kreuzen. Dieser Punkt eignet sich besonders gut zur Beobachtung der Züge, die man schon von weitem an der gegenüberliegenden Talflanke kommen sieht. Nachdem sie den direkt unterhalb des Weges gelegenen Viadukt überquert haben, verschwinden sie im Rugnux-Tunnel, um dann noch einmal hoch am Hang oberhalb des Tunneleingangs aufzutauchen.

Nun trennen sich die Wege: Die

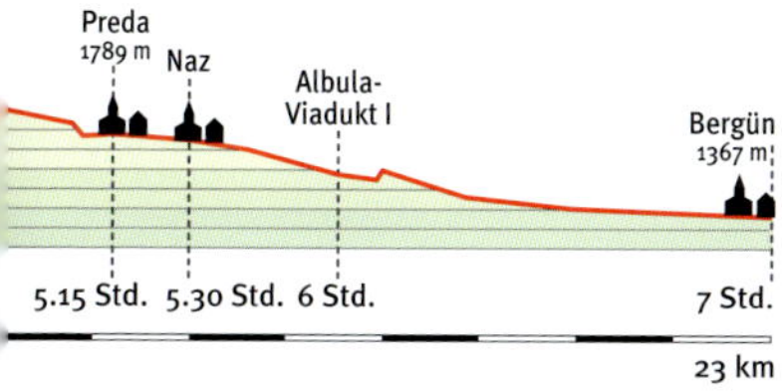

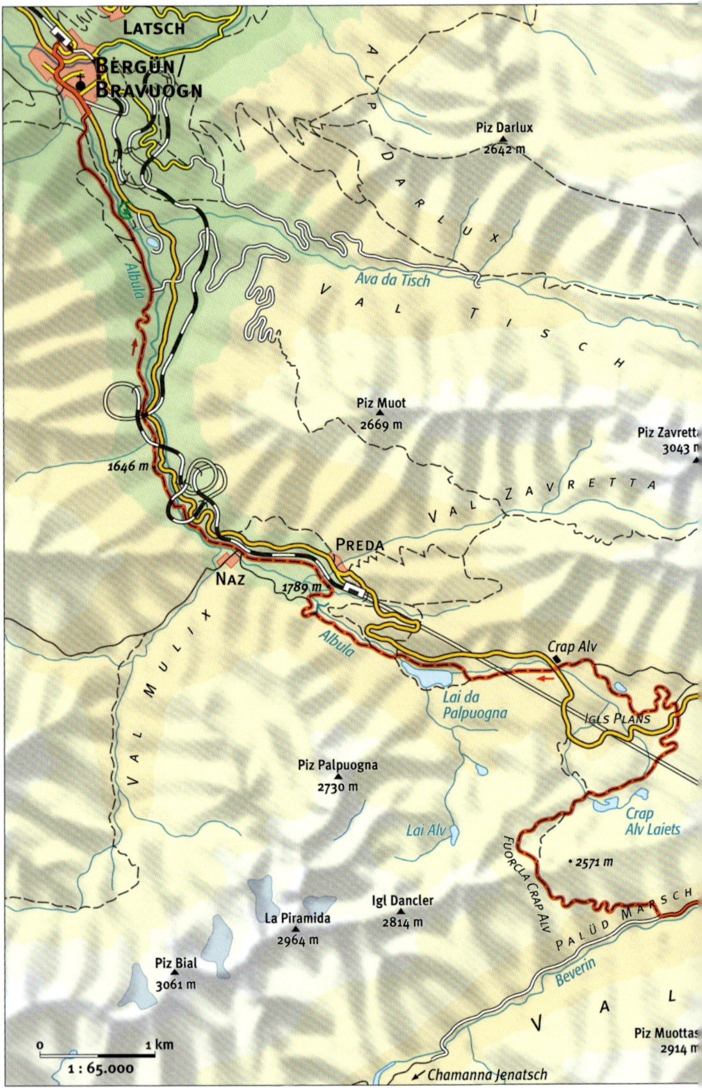

Bahngleise und die Passstraße führen rechts der Albula nach Bergün, der Bahnlehrpfad bleibt auf der linken Talseite. Nach einem kleinen Tobel geht es noch einmal, teilweise über Treppen, einige Höhenmeter aufwärts. Dann fällt der Weg etwas steiler durch den Wald ab, führt über eine Lichtung und wird immer flacher. Am **Campingplatz** von Bergün (6.30 Std.) treffen wir auf einen Fahrweg, dem wir jetzt zuerst am Wald-

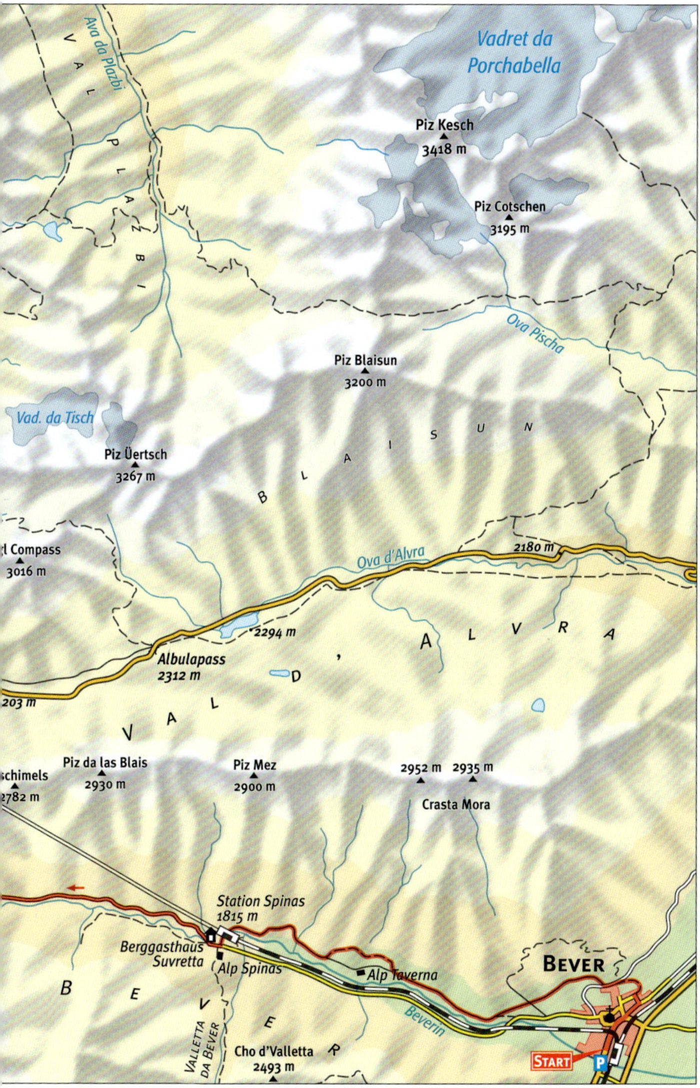

rand entlang, dann durch die Wiesen auf Bergün zu folgen.

Wir überqueren die Albula und gehen am Sporthotel Bergün vorbei. An der Hauptstraße wenden wir uns links und gehen auf der engen, gepflasterten Passstraße mitten durch den Ort hinab. Die typischen Engadiner Häuser, die unseren Weg flankieren, stammen größtenteils aus dem 16.–18. Jh. Einige weisen noch originale Sgraffiti oder Malereien auf. Im-

Zug der Rhätischen Bahn kurz vor dem Albula-Viadukt I

mer der Ausschilderung Richtung Bahnhof folgend, wechseln wir ein letztes Mal auf das rechte Ufer der Albula. Schließlich gehen wir, vorbei an einer ›Krokodil‹-Lok aus den 20er Jahren, die letzten Meter zum **Bahnhof** von **Bergün** hinauf (7 Std.).

Die Albulabahn

Die zwischen 1898 und 1903 gebaute Bahnlinie durch das Albulatal, die 2008 in das UNESCO-Welterbe der Menschheit aufgenommen wurde, gilt als ›Königsstrecke‹ der Rhätischen Bahn, denn hier mussten die Ingenieure unvorstellbare Probleme meistern. Und sie taten dies mit viel Einfallsreichtum.

Die Bahnverbindung ins Engadin war dringend vonnöten, und das extrem eng eingeschnittene Albulatal versprach noch die günstigsten topografischen Voraussetzungen für den Bau. Für eine direkte Streckenführung war der Abschnitt zwischen Bergün und Preda mit 416 m Höhenunterschied dennoch zu steil, für Serpentinen das Tal zu eng. Kurzerhand wurde die Distanz von eigentlich nur etwa 6 km künstlich auf gut das Doppelte verlängert und die Serpentinen wurden in den Berg verlegt. Dies führt dazu, dass man bei der Bahnfahrt leicht einmal die Orientierung verlieren kann, wenn der Zug in einen Tunnel einfährt, im Berg an Höhe gewinnt und den Tunnel dann in entgegengesetzter Richtung wieder verlässt.

So passieren die Züge zwischen Bergün und Preda drei Kehrtunnel, vier gewöhnliche Tunnel, neun Viadukte und zwei Galerien, bevor sie schließlich im 5,8 km langen Albulatunnel verschwinden, dem höchst gelegenen Bahntunnel der Alpen.

Am Inn entlang

Von Bever über La Punt-Chamues-ch und Zuoz nach Cinuos-chel

La Plaiv – ›die Ebene‹ – wird das untere Oberengadin zwischen Bever und Cinuos-chel genannt. An den sanften, sonnigen Hängen auf der Nordwestseite des weiten Tals liegen die malerischen Siedlungen La Punt, Zuoz und S-chanf mit ihren alten Engadiner Häusern.

DIE WANDERUNG IN KÜRZE

+ Anspruch

5 Std. Gehzeit

19 km Länge

Charakter: Einfache Tagestour ohne nennenswerte Steigungen; größtenteils breitere Fahr- und Wiesenwege, einige Stücke auf Teerstraßen, am Schluss auch schmale Waldwege.

Markierung: weiß-rot-weiß, gelb

Wanderkarten: 1:50 000 Oberengadin; 1:50 000 258T Bergün u. 259T Ofenpass; 1:25 000 1237 Albulapass u. 1238 Piz Quattervals

Einkehrmöglichkeiten: In La Punt, Madulain (Abstecher), Zuoz (Abstecher), S-chanf (Abstecher) und Cinuos-chel

Anfahrt: **Mit der Bahn** bzw. dem **Engadin Bus** (Linie 6) bis zum Bahnhof von Bever. **Mit dem Auto** von der Umgehung Bever zum Bahnhof (Ausschilderung; gebührenpflichtiger Parkplatz); **Rückfahrt** ab Cinuos-chel mit der Bahn.

Vom Bahnhof in **Bever** folgen wir der Ausschilderung Richtung La Punt-Chamues-ch die Hauptstraße entlang. Vor der Kirche halten wir uns rechts, unterqueren die Bahnlinie sowie die Umgehungsstraße und gehen geradeaus weiter auf einer Teerstraße in die Wiesen hinein auf den Inn zu. Direkt hinter der Innbrücke biegen wir links auf den befestigten **Inn-Damm** ein (20 Min.).

Der Wiesenpfad führt nun immer zwischen dem kanalisierten Fluss und alten Nebenarmen, die von Weiden und Erlen flankiert werden, entlang. Auf Höhe des Dörfchens **Champesch** (40 Min.) kommt von rechts der Inntal-Radweg auf den Damm herauf. Wo er den Damm wieder verlässt, bleiben wir oben auf dem Wiesenpfad und erreichen so kurz vor La Punt eine Verbreiterung des Inn-Nebenarms, an dem ein paar Bänke zur Rast einladen.

In **La Punt** (1.15 Std.) wenden wir uns nach links und gehen bis fast zu der Brücke, nach der die eine Hälfte der heutigen Doppelgemeinde La Punt-Chamues-ch ihren Namen erhielt. Ihren einstigen Reichtum verdankte die Passfußsiedlung der Tatsache, dass hier die Albulastraße auf die Talstraße traf und zudem den Inn überquerte, so dass der Brückenzoll eine wichtige Einnahmequelle darstellte. Vorbei an der Mitte des 17. Jh.

Die weite Ebene am Ufer des Inn

erbauten **Chesa Merleda** mit ihrem charakteristischen zinnengekrönten Giebel, folgen wir der Ausschilderung des Inntal-Radwegs Richtung Zernez bzw. Scuol. Auf einem Teersträßchen geht es wieder in die Wiesen hinein bis zur Kreuzung bei **Punt da Sass** (1.30 Std.), von der der Weg hinüber nach Madulain führt. Oberhalb erhebt sich die Burgruine Guardaval, die, wie ihr Name sagt, früher den Talweg kontrollierte.

Wir folgen jetzt immer dem nach Zuoz-Resgia ausgeschilderten Wanderweg. Bereits an der nächsten Abzweigung wenden wir uns rechts in

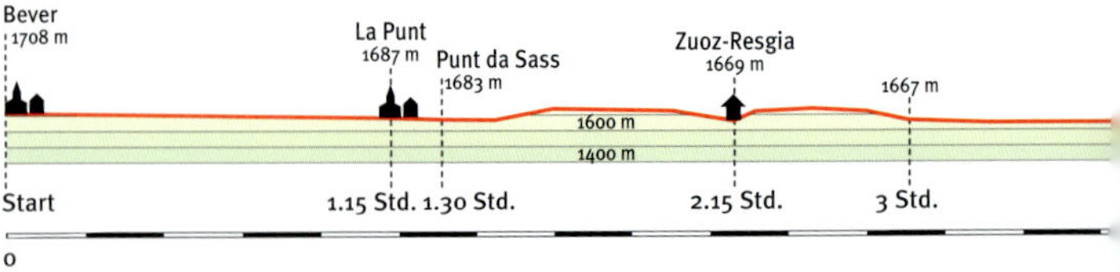

einen Fahrweg, der den **Golfplatz** von Zuoz oberhalb im lichten Wald umgeht. Dabei sind mehrere kürzere Steigungen zu überwinden, bevor der Weg sanft abfallend hinunter nach Zuoz-Resgia führt. Auf diesem letzten Stück bietet sich ein schöner Blick auf das am jenseitigen Hang gelegene Zuoz.

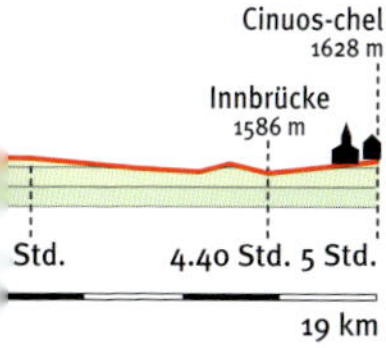

Kurz oberhalb von **Zuoz-Resgia** (2.15 Std.) kommen wir an einen Wegweiser und folgen der Ausschilderung ›Bergwanderweg‹. Der Fahrweg führt mäßig steil den Hang hinauf. Von nun an halten wir uns immer Richtung S-chanf. Zunächst geht es noch leicht aufwärts, danach relativ eben am Hang entlang, wobei sich immer wieder schöne Ausblicke auf Zuoz mit seinen alten Engadiner Häusern bieten. Von einer Verzweigung an beginnt der Weg wieder abzufallen. Wenig später erreichen wir nach einer Linkskurve eine Kreuzung. Hier biegen wir links in den schmaleren Fahrweg ein, der abwärts durch die Wiesen direkt auf

S-chanf zu führt. Kurz vor der Kantonsstraße treffen wir wieder auf den **Inntal-Radweg** und folgen ihm nach rechts. Schon nach etwa 100 m zweigt von dem Teersträßchen ein Weg ab, der durch eine Unterführung nach **S-chanf** führt (3 Std.)

Wir bleiben auf dem Teersträßchen und folgen ihm parallel zur Kantonsstraße Inn-abwärts an S-chanf vorbei. Auf Höhe des Ortsendes von S-chanf folgen wir der Straße, die vom Ort herüber kommt, nach rechts leicht aufwärts Richtung Nationalpark durch die Wiesen. Im Nordosten erhebt sich der Munt Baselgia (Tour 26) wie ein Riegel über dem Inntal.

Wo sich die Straße gabelt, halten wir uns links und folgen weiter dem Inntal-Radweg. An der **Brücke** über die **Ova da Varusch,** die aus dem Val Trupchun kommt, endet die Asphaltierung. Auf einer großen Wiese mit einigen Häusern folgen wir einem Wegweiser (4 Std.) nach links zur Station Cinuos-chel-Brail in den Wald hinein. Bequem und relativ eben schlängelt sich der Weg durch den lichten Fichtenwald mit Heidelbeer-Unterwuchs. Bald kommt von rechts ein weiterer Waldweg hinzu, und wir gehen parallel zum Inn abwärts, bis wir fast den Fluss erreicht haben. Wo der Inn eine weite Schleife beschreibt, muss auf Steinen ein Bachbett in einer breiten Schuttrinne überquert werden. Noch einmal geht es relativ steil auf einen Rücken hinauf, um eine kleine Schleife des Inns abzukürzen, dann in mäßig steilem Abstieg hinab zur **Innbrücke** unterhalb von Cinuos-chel (4.40 Std.).

Am gegenüberliegenden Ufer zieht sich der breite Weg zunächst wieder Inn-aufwärts unter einer Felswand entlang. In das grob strukturierte Sedimentgestein haben die Erosionskräfte zahlreiche Höhlen

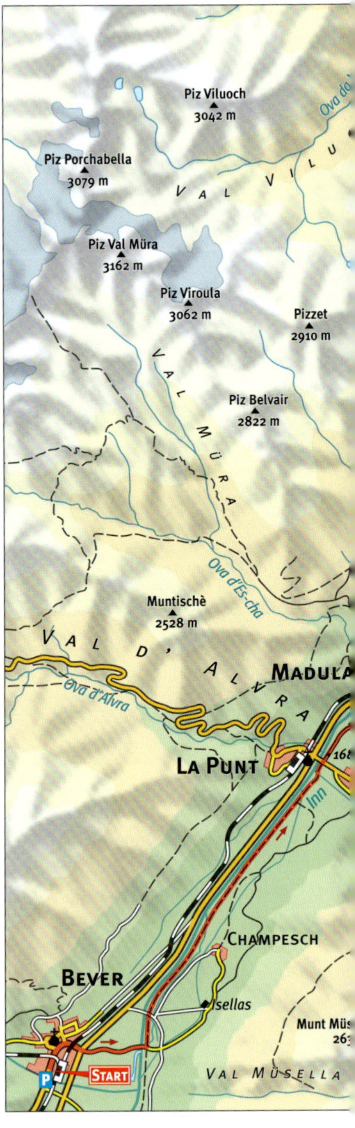

gefressen. Anschließend steigt der Weg mäßig steil an, wobei wir immer der Ausschilderung Richtung Station Cinuos-chel-Brail folgen. Am Ortsrand von **Cinuos-chel** treffen wir auf

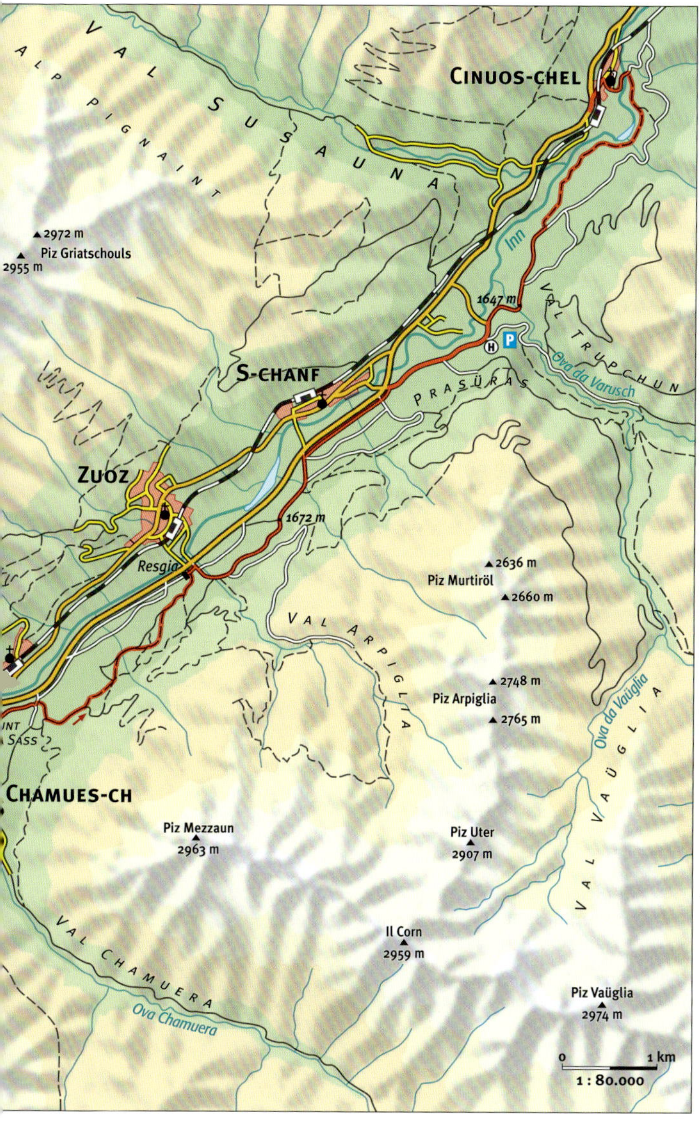

eine Teerstraße, folgen ihr nach rechts zwischen den Bauernhöfen hindurch, um dann nach links zur Bahntrasse hinauf zu steigen. An ihr entlang gelangen wir schließlich zur **Bahnstation Cinuos-chel-Brail** (5 Std.).

Tour 19

Im Banne des Piz Kesch

Von der Albula-Passstraße zur Porta d’Es-cha

Was als gemütliche Bergwanderung beginnt, endet als Kletterpartie an der Porta d’Es-cha. Unterhalb dieser Scharte am Piz Kesch, über die auch die Aufstiegsroute auf den höchsten Gipfel der Albula-Alpen führt, breitet sich der Vadret da Porchabella aus.

DIE WANDERUNG IN KÜRZE

+++ Anspruch

6 Std. Gehzeit

750 m An-/Abstieg

Charakter: Tagestour; bis zur Hütte gemütlich, im oberen Bereich recht anspruchsvoll (kurzes Kletterstück, mit Ketten versichert), Trittsicherheit erforderlich; größtenteils schmale Bergwege, beim Aufstieg zur Scharte teilweise nur Pfadspuren und Blockwerk.

Markierung: weiß-rot-weiß, weiß-blau-weiß

Wanderkarten: 1:50 000 Oberengadin; 1:50 000 258T Bergün; 1:25 000 1237 Albulapass

Einkehrmöglichkeit: Chamanna d’Es-cha

Anfahrt: **Mit dem Auto** von La Punt auf der Albula-Passstraße gut 6 km aufwärts, Parkplatz auf der linken Straßenseite; der Ausgangspunkt ist nicht mit öffentlichen Verkehrsmitteln zu erreichen.

Hinweis: Nicht bei schlechter Sicht oder Regen gehen, da dann der Weg durch das Blockwerk schlecht zu finden ist bzw. die Steine und Ketten im letzten Stück des Anstiegs rutschig sind.

Gegenüber vom **Parkplatz** an der **Albula-Passstraße** beginnt an einem Wegweiser ein Wiesenweg. Er führt uns zunächst auf einen Buckel hinauf, dann leicht ansteigend am Hang entlang talauswärts. Dabei hat man ständig einen guten Blick auf Chamues-ch und den Ausgang des Val Chamuera mit der daneben aufragenden Schuttpyramide des Piz

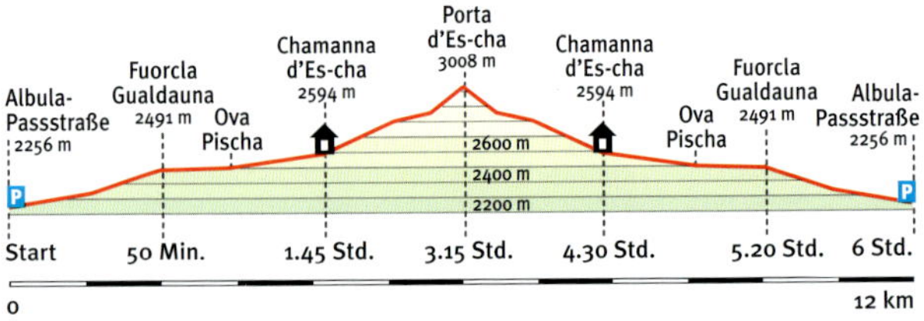

Mezzaun. Mit der Zeit wird der Weg etwas steiler und zieht sich dann in den Sattel der **Fuorcla Gualdauna** hinein (50 Min.).

Hier betreten wir den weiten Kessel des Val d'Es-cha, dessen Talgrund tief unter uns liegt. Auf einem gegenüberliegenden Rücken sehen wir bereits die Chamanna d'Es-cha, unser nächstes Etappenziel. Der Weg führt fast eben am Südwesthang entlang, der mit Punktiertem Enzian überzogen ist. Über dem Tal ragt der Piz Cotschen auf, der den Piz Kesch von hier aus verdeckt. Nach der Überquerung der Ova Pischa beginnt der Weg wieder anzusteigen und zieht sich bequem am Hang aufwärts zur **Chamanna d'Escha** (1.45 Std.). Die Hütte ist nach dem Piz Kesch (romanisch Piz d'Escha) benannt, der wuchtig über ihr am Talschluss aufragt.

Von der Chamanna d'Es-cha folgen wir der Richtung Porta d'Es-cha ausgeschilderten alpinen Route. Der schmale Weg zieht sich hinter der Hütte mäßig steil den Rücken hinauf, der die Sicht auf das Ziel der Wanderung verdeckt. Zunächst geht es durch Wiesen, dann immer mehr über Blockwerk. Etwa nach einem Drittel des Aufstiegs wechselt die immer gut zu erkennende Markierung von weiß-rot-weiß zu weiß-blau-weiß.

Chamanna d'Es-cha, dahinter die Endmoräne des Vadret d'Es-cha und der Piz Kesch

Schließlich schwenkt der Weg nach links auf die massige **Endmoräne** des Vadret d'Es-cha, deren graue Wand bereits von der Hütte aus aufgefallen ist. Oben angekommen, folgen wir den Markierungen relativ eben durch das Blockwerk, wobei nur noch stellenweise Pfadspuren zu erkennen sind. Unterhalb des Gipfels des Piz Kesch sind die Reste des **Vadret d'Es-cha** zu erkennen, der vor Jahrtausenden die mächtige Endmoräne angehäuft, sich aber in letzter Zeit immer weiter in das Ostkar zurückgezogen hat.

Nach der relativ ebenen Passage führt der Weg zuerst mäßig ansteigend am rechten Hang aufwärts und dann durch einen kleinen Einschnitt hinüber in das Val Müra. Wie eine Mauer erhebt sich über dem Felskessel der gleichnamige Gipfel und macht so seinem Namen – »Mauerspitze« – alle Ehre. Über steile Schutthänge, in denen sich das ganze Jahr über ausgedehnte Schneefelder halten, zieht sich der Weg weiterhin mäßig steil aufwärts.

Doch das schwierigste Stück der Tour ist noch zu bewältigen: Auf einer Kante geht es die letzten 10 Höhenmeter zur Porta d'Es-cha mit einiger Kletterei hinauf – ausgesetzt, aber durch Ketten gesichert. Von der **Porta d'Es-cha** (3.15 Std.) bietet sich ein hervorragender Blick zurück über die Berge des Engadins und hinüber auf den Vadret da Porchabella. Links zieht sich die Aufstiegsroute auf den Piz Kesch über den Gletscher hinauf, jenseits des Eisfeldes erkennt man auf 2600 m Höhe die neue Kesch-Hütte, dahinter den Sertigpass. Die Tatsache, dass auf dem Vadret da Porchabella die Überreste einer Ziegenhirtin aus dem 17. Jh. entdeckt wurden, die heute im Heimatmuseum in Bergün zu besichtigen sind, deutet darauf hin, dass die Porta d'Es-cha bereits in früheren Zeiten als Übergang genutzt wurde.

Nach einer ausgiebigen Rast folgen wir wieder dem Aufstiegsweg zurück zum **Parkplatz** an der **Albula-Passstraße** (6 Std.).

Gämsen, Hirsche, Murmeltiere

Von S-chanf durch das Val Trupchun zur Alp Trupchun

Das Val Trupchun gilt als eines der wildreichsten Täler der Alpen. Vor allem hat es aber den Vorteil, dass die Beobachtungsplätze auf bequemen Wegen und mit relativ wenig Zeitaufwand zu erreichen sind. Also: Die ideale Tour zum Eingehen.

DIE WANDERUNG IN KÜRZE

+ Anspruch

4.30 Std. Gehzeit

500 m An-/Abstieg

Charakter: Einfache, kurze Tagestour im Nationalpark; größtenteils angenehme Wald- und Bergwege.

Markierung: weiß-rot-weiß

Ausrüstung: Fernglas

Wanderkarten: 1:50 000 Nationalpark; 1:50 000 Oberengadin; 1:50 000 259T Ofenpass; 1:25 000 1238 Piz Quattervals

Einkehrmöglichkeit: Chamanna dal Parc Varusch

Anfahrt: **Mit der Bahn** bis zum Bahnhof von S-chanf; von dort zu Fuß ein paar Schritte abwärts zur Station S-chanf Posta und weiter mit dem **Engadin Bus** (Linie 7) bis zur Haltestelle S-chanf Parc Naziunel (nur ca. 5-mal tägl.). **Mit dem Auto** von Zernez am Ortsanfang bzw. von Zuoz am Ortsende von S-chanf von der Umgehungsstraße in den Ort abbiegen und der Ausschilderung ›Parc Naziunel‹ bis zum Parkplatz Prasüras folgen.

Hinweis: Planen Sie genügend Zeit zur Wildbeobachtung ein!

Vom **Parkplatz Prasüras** folgen wir nicht der Fahrstraße, sondern einem schmalen Fußweg direkt am Waldrand Richtung Chamanna Varusch bzw. Alp Vaüglia Suot. Der Weg steigt am Rand einer Wiese an und erreicht bald eine Gabelung, an der wir uns rechts aufwärts Richtung Chaschanella halten. Nun geht es mehr oder weniger stark ansteigend durch den Wald.

Nach 30 Min. mündet von rechts ein Weg ein, etwa 50 m weiter halten wir uns an einer Gabelung links abwärts Richtung Alp Trupchun. Immer auf dem Hauptweg bleibend, geht es zunächst relativ eben weiter, dann wendet sich der Weg leicht abwärts nach rechts ins Val da Scrings. An der kleinen Drosa-(=Bergerlen-)Hütte überqueren wir auf einer Holzbrücke die **Ova da Chaschauna** (40 Min.).

Auf der anderen Seite des Baches wenden wir uns links Richtung Alp Trupchun. **Achtung:** Nach dem ersten Anstieg verlässt die Markierung in einer Rechtskurve den Hauptweg (kein Wegweiser). Wir folgen ihr rechts aufwärts durch die Bäume und treffen nach wenigen Metern auf einen **Fahrweg.** Auch ihm folgen wir bergauf durch eine Linkskurve, verlassen ihn aber bereits in der nächsten Kurve wieder Richtung Alp Trupchun. Hier steht eine große Informationstafel des Nationalparks, die auch die dort geltenden Regeln enthält. Nach einiger Zeit passieren wir mitten im lichten Wald die unauffällige Nationalpark-Grenze.

Weiter geht es am Hang entlang durch den lichten Wald, der mit Alpenrosen durchsetzt ist. Am **Abzweig zur Alp Purcher** (1.30 Std.) bleiben wir weiter auf dem oberen Weg. Jetzt verlässt er endgültig den Wald und führt nur noch durch lockeren Baumbestand. Immer wieder bieten sich Ausblicke auf das gegenüberliegende Val Müschauns mit den darüber aufragenden Gipfeln Piz d'Esan, Piz Cotschen und Piz Quattervals. Erst geht es noch aufwärts, dann, nach einem ebenen Stück, wieder hinunter ins Tal, wo auf einer Holzbrücke die **Ova da Trupchun** überquert wird (2.10 Std.)

Auf der anderen Seite des Baches geht es über ein paar Holzstufen hinauf zum **Rastplatz Val Mela,** in dessen Umgebung sich meistens Murmeltiere tummeln. Von hier aus kann man an den umgebenden Hängen mit großer Wahrscheinlichkeit Rudel von Hirschen oder Gämsen entdek-

ken. Weiter geht es über die breiten Geröllablagerungen eines Bergbaches zur **Alp Trupchun** (2.30 Std.). Rundherum wächst viel Eisenhut, ein typisches Weideunkraut, das sich auch auf längst aufgelassenen Almen noch lange hält.

Der Rückweg führt wieder hinab zum **Rastplatz Val Mela.** Kurz dahinter wenden wir uns nicht links hinab zum Bach, sondern bleiben auf dem Hauptweg, der nun relativ eben an

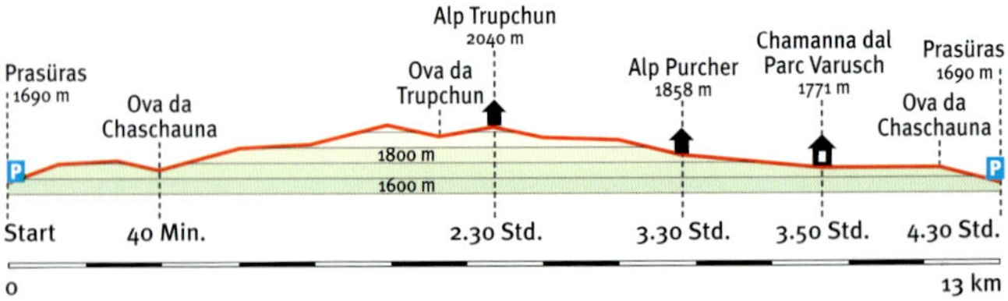

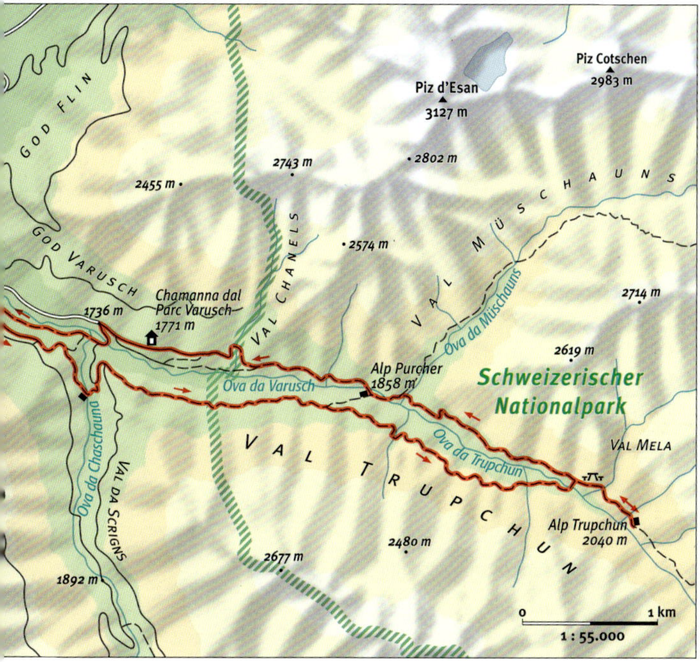

der rechten Talseite entlang führt. Kurz vor der Einmündung des **Val Müschauns** geht es dann in einigen Serpentinen wieder steiler hinab. Am Talboden angelangt, wenden wir uns an einem Abzweig nach links und überqueren auf einer Holzbrükke die **Ova da Trupchun.**

Hier wechselt der Weg von der rechten auf die linke Talseite, um eine markant gefaltete Felswand zu umgehen. In dieser sind häufig Steinböcke zu beobachten, die das dort aus dem Gestein austretende Salz lecken. Kurz danach ist die **Alp Purcher** erreicht (3.30 Std.).

Auf dem Hauptweg Richtung Prasüras bleibend, überqueren wir erneut die Ova da Trupchun. Der Weg führt weiter durch Wiesen und lichten Wald sanft bergab und verlässt schließlich den Nationalpark. Bald darauf ist die **Chamanna dal Parc Varusch** erreicht (3.50 Std.), die etwas oberhalb des Weges liegt.

An der Hütte geht der Wanderweg in ein Fahrsträßchen über, dem wir etwa 5 Min. folgen. Auf einer **Betonbrücke** überqueren wir ein letztes Mal die Ova da Trupchun, um wieder auf die linke Talseite zu gelangen. Direkt hinter der Brücke halten wir uns rechts Richtung Prasüras und queren nach wenigen Metern auf einem Holzsteg die **Ova da Chaschauna.** Danach geht es rechts in den Wald hinein und in leichtem Auf und Ab am Hang entlang. Nach einiger Zeit mündet der Höhenweg in den Weg, dem wir zu Beginn der Wanderung gefolgt sind. Auf diesem geht es in wenigen Minuten bergab zum **Parkplatz Prasüras** zurück (4.30 Std.).

Im Herzen des Nationalparks

Von der Ofenpassstraße ins Val Cluozza und nach Zernez
Der anstrengende Aufstieg vom Spöltal auf den Sattel Murter wird von der Aussicht auf die höchsten Gipfel des Schweizerischen Nationalparks belohnt. Zudem hat man dort gute Gelegenheit zur Beobachtung von Murmeltieren, Gämsen, Rothirschen und Steinböcken.

DIE WANDERUNG IN KÜRZE

++ Anspruch

7 Std. Gehzeit

1200 m Anstiege

1400 m Abstiege

Charakter: Lange, anstrengende Ganztagestour im Nationalpark, die an einigen Stellen Trittsicherheit verlangt; größtenteils schmale Bergwege.

Markierung: weiß-rot-weiß

Ausrüstung: Fernglas

Wanderkarten: 1:50 000 Nationalpark; 1:50 000 259T Ofenpass; 1:25 000 1218 Zernez

Einkehrmöglichkeit: Chamanna Cluozza

Anfahrt: Mit dem Postauto auf der Ofenpassstraße bis Vallun Chafuol/Parkplatz P3 (ca. 15 Min. ab Zernez). **Mit dem Auto** am besten beim Gemeindehaus (ehemals Nationalparkhaus) in Zernez parken und von dort mit dem Postauto zum Ausgangspunkt.

Vom **Parkplatz P3/Vallun Chafuol** folgen wir der Ausschilderung Richtung Chamanna Cluozza. Der schmale Weg windet sich durch den Wald abwärts, bei einer Abzweigung bleiben wir links auf dem oberen Weg. Nach gut 10 Min. erreichen wir eine Holzbrücke, die uns in schwindelnder Höhe über den **Spöl** führt. Dieser hat hier im Laufe der Jahrtausende eine tiefe Schlucht gegraben. Heute ist der Fluss aber gezähmt und wird etwas weiter unterhalb zur Stromgewinnung gestaut.

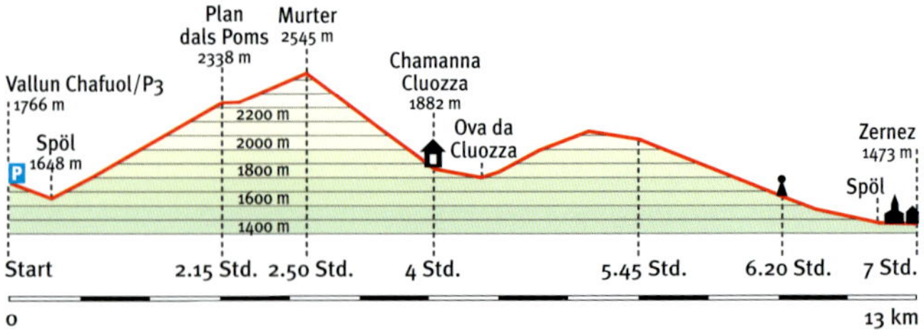

Jenseits des Spöl beginnt der Aufstieg. Am oberen Ende der Wiese **Plan Praspöl** (20 Min.) halten wir uns rechts Richtung Murter. Der Weg windet sich auf einem Rücken durch den Nadelmischwald mit üppigem Heide-Unterwuchs aufwärts. Immer wieder bieten sich Ausblicke in das Spöltal und auf die Ofenpassstraße. Langsam wird unter uns der milchig türkis schimmernde Spöl-Stausee sichtbar.

Der Wald wird lichter, schließlich geht es nur noch zwischen Legföhren aufwärts. Noch einmal wird auf etwa 2100 m Höhe eine größere **Lärchen-Gruppe** passiert (1.40 Std.), ehe nur noch verkrüppelte Bäume den Weg flankieren. Losung auf dem Weg zeigt, dass sich in diesem Gebiet häufig Gämsen aufhalten, die man mit etwas Glück auch zu Gesicht bekommt.

Am **Plan dals Poms** (2.15 Std.) erreicht der Weg, der inzwischen nur noch über magere Almwiesen führt, einen Absatz, von dem aus man den Sattel Murter gut erkennen kann.

Nun geht es durch eine Mulde, in der viele Murmeltiere ihre Baue haben, hoch zum **Murter** (2.50 Std.). An den Hängen beiderseits des Sattels kann man oft größere Rudel von Rothirschen oder Gämsen beobachten, manchmal auch Steinböcke. Besonders beim Rotwild ist es ungewöhnlich, dass es sich noch in solche Höhen von gut 2500 m wagt.

Richtung Osten sieht man gut den Verlauf der Ofenpassstraße, von der aus eine bewaldete Flanke sanft zum Gipfelplateau des Munt la Schera ansteigt (Tour 22). In einer versetzten Linie erheben sich hinter diesem der Piz Daint, der Piz Turettas und – in der Ferne, erkennbar an der schneebedeckten Kuppe – der Ortler. Über dem Val Cluozza erhebt sich markant der Piz Quattervals, links daneben das Val Sassa, durch das eine alpine Route hinüber ins Val Trupchun führt (Tour 20).

Der Abstieg ist im oberen Teil ähnlich steil wie der Aufstieg. Auch hier tummeln sich die Murmeltiere. Nach einiger Zeit kann man am gegenüberliegenden Hang bereits den Weg erkennen, der von der Chamanna Cluozza nach Zernez führt. Mit Erreichen der Baumgrenze wird der Weg steiler, stellenweise auch etwas schmaler und rutschig, so dass hier besonders bei Feuchtigkeit Vorsicht geboten ist.

Kurz oberhalb der Hütte treffen wir auf den Weg, der links von der Fuorcla Val Sassa kommt. Wir folgen ihm nach rechts und erreichen so die **Chamanna Cluozza** (4 Std.), eine geräumige Holzhütte mit Übernachtungsmöglichkeiten, die wunderschön unter hohen Lärchen steht. Mit einem sehr starken Fernglas ist von hier aus am Talende, in etwa 2500 m Höhe unterhalb des Piz dal Diavel, eine große, geneigte Felsplatte zu erkennen. Auf dieser wurden 1961 die über 200 Mio. Jahre alten Fährten von verschiedenen Dinosauriern entdeckt.

Von der Hütte führt der Weg zur **Ova da Cluozza** hinunter, die auf einer Brücke überschritten wird. Hier beginnt wieder ein Schweiß treibender Anstieg. Der Weg schlängelt sich erst flacher, dann relativ steil durch den lichten Wald hinauf, der wenig Schatten bietet. So umgeht er die unpassierbare Schlucht der Ova da Cluozza. Nach 5.30 Std. ist der höchste Punkt erreicht. Jetzt geht es zunächst in leichtem Auf und Ab weiter durch den Wald. Dabei ist kurzzeitig direkt über dem Weg zwischen den Bäumen die markante Gipfelpyramide des Piz Linard in der Ferne zu sehen.

Das relativ ebene Stück endet an einem **Wegweiser** (5.45 Std.). Wir folgen dem rechten Weg abwärts Richtung Zernez. Nun wird der Weg deutlich steiler, passiert erneut einen Wegweiser, an dem wir uns wieder rechts halten. Von einer Bank kann man ein letztes Mal die Chamanna Cluozza und die dahinter liegenden Gipfel Piz da l'Acqua und Piz Quattervals sehen. Schließlich verlassen wir den Nationalpark. An der Bank neben dem **Gedenkstein für Paul Sarasin** (6.20 Std.), den Vorkämpfer des Schweizerischen Nationalparks, lohnt sich noch einmal eine Pause. Von hier aus hat man einen Blick hinunter in die bewaldete Schlucht der Ova da Cluozza, die sich bereits auf dem Gebiet des Nationalparks befindet.

Wo der Wanderweg in einen Fahrweg übergeht, biegen wir rechts hinunter ab Richtung Pra da Punt bzw. Zernez. Der Weg führt zuerst durch den Wald, dann durch die üppigen Wiesen nur noch leicht abfallend auf Zernez zu und überquert auf einer überdachten Brücke den **Spöl.** Nun folgen wir der Ofenpassstraße nach **Zernez** hinein, wo wir schließlich das **Nationalparkhaus** erreichen (7 Std.). Dieses 2008 eröffnete, von Valerio Olgiati entworfene Besucherzentrum sollte man unbedingt besuchen, denn die interaktive Dauerausstellung lädt zu einer erlebnisreichen Entdeckungsreise ein.

Aussichtsberg am Ofenpass

Von Il Fuorn auf den Munt la Schera und zur Alp Buffalora
Trotz seiner verhältnismäßig geringen Höhe ist der Munt la Schera dank seiner isolierten Lage ein guter Aussichtsberg. Vom Gipfelplateau bietet sich ein Blick über den gesamten Nationalpark sowie bis zu den eisbedeckten Gipfeln der Bernina und des Ortlers.

DIE WANDERUNG IN KÜRZE

++
Anspruch

6 Std.
Gehzeit

800 m
An-/Abstieg

Charakter: Mittelschwere Ganztagestour im Nationalpark mit hervorragenden Ausblicken; größtenteils angenehme Wald-, Berg- und Wiesenwege, ein kurzes Stück steiler Fahrweg.

Markierung: weiß-rot-weiß

Ausrüstung: Taschenlampe für den Stollen des aufgelassenen Bergwerks

Wanderkarten: 1:50 000 Nationalpark; 1:50 000 259T Ofenpass; 1:25 000 1218 Zernez, 1219 S-charl, 1238 Piz Quattervals u. 1239 Sta. Maria

Einkehrmöglichkeiten: Gasthäuser Buffalora und Il Fuorn

Anfahrt: **Mit dem Postauto** auf der Ofenpassstraße bis Il Fuorn/Parkplatz P6 (ca. 20 Min. ab Zernez, ca. 40 Min. ab Sta. Maria). **Mit dem Auto** auf der Ofenpassstraße bis Il Fuorn/Parkplatz P6 (ca. 14 km ab Zernez).

Hinweis: Die Wanderung lässt sich durch Benutzung des Postautos von Buffalora nach Il Fuorn um 1.15 Std. verkürzen.

Vom **Gasthaus Il Fuorn,** dessen Name (›der Ofen‹) – genau wie der des Ofenpasses – auf die mittelalterliche Erzgewinnung in der Umgebung hinweist, geht es zunächst entlang der Passstraße etwa 400 m abwärts zum **Parkplatz P5.** Von dort führt der schmale Pfad Richtung Munt la Schera erst entlang einer Wiese aufwärts, dann in den lichten Nadelmischwald hinein. Mit zunehmender Höhe nehmen die Arven, Fichten und Lärchen ab, und der Wald besteht nur noch aus Bergföhren mit Alpenrosen als Unterwuchs. Immer wieder öffnet sich der Blick auf die Ofenpassstraße.

Nach 40 Min. queren wir eine breite Schuttrinne. Wenig später liegt direkt unter uns, aber von oben nicht sichtbar, der Eingang des Tunnels, der hinüber ins italienische Livigno führt. Langsam wird der Weg flacher, die Bäume wachsen niedriger und spärlicher. Schließlich treten wir aus dem Wald hinaus auf die Wiesen der Alp la Schera, der Blick öffnet sich auf den Lago di Livigno (s. u.). Wenig später ist das Gebäude der nicht mehr bewirtschafteten **Alp la Schera** erreicht (1.20 Std.). Rund um den markierten Rastplatz tummeln sich häufig Murmeltiere. Hier treffen wir auf den Weg, der von Punt la Drossa herauf kommt.

Der Weg führt nun wieder steiler aufwärts, zunächst durch lichten Wald, dann auf den offenen Hang hinaus. Die gesamte Südflanke des Munt la Schera ist übersät mit Stängellosem Enzian und Frühlingsenzian, Silberwurz, Nacktstängeliger Kugelblume und Alpen-Veilchen. Am **Pt. 2338** (1.50 Std.) erreichen wir schließlich den Abzweig des Weges zum Gipfel des Munt la Schera.

Wir folgen diesem Weg relativ steil aufwärts. In einem Schneetälchen blühen früh im Jahr Soldanellen und Schwefel-Anemonen. Zurück öffnet sich der Blick immer weiter Richtung Südwesten, nach und nach schauen die Gipfel der Bernina immer deutlicher hinter dem Piz da l'Acqua und seinen Nachbarn hervor: zuerst erkennbar der Piz Palü mit seinen drei Pfeilern, ganz rechts der Piz Bernina mit dem Biancograt. Schließlich ist das **Gipfelplateau** des Munt la Schera mit einem Wegweiser erreicht. Von hier folgen wir den Steigspuren links aufwärts und haben nach kurzer Zeit den höchsten Punkt des **Munt la Schera** erreicht (2.40 Std.).

Von hier bietet sich eine hervorragende Aussicht nach allen Seiten:

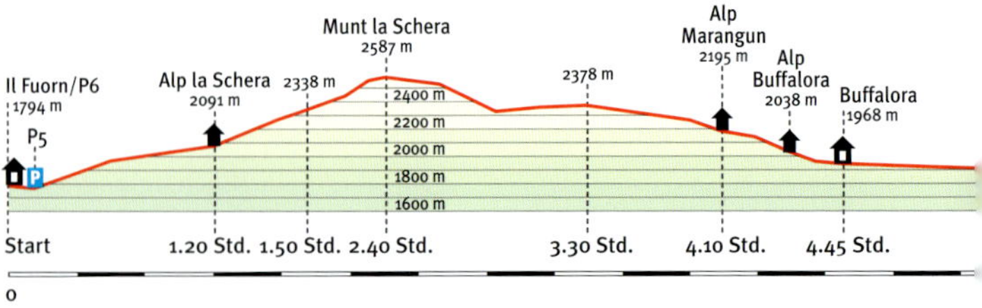

Im Westen ist die Aufstiegsroute zum Sattel Murter gut zu erkennen, die ins Val Cluozza hinüber führt (Tour 21); im Südwesten sieht man jetzt die gesamte Bernina; oberhalb des östlichen Arms des Lago di Livigno erhebt sich, beginnend mit dem Piz Murtaröl, die Kette der Grenzberge, über denen in der Ferne der Ortler gerade noch hinter der markanten Pyramide des Piz Daint und dem rechts dahinter liegenden Piz Turettas zu sehen ist; jenseits der Ofenpassstraße, die sich im Tal verbirgt, erheben sich die Berge des Na-

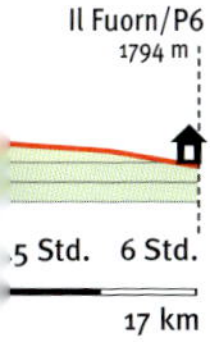

tionalparks bzw. des Val Müstair.

Vom Gipfel führt der anfangs schlecht markierte Weg zunächst leicht abwärts, wird dann immer steiler und erreicht an einem Wegweiser wieder den **Höhenweg** (3.10 Std.), der an der Südflanke des Munt la Schera entlang führt.

Diesem folgen wir nach links weiter abwärts, danach führt ein leichter Gegenanstieg zu dem **Sattel** zwischen Munt Chavagl und Munt Buffalora (3.30 Std.). Hier verlässt der Weg den Nationalpark und führt am Nordhang des Munt Buffalora leicht abwärts. An der **Fop da Buffalora** (3.50 Std.), einer kleinen Kuppe, gabelt sich der Weg (kein Wegweiser!). Wir halten uns links, weiter abwärts und erreichen bald an einem Hinweisschild den Stollen eines aufgelassenen Bergwerks. Hier wurde im Mittelalter Eisenerz abgebaut. Für die ersten paar Schritte reicht das eindringende Licht, danach hilft eine Taschenlampe. (**Vorsicht:** Der Stollen ist nicht gesichert und fällt am Ende steil ab!)

Der Weg senkt sich nun steiler bergab, über einen Sattel bietet sich noch einmal der Blick auf den Gipfel-Halbkreis von Piz Mon' Ata, Piz Murtaröl und Piz Pala Gronda. An der **Alp Marangun** (4.10 Std.) trifft der Wanderweg auf einen schmalen geschotterten Fahrweg, dem wir links abwärts Richtung Alp Buffalora folgen. Zuerst geht es durch Wiesen, danach recht unangenehm und steil, von Bergföhren flankiert, aber immer in der Sonne, hinunter zur **Alp Buffalora** (4.30 Std.).

Unterhalb der Alpgebäude folgen wir dem Pfad, der nach links in die Wiesen abzweigt und zur **Ova dal Fuorn** hinab führt. Diesen Bach und einen Zufluss queren wir auf Steinen, was bei höherem Wasserstand u. U.

Auf der Alp la Schera

schwierig ist, so dass man dann dem Bach etwas aufwärts folgen muss, um eine geeignete Stelle zu finden. Schließlich erreichen wir das **Gasthaus Buffalora** (4.45 Std.). Von hier bietet sich die Gelegenheit, mit dem Postauto nach Il Fuorn zurückzukehren und sich so den Weg entlang der Ofenpassstraße zu ersparen.

Wir folgen zunächst der Straße nach links und betreten wieder den Nationalpark. Schon bald biegen wir aber auf einen schmalen Pfad ab, der sich durch den lichten Bergföhrenwald schlängelt. Bei Nässe kann es hier durch die vielen Wurzeln leicht rutschig werden. Etwa 200 m geht es noch einmal auf der Straße entlang, bevor der Weg wieder in den Wald abbiegt. Im weiteren Verlauf führt er immer zwischen der Passstraße und der Ova dal Fuorn entlang, so dass man mal mehr, mal weniger vom Verkehr hört. Am **Parkplatz P9** (5.15 Std.) beginnt der Weg ins Val Stabelchod, wo zwischen 1991 und 2007 im Rahmen eines internationalen Naturschutz-Programms alljährlich junge Bartgeier ausgesetzt wurden.

Kurz hinter dem **Parkplatz P7** (5.40 Std.) wendet sich der Weg in einer Serpentine steil bergab und überquert die **Ova dal Fuorn** auf einer Holzbrücke. Nun geht es durch dichteren Wald. Am jenseitigen Hang erkennt man unterhalb des Piz dal Fuorn eine größere Fläche mit umgeknickten Bäumen ohne nennenswerten Bewuchs. Hier hatte 1951 ein Feuer gewütet, seither untersuchen Wissenschaftler die Wiederbesiedlung der Brachflächen durch die Pflanzenwelt. Wenig später erreichen wir wieder das **Gasthaus Il Fuorn** (6 Std.).

Lago di Livigno

Über weite Strecken des Weges bietet sich ein hervorragender Blick auf den Lago di Livigno, der sich direkt südlich des Munt la Schera über eine Länge von 9 km bis nach Livigno erstreckt. Lediglich die Hälfte der Staumauer und ein winziger Teil des Seitenarms im Val del Gallo befinden sich auf Schweizer Gebiet, der Rest gehört zu Italien. Dennoch erfolgt die Nutzung der Wasserkraft, mit der 1970 begonnen wurde, durch die Engadiner Kraftwerke AG. Da sich der Spöl unterhalb von Livigno tief ins Gestein gefressen hatte, gehört der Lago di Livigno trotz einer verhältnismäßig geringen Fläche vom Nutzinhalt her zu den größten Stauseen der Schweiz.

Tour 23

Panoramaweg im Val Müstair

Vom Ofenpass auf der Senda Val Müstair über Lü nach Müstair

Diese Panorama-Wanderung führt, größtenteils knapp oberhalb der Waldgrenze, durch das gesamte Val Müstair vom Ofenpass bis fast zur italienischen Grenze. Ziel ist das weltberühmte Kloster St. Johann in Müstair, dem das Münstertal seinen Namen verdankt.

DIE WANDERUNG IN KÜRZE

++ Anspruch

5.30 Std. Gehzeit

400 m Anstiege

1400 m Abstiege

Charakter: Panorama-Höhenwanderung am Nordhang des Val Müstair mit einigen kurzen Anstiegen und sehr steilem Abstieg; etwa zur Hälfte Fahrwege und Berg- bzw. Waldwege.

Markierung: weiß-rot-weiß

Wanderkarten: 1:50 000 259T Ofenpass u. 259 bis Glorenza; 1:25.000 1239 Sta. Maria u. 1239 bis Müstair

Einkehrmöglichkeiten: Alp da Munt, Alp Champatsch, Gasthof in Lü, Gasthöfe in Müstair

Anfahrt: Mit dem Postauto von Zernez oder Müstair bis Süsom Givè (Ofenpasshöhe); Rückfahrt von Müstair Kloster bis zum Ausgangspunkt.
Mit dem Auto auf der Ofenpassstraße bis zur Passhöhe, dort parken; Rückfahrt von Müstair mit dem Postauto bis zur Passhöhe.

Von der **Passhöhe des Ofenpasses** (Süsom Givè), dessen Name auf die mittelalterliche Erzgewinnung und Kalkbrennerei in dieser Region hinweist, kann man gut den oberen Teil des Val Müstair (Münstertal) überblicken: Links auf einer Hangterrasse sieht man bereits Lü, in der Ferne schimmert die eindrucksvolle Eishaube des Ortlers. Gegenüber dem Gasthaus beginnt die **Senda Val Müstair.** Diesem Panoramaweg, der durch das gesamte Münstertal führt, folgen wir zunächst in leich-

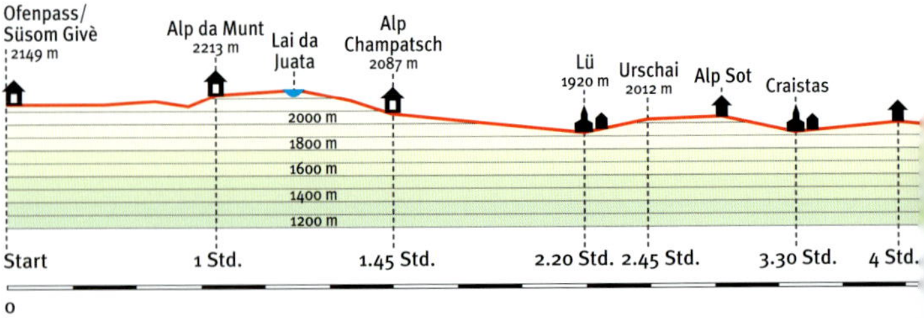

tem Auf und Ab durch den lichten Föhrenwald.

Nach gut 20 Min. mündet der Pfad in einen von rechts kommenden Radweg. Diesem folgen wir weiter nach links, vorbei an einer weiteren Einmündung und dem Abzweig eines Pfades, immer der Ausschilderung ›Senda Val Müstair‹ folgend. Zuerst geht es, leicht ansteigend, über die **Plaun da l'Aua,** eine Blumenwiese: Stängellose und Frühlingsenziane, Kugelblumen, Silberwurz, Primeln, Steinröschen, Alpen-Veilchen und Stängelloses Leimkraut geben eine bunte Mischung ab. Dann geht es hinunter in ein Tälchen und auf der anderen Seite zur **Alp da Munt** hinauf (1 Std.).

Hinter den Alpgebäuden führt der Fahrweg zunächst noch etwas bergauf und verläuft dann relativ eben am Hang entlang. Hier befinden wir uns fast direkt oberhalb von Tschierv, dem obersten Ort des Val Müstair. Wo der Weg sich abzusenken beginnt, verlassen wir ihn an einem **moorigen Seelein,** das geschützt in einer Mulde liegt, und biegen links in einen Pfad Richtung Lü ein (1.15 Std.). Dieser führt zuerst ansteigend durch bunte Bergwiesen, oberhalb des **Lai da Juata** vorbei, dessen bräunliche Farbe ein Indiz für den leicht moorigen Untergrund ist. Dann senkt sich der Pfad zwischen einzeln stehenden Arven

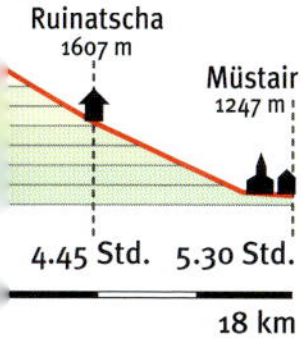

Kloster St. Johann in Müstair

abwärts, wird zum Fahrweg und führt nun steiler zur **Alp Champatsch** hinab (1.45 Std.), wo man ein Glas frische Milch trinken kann.

Bei den Alpgebäuden wird der Fahrweg breiter und führt nun leicht abfallend durch den Wald, am Schluss durch Wiesen hinab nach **Lü** (2.20 Std.). Dieser kleine Ort mit seinen noch nicht einmal hundert Bewohnern bildet heute die höchst gelegene politische Gemeinde der Schweiz. Früher war er eine wichtige Station am Saumweg nach Scuol.

Wir gehen auf der Teerstraße durch den Ort abwärts. Am Ortsende folgen wir links einem Wirtschaftsweg Richtung Urschai (Senda Val Müstair), der durch den Wald aufwärts führt. In **Urschai** (2.45 Std.) verlassen wir wieder den Wirtschaftsweg und folgen einem schmaleren Weg geradeaus relativ

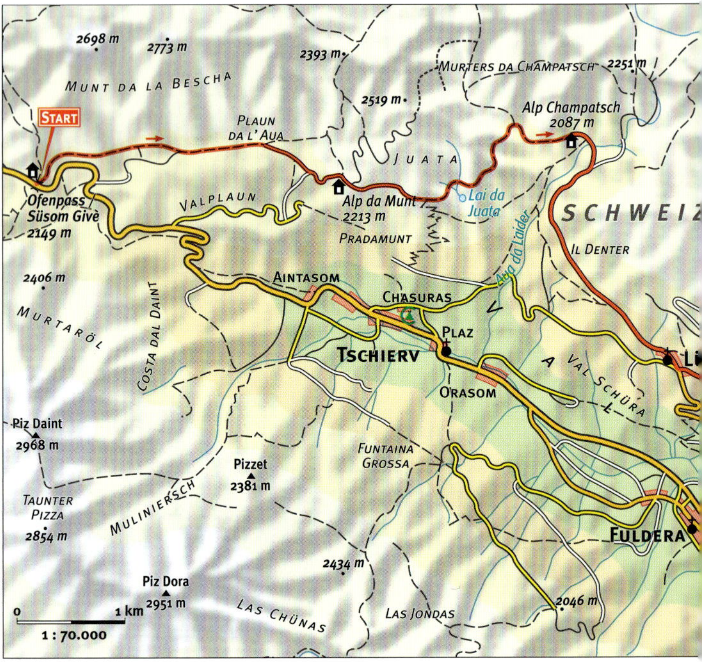

eben durch Wald und Wiesen Richtung Craistas.

Gut 10 Min. später halten wir uns an einer Gabelung links. Die Senda Val Müstair führt bald über die Weiden der **Alp Sot,** deren Gebäude oberhalb des Weges am Hang stehen. Schließlich wird der Weg steiler und führt nach **Craistas** hinab. In einer Kehre oberhalb des Dörfchens (3.30 Std.) verlassen wir die Senda Val Müstair und folgen geradeaus dem Wegweiser nach Ruinatscha bzw. Müstair.

Der Fahrweg führt nun wieder aufwärts. Im Tal sieht man Sta. Maria und den Beginn der Umbrailpassstraße, die sich am gegenüberliegenden Hang in vielen Kehren durch den Wald windet. Am Ende eines breiten Kahlschlags endet der Wirtschaftsweg, es geht durch ein Gatter, und ein schmaler Wiesenpfad führt hinauf zu einem Alpgebäude (4 Std.), das zur **Alp Terza** gehört.

Hier treffen wir in einer Kehre auf einen Fahrweg, dem wir abwärts Richtung Ruinatscha bzw. Müstair folgen. Schon nach kurzer Zeit verlassen wir ihn wieder und steigen links einen Wiesenpfad steil hinauf. Von seinem höchsten Punkt führt er durch den Wald abwärts und geht wieder in einen Fahrweg über. Auch diesen verlassen wir aber schon beim nächsten Wegweiser nach rechts Richtung Ruinatscha.

Steil geht es nun auf einem Waldpfad abwärts, wir kreuzen einen von links kommenden Fahrweg und erreichen so die Wiesen von Ruinatscha, über die es weglos weiter hinunter geht. In der Ferne sieht man im Tal Taufers liegen, die erste Gemein-

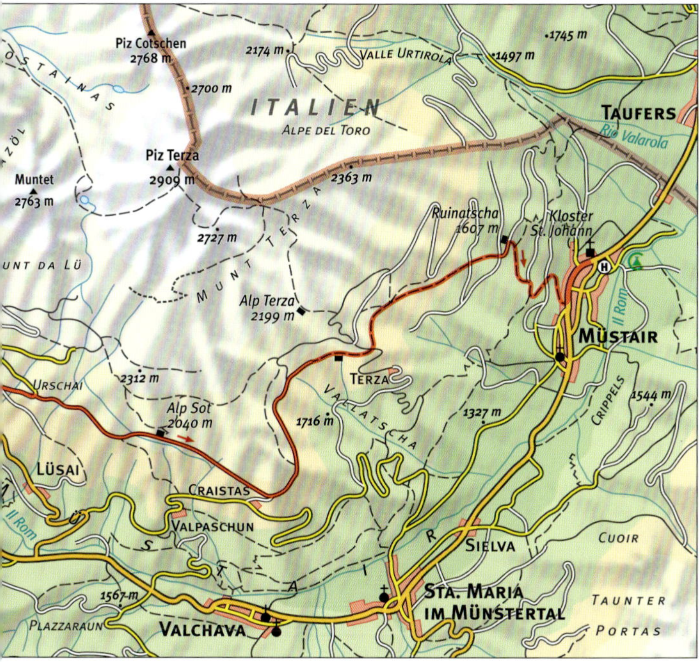

de jenseits der italienischen Grenze. An einem **Wegkreuz** treffen wir auf einen Fahrweg, dem wir zunächst nach rechts folgen. Wenige Meter später biegen wir links ab zur **Alp Ruinatscha** (4.45 Std.).

Direkt unterhalb der Alpgebäude geht es rechts steil hinunter in die Wiesen. Bald erkennt man bereits tief unten das Kloster St. Johann mit seinem Friedhof. Der Weg führt größtenteils steil abwärts, wobei wir an Abzweigen immer der Ausschilderung Richtung **Müstair** folgen. Schließlich erreichen wir den Ort und gehen zwischen den Häusern abwärts bis zur Hauptstraße. Auf dieser wenden wir uns nach links und kommen so zum **Kloster St. Johann** (5.30 Std.), dem der Ort Müstair seinen Namen verdankt (lat. *monasterium* = Kloster).

Kloster St. Johann in Müstair

Das Kloster St. Johann ist eine der neun Stätten in der Schweiz, die die UNESCO als Welterbe einstuft. Kern- und Schmuckstück der Anlage, deren Wurzeln im späten 8. Jh. liegen, ist die romanische Dreiapsidenkirche. Deren Wandflächen sind vollständig von dem einzigen erhaltenen karolingischen Freskenzyklus bedeckt, der Szenen aus dem Leben Christi, Davids und Johannes' des Täufers zeigt. Ende des 12. Jh. wurde er jedoch mit anderen Fresken übermalt. Erst um 1900 entdeckte man die älteren Kunstwerke und legte sie teilweise frei. Besonders im Chorraum sind die stilistischen Unterschiede zwischen den beiden Freskenzyklen gut zu erkennen.

Tour 24

Durch alle Höhenstufen

Vom Umbrailpass auf den Piz Umbrail und zum Lai da Rims
Kaum eine andere Wanderung ist so vielfältig: Nach dem Genuss des fantastischen Panoramas vom Piz Umbrail durchwandert man alle Vegetationsstufen von den kargen Gipfelregionen bis zu den sonnigen Wiesen der mittleren Tallagen im Val Müstair. Unterwegs lädt der malerische Lai da Rims zur ausgiebigen Rast.

DIE WANDERUNG IN KÜRZE

++ Anspruch

5 Std. Gehzeit

500 m Anstieg

1650 m Abstieg

Charakter: Mittelschwere Tagestour mit langem, aber nicht zu steilem Abstieg; größtenteils schmale Bergwege, lediglich beim Rückweg durch das Val Vau Fahrwege.

Markierung: weiß-rot-weiß

Wanderkarten: 1:50 000 259T Ofenpass; 1:25 000 1239 Sta. Maria

Einkehrmöglichkeiten: keine

Anfahrt: Mit dem Postauto vom Ofenpass oder von Müstair nach Sta. Maria; Weiterfahrt von Sta. Maria Post (am Abzweig der Umbrail-Passstraße) mit dem Postauto zum Umbrailpass (nur Ende Juni–Okt. Di 8 Uhr, Do, Fr 9 Uhr; Anmeldung am Vortag unerlässlich: Turissem Val Müstair, Tel. 081 858 58 58 oder Post Lü, Tel. 081 858 51 66; Billette im Postamt kaufen. **Mit dem Auto** vom Ofenpass bis Sta. Maria, kurz nach dem Ortseingang (etwa gegenüber der Kirche) rechts Parkplatz; Weiterfahrt s. o.

Hinweise: Ausweis mitnehmen, da die Wanderung an der italienischen Grenze entlang führt.

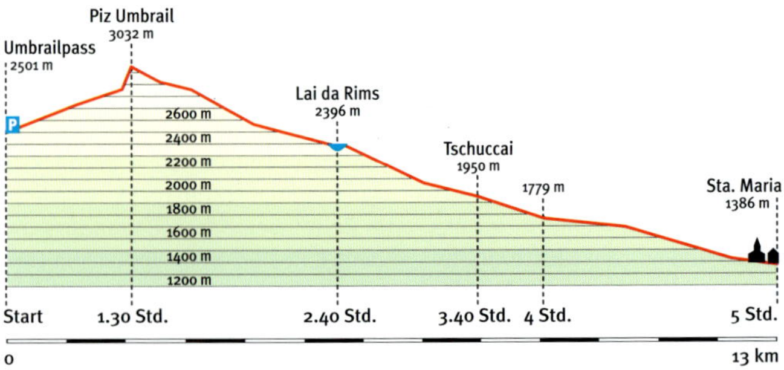

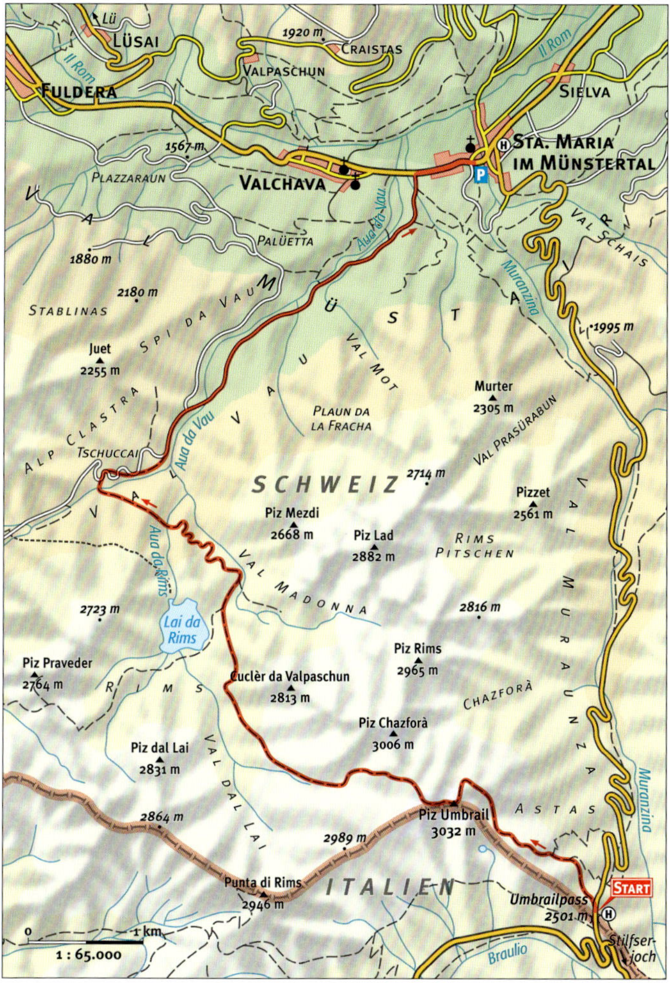

Vom Zollhaus am **Umbrailpass** folgen wir der Ausschilderung Richtung Piz Umbrail. Der Weg zieht sich zunächst mäßig steil in Schleifen einen Wiesenrücken hoch. Dabei kommen wir mehrfach an Stellungen der Schweizer Armee aus dem Ersten Weltkrieg vorbei. Sie erinnern daran, dass damals nur wenige Kilometer entfernt, im Bereich des Ortlers, Kämpfe zwischen den österreichischen und den italienischen Truppen tobten. Nach einiger Zeit sieht man beim Blick zurück nicht nur das Stilfserjoch mit dem Sommerskigebiet, sondern immer deutlicher auch die Schneekuppe des Ortlers.

Am Ende des Wiesenrückens wendet sich der Weg nach rechts und zieht sich an der Ostflanke des Piz

Lai da Rims

Umbrail weiter aufwärts. Im Kalkschutt wächst der sehr seltene gelbe Alpenmohn. Nach kurzem, aber steilem Zickzackaufstieg erreichen wir schließlich den **Nordgrat.** Am Gratrücken zieht sich der Weg, nun nur noch mäßig steil, weiter durch Geröll und Blockwerk aufwärts zum Gipfel des **Piz Umbrail** (1.30 Std.). Dabei berührt er an mehreren Stellen die italienische Grenze, die auch über den Gipfel des Piz Umbrail läuft.

Dank der relativ isolierten Lage bietet sich vom Gipfel ein fantastisches Panorama: Ganz nah erhebt sich im Osten der massige Ortler mit seinen ausgedehnten Gletscherfeldern; tief unter uns liegen die Serpentinen des Stilfserjochs; im Südwesten überragt in der Ferne die Bernina-Gruppe, erkennbar am Piz Bernina mit dem charakteristischen Biancograt, die Berge der Umgebung; im Westen überblickt man das Val Müstair, den Ofenpass und dahinter die Berge des Schweizerischen Nationalparks.

Nach ausgiebiger Rast verlassen wir den Gipfel nach Westen. Beim nun folgenden Abstieg hinab zum Lai da Rims und ins Val Vau lassen sich gut die einzelnen Vegetationsstufen erkennen. Zunächst geht es in mäßig steilen Serpentinen über Schutt hinab. Wir erreichen einen kleinen Boden, auf dem verstreut Polster von Alpen-Mannsschild und Gruppen von Frühlingsenzianen wachsen. Nach einem weiteren kleinen Boden geht es wieder steiler bergab, der Hang ist gesprenkelt mit Gletscher-Hahnenfuß. Nun führt der Weg an den rechten Hang heran, biegt um eine Ecke – und unter uns liegt der türkis leuchtende Lai da Rims.

Langsam wird die Vegetation immer üppiger, und an die Stelle vereinzelter Polsterpflanzen treten nach und nach geschlossene Wiesen. Weiter unten geht es etwas flacher über einen Grasrücken hinab, dann nur noch sanft abwärts am Hang oberhalb des Sees entlang. Immer häufiger sieht man nun die weißen Blüten der Silberwurz, die ihren Namen den silbrigen Blattunterseiten verdankt, und die zipfeligen Blüten des Alpen-Wundklees, die den Hang zeitweise in ein gelbes Meer verwandeln. Jenseits des Val Müstair sind auf einer Hangterrasse die Häuser von Lü zu erkennen, der höchst gelegenen politischen Gemeinde der Schweiz. Schließlich erreichen wir, etwas abseits des **Lai da Rims** einen Wegweiser (2.40 Std.).

Die weiten, sonnigen Wiesen rund um den See sind ideal für eine gemütliche Mittagsrast. Diese Idylle diente als Drehort für die erste Szene der 2001 in die Kinos gekommenen ›Heidi‹-Neuverfilmung. Am jenseitigen Ufer thront über dem See der Piz Praveder, zum Talende hin der abweisende Schutt-Felskegel des Piz dal Lai. Die rundbucklige Landschaft des Tals, in dem sich der Lai da Rims hinter einer Felsbarriere staut, zeigt anschaulich, dass hier Gletscher am Werke waren. An der westlichen Talseite kann man zudem beim Abstieg zum See (Blick nach links) deutlich die kleine Seitenmoräne eines früheren Gletschers sehen.

Vom See folgen wir weiter der Ausschilderung nach Sta. Maria. Beim Abstieg, der anfangs relativ steil in Serpentinen an einem Bach entlang führt, bietet sich ein schöner Blick hinüber auf Lü und Lüsai. Anschließend wird der Weg flacher, führt unter einer Felswand entlang und windet sich dann wieder in Serpentinen mäßig steil den Hang hinab. Langsam kommen wir in den Bereich der ersten Legföhren und Lärchen, die mit Alpenrosen durchsetzt sind. Die Bäume treten immer enger zusammen, bis sie einen lockeren Wald bilden. Links am Hang stürzt die vom See kommende Aua da Rims in mehreren Wasserfällen herab. Wir überqueren den Bach und gehen nun noch leicht abfallend durch den lichten Wald, bis wir unterhalb der Alp Las Clastras bei **Tschuccai** auf einen Fahrweg treffen (3.40 Std.).

Wir folgen dem Fahrweg, der das Val Vau erschließt, nach rechts sanft abwärts. Immer wieder führen die Markierungen in schmale Wiesenpfade, die die weiten Schleifen des Fahrweges abkürzen. Nachdem wir zum Schluss dem Fahrweg etwa 500 m gefolgt sind, erreichen wir die Stelle, wo sich die Wege nach Sta. Maria und nach Fuldera trennen (4 Std.). Hier halten wir uns rechts Richtung Sta. Maria und folgen dem Fahrweg ans jenseitige Ufer der **Aua da Vau.** Dort geht es, immer parallel zum Bach, durch saftige Fettwiesen und lichten Mischwald weiter abwärts. Mal führt der Weg etwas steiler, mal flacher langsam aus dem Val Vau hinaus in das sonnige Val Müstair, wobei wir immer der Ausschilderung nach Sta. Maria folgen.

Kurz vor dem Ortseingang treffen wir auf die Talstraße, der wir nun nach rechts bis zum Parkplatz in **Sta. Maria** folgen (5 Std.).

Gletscher-Hahnenfuß

Innabwärts durchs Unterengadin

Auf dem Talweg von Zernez über Susch nach Ardez

Gemütlich geht es durch den oberen Teil des Unterengadins – mal durch Wald, mal über Wiesen und fast immer mit schöner Aussicht auf die Orte am Hang gegenüber. Auf der Rückfahrt kann man die Landschaft noch einmal vom Zug aus Revue passieren lassen.

DIE WANDERUNG IN KÜRZE

+ Anspruch

5.30 Std. Gehzeit

19 km Länge

Charakter: Bequeme Talwanderung, größtenteils auf Fahrwegen, mit einigen kurzen Anstiegen (der längste am Schluss); Möglichkeit zur Verkürzung, indem man in Susch, Lavin oder Giarsun abbricht bzw. erst dort beginnt (in allen Orten Bahn-Anschlüsse).

Markierung: gelb, weiß-rot-weiß

Wanderkarten: 1:50 000 Nationalpark; 1:50 000 249T Tarasp u. 259T Ofenpass; 1:25 000 1198 Silvretta u. 1218 Zernez

Einkehrmöglichkeiten: Gasthäuser in Susch, Lavin und Ardez (jeweils Abstecher)

Anfahrt: **Mit der Bahn** bzw. dem **Postauto** bis zum Bahnhof von Zernez; von dort der Hauptstraße bis zum Abzweig des Ofenpasses folgen (10 Min.). **Mit dem Auto** auf der Kantonsstraße nach Zernez, am Bahnhof parken; **Rückfahrt** ab Ardez mit der Bahn.

Hinweis: Die Tour lässt sich mit Tour 29 kombinieren.

In **Zernez** folgen wir von der Kreuzung am **Beginn der Ofenpassstraße** der Ausschilderung des Inn-Radweges aufwärts. Unterhalb der frühbarocken Kirche mit ihrem Bleistiftturm vorbei führt der Radweg immer geradeaus, an zwei Abzweigen vorbei. Nach 15 Min. geht das Teersträßchen in einen Wirtschaftsweg über und führt über einen großen Windbruch, an dessen Ende wir links der Via Engiadina folgen.

Mal geht es jetzt durch den Wald, mal durch fette Wiesen; am Wegrand

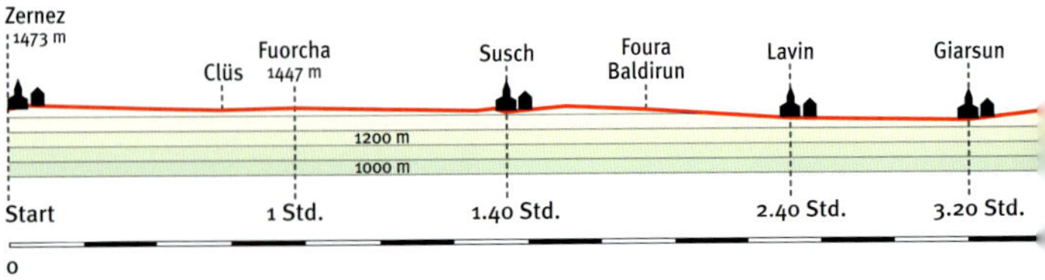

leuchten ab und zu die orangen Blüten der Feuerlilien. Das Inntal verengt sich immer mehr. Der Fluss war an dieser Stelle über Jahrtausende von einem Felsriegel zu einem See gestaut, der die gesamte Ebene bei Zernez bedeckte. Nur langsam konnte sich das Wasser einen Weg durch den Fels fressen. Durch die **Clüs** führt der Weg fast direkt am Fluss entlang. Hier kann man die seltenen Türkenbundlilien entdecken.

Immer auf dem Hauptweg bleibend, erreichen wir an der **Fuorcha** (1 Std.) einen öffentlichen Grillplatz in einem alten Steinbruch. Wenige Meter dahinter steht rechts des Weges ein Galgen, der daran erinnert, dass an dieser Stelle bis ins 18. Jh. die in den umliegenden Orten verurteilten Verbrecher hingerichtet wurden.

Am Grillplatz wenden wir uns nach links hinab, verlassen also die Via Engiadina. Schon nach wenigen Metern biegen wir von dem Weg wieder in einen schmalen Pfad ab (überqueren also nicht den Inn). Zuerst geht es noch durch den Wald, dann führt der Pfad fast unmittelbar am Inn entlang durch die Wiesen und trifft kurz vor Susch wieder auf ein Teersträßchen, dem wir weiter nach links folgen. Kurz vor dem Ortseingang von Susch geht es rechts auf einem Sträßchen hinauf Richtung ›Fortezza‹. Auf der Kuppe folgen wir dem Weg weiter geradeaus, steigen dann links zu einer Bank hinab und

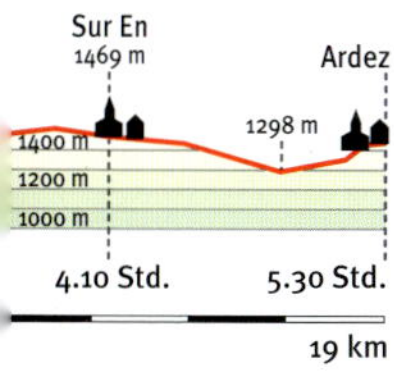

erreichen über einen schmalen, steileren Pfad schließlich **Susch** (1.40 Std.). Der Kern der typischen Passfußsiedlung liegt auf der anderen Seite des Inns, wo die Flüelapassstraße auf die Talstraße trifft. Der Ort wird seit eh und je vom Verkehr dominiert. Vom früheren Reichtum ist jedoch nicht mehr viel zu sehen, da ein Feuer 1925 den Großteil der Gebäude vernichtete.

Wir bleiben auf dem rechten Inn-Ufer, gehen an der spätgotischen Kirche und dem Plantaturm aus dem 12./13. Jh. vorbei, zwischen schön restaurierten Engadiner Häusern hindurch. Am Ortsende verlassen wir die Via Engiadina und folgen zunächst dem Sträßchen geradeaus aufwärts, an der nächsten Gabelung halten wir uns links Richtung Baldirun-Schlucht. Nach einiger Zeit wird das Teersträßchen erst zum breiten Wiesenweg, danach zum schmalen Pfad, der sich in leichtem Auf und Ab durch den Nadelwald schlängelt. Schließlich trifft er auf einen von unten kommenden Fahrweg, dem wir weiter folgen (2.10 Std.).

Kurz darauf weist rechts ein Schild zur **Foura Baldirun.** Ein kurzer Abstecher (5 Min.) bringt uns in diese Schlucht mit überwuchertem Blockwerk und zahlreichen Höhlen, in denen sich während der Bündner Wirren im 17. Jh. die Bewohner von Lavin vor den plündernden habsburgischen Truppen versteckten.

Der Fahrweg führt erst weiter durch den Wald, dann durch Wiesen auf Lavin zu. Auf der anderen Talseite erkennt man die Station Sagliains mit der Autoverladestation für den 1999 eröffneten Vereinatunnel. Dieser mit 19 km längste Tunnel im Streckennetz der Rhätischen Bahn verbindet das Unterengadin wintersicher mit Klosters. In der Ferne er-

kennt man auf einer Terrasse Guarda, das wohl schönste Dorf des Unterengadins. Nach 2.40 Std. erreichen wir die Brücke von **Lavin,** die hinüber in den Ortskern führt. Hier kommt auch der Weg von den Seen von Macun herab (Tour 26).

Wir bleiben weiter auf der rechten Seite des Inns und kommen nach wenigen Minuten an einer kleinen

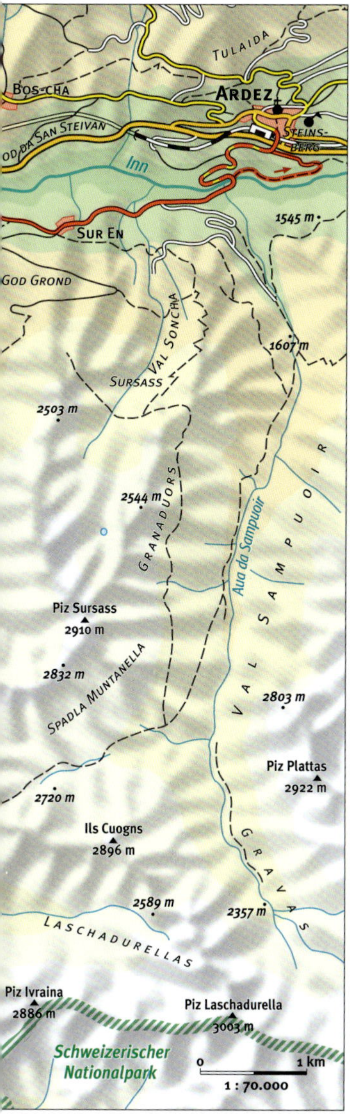

Gletschermühle vorbei. Zunächst folgen wir, an einem Abzweig nach rechts vorbei, weiter dem Radweg, biegen dann aber links in die Wiesen ab (Wegweiser Richtung Cuas). Der Fahrweg führt erst durch die Wiesen, dann durch den Wald und endet an einer eingezäunten Wiese. Dort folgen wir einem schmalen Pfad hinauf zu einem anderen Fahrweg und dann diesem weiter durch die Wiesen, bis er wieder auf den Inn-Radweg trifft. Auf ihm geht es nach links bis zur Brücke, die nach **Giarsun** hinüber führt (3.20 Std.).

Auch hier bleiben wir auf dem rechten Ufer des Inns. Der Fahrweg führt nun durch einen kurzen Tunnel und steigt deutlich an. Immer wieder kann man in die wilde **Giarsun-Schlucht** hinab blicken, ein Paradies für Kanuten und Rafter, das der Inn in den Fels gefressen hat. Zuerst durch den Wald, dann an einer Wiese entlang, erreichen wir **Sur En (Ardez)** (4.10 Std.).

Der Fahrweg führt durch das Dörfchen mit gerade einmal einem Dutzend wunderschöner Engadiner Häuser hindurch, die mit originellen Sgraffiti geschmückt sind, und dann sanft durch die Wiesen abwärts. Gegenüber am Hang liegt malerisch Ardez mit der Burgruine Steinsberg, in der Ferne sieht man Schloss Tarasp auf einem bewaldeten Hügel thronen. Im Wald wird der Fahrweg deutlich steiler und senkt sich zum Inn hin ab. Diesen überqueren wir auf der Brücke, die nach Ardez führt (4.45 Std.).

Variante: Der nicht wesentlich kürzere direkte Weg zum Bahnhof von Ardez folgt von der Brücke der Teerstraße aufwärts. Er ist weniger steil, aber auch wesentlich weniger schön zu gehen.

Direkt hinter der Brücke folgen wir rechts dem schmalen Weg Richtung Valatscha bzw. Tarasp-Fontana direkt oberhalb des Inns entlang.

Blick vom rechten Innufer auf Lavin

Schon nach wenigen Metern an einer Felswand entlang geht es in steilem Zickzack den Hang hoch, dann in leichter Steigung an einer Hecke bzw. an Gebüsch entlang. Schmal windet sich der Weg in stetem Auf und Ab am Hang entlang durch den Wald. An einem **Wegweiser** (5.10 Std.) wenden wir uns nach links und folgen der Ausschilderung nach Ardez RhB.

Der Pfad zieht sich zunächst durch Gebüsch am Hang entlang mäßig steil aufwärts, wird dann breiter und windet sich in Serpentinen durch die Wiesen, bis er die katholische Kirche von Ardez mit dem dazugehörigen Friedhof erreicht. Rechts oberhalb erhebt sich auf einem Felsen die Ruine Steinsberg, die über dem Ort thront. An der Kirche geht der Weg in ein Teersträßchen über. Nach 100 m biegen wir rechts ab, überqueren auf einer Brücke die Umgehungsstraße, dann die Bahngleise und erreichen so den Bahnhof von **Sur En (Ardez)** (5.30 Std.).

Ardez

Auf jeden Fall lohnt sich ein kurzer Abstecher hinauf in den Ort Ardez, in dem noch etliche alte Engadiner Häuser erhalten sind. Zwar ist hier nicht alles so malerisch wie in Guarda (s. S. 130), aber sehenswert allemal. Besonders ausgefallen ist die Chasa Claglüna mit ihrer gemalten Darstellung des Sündenfalls. Auch lohnt sich der Weg hinauf zur Ruine Steinsberg, von der sich ein hervorragender Blick über das Unterengadin bietet.

Zur hochalpinen Seenplatte

Von Zernez auf den Munt Baselgia und zu den Seen von Macun
Der Aufstieg auf den Munt Baselgia ist lang und Schweiß treibend, wird aber von einem weiten Panorama belohnt. Von dort oben ist der Blick auf die mehr als 20 Seen von Macun am schönsten, die aus dem weiten Kar herauf leuchten.

DIE WANDERUNG IN KÜRZE

++
Anspruch

8 Std.
Gehzeit

1500 m
An-/Abstieg

Charakter: Lange und anstrengende, aber technisch unschwierige Wanderung, im Gipfelbereich ist Trittsicherheit vonnöten; größtenteils Berg- und Waldwege, streckenweise auch Fahrwege, im oberen Bereich einige Passagen über Blockwerk.

Markierung: weiß-rot-weiß

Wanderkarten: 1:50 000 Nationalpark; 1:50 000 249T Tarasp u. 259T Ofenpass; 1:25 000 1198 Silvretta u. 1218 Zernez

Einkehrmöglichkeiten: keine

Anfahrt: **Mit der Bahn** bzw. dem **Postauto** bis zum Bahnhof von Zernez. **Mit dem Auto** auf der Kantonsstraße nach Zernez, am Bahnhof parken; **Rückfahrt** ab Lavin mit der Bahn.

Hinweise: Bis oberhalb der Waldgrenze (Pt. 2268) ist die Anfahrt mit dem Taxi möglich (Taxi Schorta, Tel. 081 856 11 25), dadurch verkürzt sich die Wanderung um 2.30 Std. und 800 Höhenmeter. Die Tour sollte frühestens im Juli unternommen werden, da sich im Nordkar der Seen von Macun lange Schneefelder halten.

Vom **Bahnhof** in **Zernez** folgen wir den Schildern Richtung Macun auf der Hauptstraße durch den Ort. Wo die Ofenpassstraße rechts abzweigt, gehen wir geradeaus den Berg Richtung Kirche hinauf. An der Gabelung hinter der frühbarocken Kirche mit Bleistiftturm halten wir uns rechts und folgen dem Teersträßchen aufwärts durch die Wiesen Richtung Munt Baselgia. In einer Kurve kommen wir an einer großen Tafel vorbei, die die Verhaltensregeln für den Nationalpark aufführt. Kurz danach geht das Teersträßchen in einen Fahrweg über, dem wir weiter folgen. In einer **Haarnadelkurve** (30 Min.) führt geradeaus ein Fußweg Richtung Zernez. Wir folgen jedoch weiter dem Fahrweg und biegen ca. 50 m hinter der Kurve links in einen markierten, aber nicht beschilderten schmalen Waldweg ein.

Der Weg zieht sich leicht ansteigend durch den lichten Lärchen-Mischwald. Nach einiger Zeit treffen wir an einem Wegweiser wieder auf den Fahrweg (50 Min.) und folgen ihm links aufwärts. Kurz hinter dem Wegweiser bei **God Baselgia** verlassen wir ihn schon wieder und folgen der Ausschilderung Richtung Munt Baselgia nach rechts in den Wald leicht aufwärts. Anschließend treffen wir wieder auf den Fahrweg (1.15 Std.), der, inzwischen deutlich schmaler geworden, angenehmer zu gehen ist.

Schon gut 100 m später folgen wir wieder einem markierten Pfad nach links aufwärts. Er führt steil über eine Lichtung, die geradezu übersät ist mit Türkenbundlilien. Am oberen Ende der Lichtung treffen wir erneut auf den Fahrweg (1.30 Std.). Von hier bietet sich ein hervorragender Blick talaufwärts ins Oberengadin. Wir folgen dem Fahrweg weiter nach rechts, bis er schließlich nach drei weiten Schleifen am **Pt. 2268** bei zwei Hütten endet (2.30 Std.; bis hierhin kann man ggf. mit dem Taxi fahren, s. o.). Hier bietet sich die Gelegenheit zur Rast an einem Picknicktisch mit Aussicht ins gegenübergelegene Val Cluozza (Tour 21) mit dem darüber aufragenden Piz Quattervals sowie ins Oberengadin.

Der Weg zum Munt Baselgia zieht sich nun mäßig steil am Hang aufwärts, teils durch Wiesen, teils durch Blockwerk, und zwischen Lawinenverbauungen hindurch. Nach längerem Anstieg erreicht der Pfad einen Absatz (3.40 Std.), von dem aus man die Ofenpassstraße mit dem Munt la Schera überblickt (Tour 22). Dahinter ragt in der Ferne der markante schneebedeckte Ortler auf.

Nach einer kurzen Verschnaufpause folgen wir dem Pfad teilweise recht steil auf dem Gratrücken hoch. In einigen Passagen geht es über Blockwerk und schließlich auf den Gipfel des **Munt Baselgia** hinauf (4.30 Std.). Von diesem fast 3000 m hohen ›Kirchhügel‹ – so die wörtliche Übersetzung des romanischen Namens – bietet sich eine perfekte Rundumsicht: angefangen im Südosten mit dem Ortler, dann in das Val Cluozza und das Engadin aufwärts, über dem sich der massige Piz Kesch erhebt. Unterhalb des Gipfels breitet sich im Norden das Becken der Seen von Macun aus, dahinter sieht man jenseits des Inntals das Val Tuoi (Tour 28) mit dem Piz Buin, etwas links davon die markante Gipfelpyramide des Piz Linard.

Vom Gipfel führt der Weg auf dem Grat entlang, der zugleich die Grenze des Nationalparks bildet – zuerst fast eben, dann relativ steil abwärts,

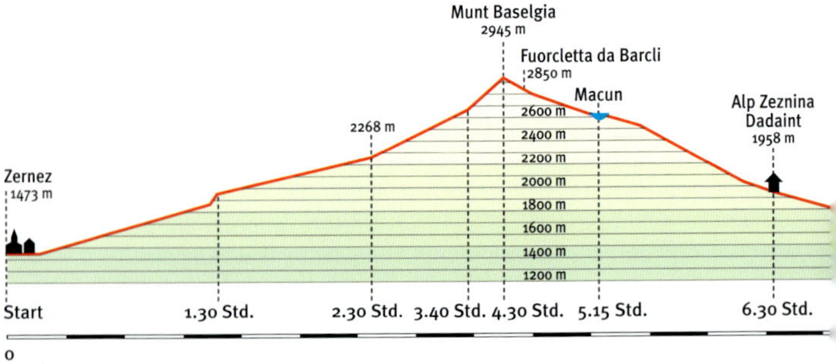

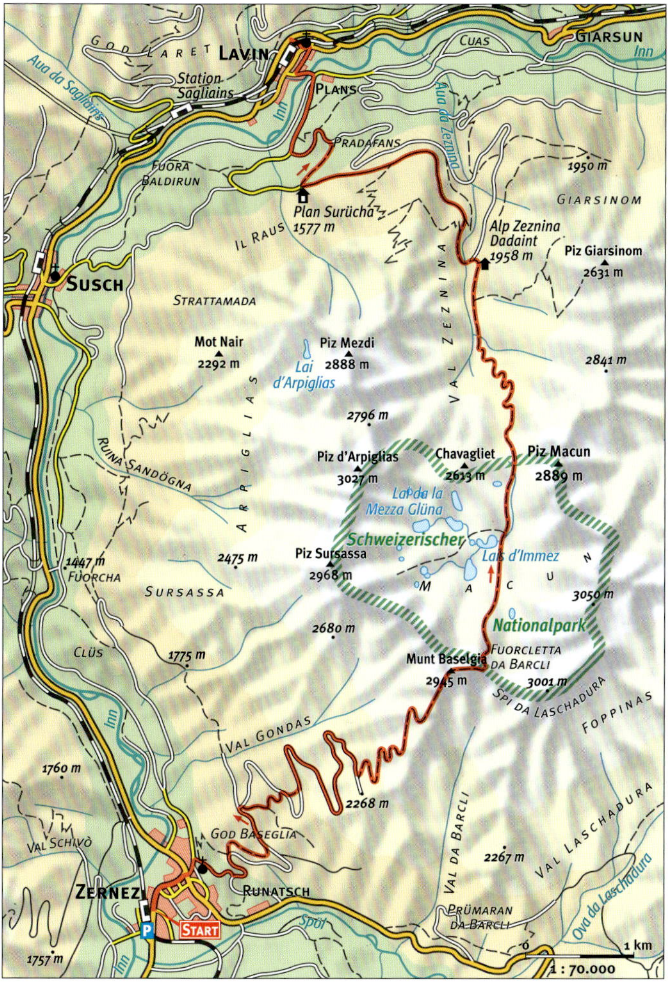

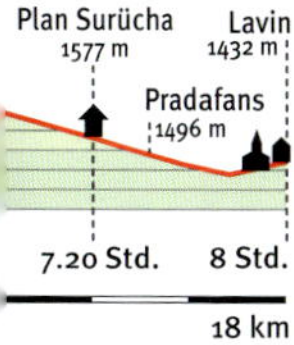

größtenteils über Blockwerk. Bei der **Fuorcletta da Barcli** (4.40 Std.) erreichen wir eine Informationstafel des Nationalparks. Nun führt der Weg mäßig steil über Schutt und Blockwerk hinunter in das Gebiet der Seen von **Macun,** die wie leuchtende Augen in einer von Gletschern geformten, hügeligen Landschaft liegen. Dieses weite Nordkar auf dem

Blick vom Munt Baselgia über die Seen von Macun Richtung Silvretta

Gebiet der Gemeinde Lavin gehört seit 2000 als Exklave zum Schweizerischen Nationalpark. Im unteren Bereich wird der Weg flacher und führt auf einem Rücken oberhalb der Seen entlang, bis er an den **Lais d'Immez** ihren Abfluss erreicht (5.15 Std.).

Vom Abfluss der Seen zieht sich der Pfad parallel zum Bach am Hang entlang abwärts und erreicht so noch einmal einen weiten Wiesenabsatz, wo eine große Tafel die Grenze des Nationalparks signalisiert. Wir folgen immer weiter der Ausschilderung Richtung Lavin. Zunächst wechselt der Weg die Bachseite und zieht sich dann schmal in Serpentinen am rechten Hang entlang abwärts. Dabei geht es mal zwischen Blockwerk hindurch, mal über Schutt oder durch Blumenwiesen, bis schließlich die Weiden der Alp Zeznina Dadaint erreicht sind. Hier wird der Weg zum fast ebenen Wiesenpfad und schlängelt sich zur **Alp Zeznina Dadaint** (6.30 Std.), die bei den Dreharbeiten für den 2001 in die Kinos gekommenen ›Heidi‹-Film als Almöhis Hütte diente.

An der Alp beginnt ein Fahrweg, dem wir zunächst folgen. Schon nach 200 m aber, in einer Kurve, verlassen wir ihn und gehen geradeaus in einen schmaleren Weg, der nach Lavin ausgeschildert ist. Bequem führt er im lichten Fichten-Mischwald leicht bergab und wendet sich langsam ins Inntal.

Wir folgen immer dem Hauptweg, bis wir bei **Plan Surücha,** einer Lichtung mit zwei Hütten, einen Wegweiser erreichen (7.20 Std.). Hier biegen wir rechts Richtung Lavin bzw. Pradafans ab und folgen dem Weg, der langsam schmaler wird, abwärts bis zur Lichtung **Pradafans.** Dort treffen wir auf einen Fahrweg, dem wir nach links Richtung Susch folgen, geradewegs auf die Station Sagliains mit der Autoverladung für den Vereinatunnel zu.

In der nächsten Kurve verlassen wir den Fahrweg schon wieder, um einem markierten Pfad in den Wald zu folgen, der Richtung Lavin ausgeschildert ist. Am Ende des Pfades treffen wir auf einen Fahrweg, der uns nach rechts zur **Innbrücke** bringt (7.45 Std.).

Am jenseitigen Ufer folgen wir der Ausschilderung zum Bahnhof, zunächst mäßig steil einen Wiesenpfad unterhalb des Ortes aufwärts, dann durch **Lavin** hindurch zum **Bahnhof,** der am oberen Ortsrand liegt (8 Std.).

Auf der alten Talstraße

Von Lavin auf dem Höhenweg über Guarda und Ftan nach Scuol

Der heutige Panorama-Höhenweg folgt der alten Talstraße. Diese einst wichtige Verbindung zwischen Innsbruck und dem Comer See verläuft keineswegs am Talboden, sondern umgeht hoch am Hang die Innschluchten und passiert wunderschöne Engadiner Dörfer.

DIE WANDERUNG IN KÜRZE

+ Anspruch

4.30 Std. Gehzeit

550 m Anstiege

700 m Abstiege

Charakter: Einfache, kurze Tagestour mit einigen Anstiegen; größtenteils Fahrwege, teilweise Wiesenwege, einige Stücke auf Teersträßchen; nur kurze Stücke im Schatten.

Markierung: weiß-rot-weiß

Wanderkarten: 1:50 000 Nationalpark; 1:50 000 249T Tarasp; 1:25 000 1199 Scuol u. 1219 S-charl

Einkehrmöglichkeiten: Gasthöfe in Guarda, Ardez (Abstecher), Ftan und Scuol

Anfahrt: Mit der Bahn bzw. dem **Postauto** bis zum Bahnhof von Lavin. **Mit dem Auto** aus Richtung Scuol am Ortsanfang von Lavin bzw. aus Richtung Zernez am Ortsende von der Umgehungsstraße abbiegen und der Ausschilderung Richtung Bahnhof folgen, dort Parkmöglichkeit (gebührenpflichtig); **Rückfahrt** von Scuol mit der Bahn zum Ausgangspunkt.

Vom **Bahnhof** in **Lavin** folgen wir zunächst der Via Engiadina Richtung Guarda. Die Markierung führt unterhalb der Kirche entlang, kurz dahinter links aufwärts unter Kantonsstraße und Bahn hindurch. Der Fahrweg zieht sich leicht ansteigend in die Wiesen. An mehreren Abzweigen vorbei folgen wir immer dem Hauptweg. Nach 20 Min. erreichen wir an einer Bank ein Hinweisschild. Von hier bietet sich ein Abstecher zu den oberhalb des Weges gelegenen Ruinen von **Gonda** an. Das Dorf wurde im 17. Jh. verlassen. Die Gründe sind nicht ganz geklärt, aber wahrscheinlich spielten die Bündner Wirren und die Verwüstungen durch die Habsburger eine Rolle.

Der Weg zieht sich weiter am Hang entlang aufwärts, auf der anderen Talseite kann man gut den Weg sehen, der parallel zum Inn verläuft (Tour 25). Von einer **Kuppe** (50 Min.) fällt der Weg leicht ab und wendet sich in das Val Tuoi hinein. Etwa 100 m nach Überquerung der **Clozza** biegen wir spitzwinklig zurück in einen Waldpfad ab, halten uns also nicht mehr an die Ausschilderung nach Guarda. Wir folgen dem Weg nur etwa 200 m ins Tal hinein und biegen dann wieder spitzwinklig nach rechts aufwärts ab (Aus-

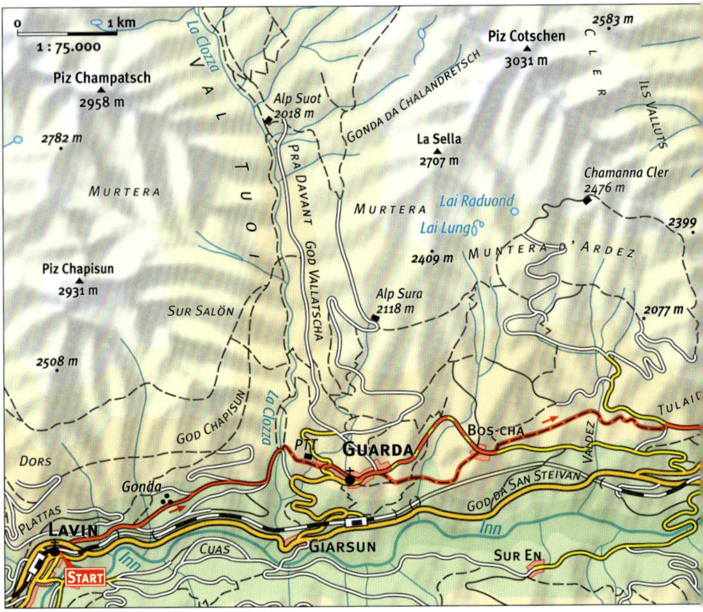

schilderung nach Guarda PTT). Der Pfad führt mäßig steil durch den Wald aufwärts und dann auf die Wiesen hinaus und zur Post von **Guarda** (1.10 Std.)

Wir folgen immer der Hauptstraße durch den schönsten Ort des Unterengadins bis etwa 100 m vor dem Ortsende. Beim Haus Nr. 27, gegenüber vom Abzweig des Weges zur Chamanna Tuoi, biegen wir rechts in einen schmalen Pfad ein. Er führt hoch über dem Inn durch die Wiesen abwärts, wobei man eine wunderschöne Aussicht auf Sur En hat, das gegenüber auf einer Hangterrasse liegt. Dann überquert er ein Bächlein und führt ohne Markierung, aber meistens gut zu erkennen, relativ geradlinig aufwärts durch die Wiesen hinauf nach **Bos-cha** (1.50 Std.).

Variante: Alternativ kann man in Guarda auf der Teerstraße bleiben und ihr nach Bos-cha folgen. Dadurch erspart man sich Ab- und Anstieg, aber auch den schöneren und angenehmer zu gehenden Weg

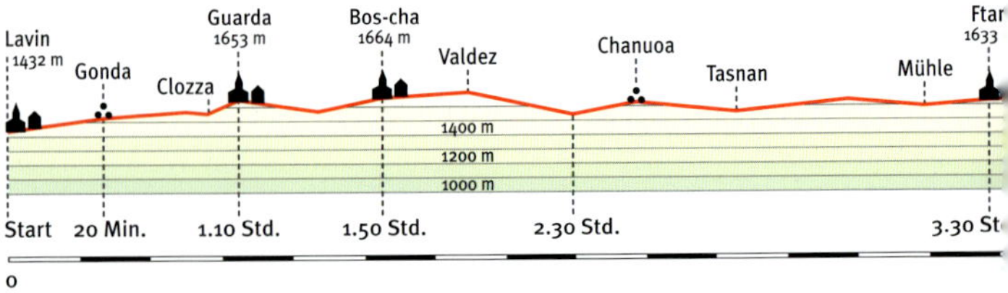

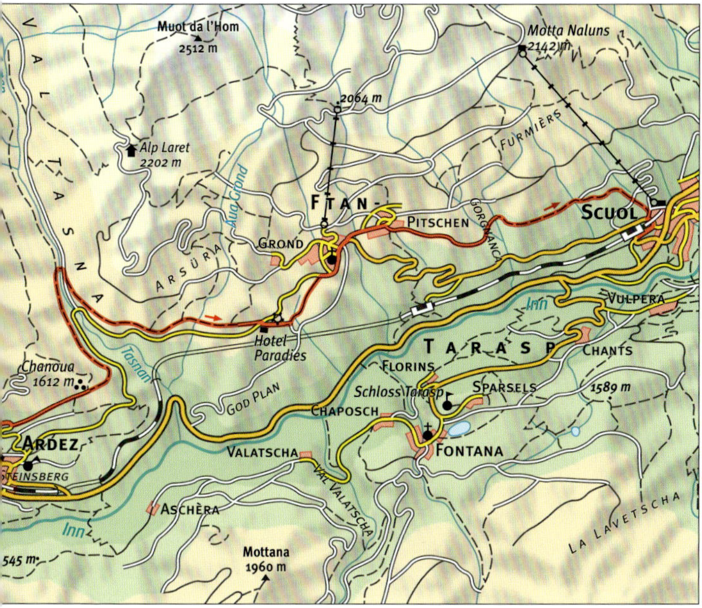

durch die Wiesen mit der schönen Aussicht.

Durch das kleine Dorf **Bos-cha** mit einigen Engadiner Häusern folgen wir der Ausschilderung nach Ardez. Kurz hinter dem Ortsende verlassen wir die Straße nach links und biegen in einen Wirtschaftsweg ab. An der Gabelung nach 100 m halten wir uns rechts und folgen dem unteren nach Ardez bzw. Ftan ausgeschilderten Weg. Wir bleiben immer auf dem Hauptweg, der in leichtem Auf und Ab teilweise durch lichten Wald führt, anfangs als von überwucherten Trockenmauern gesäumter Hohlweg. Nach einiger Zeit sieht man erstmals Ardez mit der dahinter auf einem Hügel aufragenden Ruine Steinsberg. Sowohl an diesem Hang als auch jenseits des Inns kann man die Terrassierung der Hänge erkennen, durch die die Bewirtschaftung der Wiesen erst ermöglicht wird.

Der Weg wird schmaler und führt in das dicht mit Erlen bestandene Tälchen **Valdez** hinein. Zunächst geht es nach Überquerung des Baches noch einmal steil bergauf, dann leicht abfallend auf Ardez zu. Nach 2.20 Std. treffen wir auf einen Fahrweg, dem wir links aufwärts folgen, wenig später auf einen zweiten, auf dem wir uns rechts abwärts halten. In einer 180-Grad-Kurve können wir ein Stück abkürzen. Es geht, leicht abfallend, oberhalb von Ardez ent-

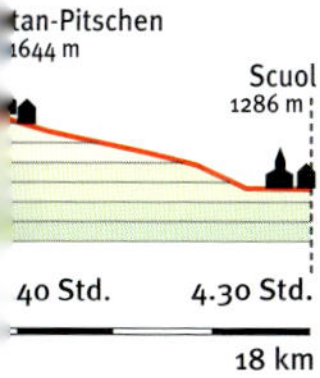

lang. In der nächsten 180-Grad-Kurve, direkt gegenüber der Ruine Steinsberg, verlassen wir den Fahrweg endgültig und gehen geradeaus in einen schmaleren Weg (2.30 Std.).

Abstecher: Von hier bietet sich ein Abstecher nach **Ardez** hinunter an. Von oben ist nämlich kaum zu erkennen, dass hier etliche schöne Engadiner Häuser mit originellen Sgraffiti stehen. Auch der Weg hinauf zur Ruine Steinsberg ist wegen der Aussicht lohnend.

Der Weg zieht sich durch die Wiesen aufwärts und erreicht bei **Chanuoa** seinen höchsten Punkt. Hier steht die mächtige Ruine einer alten Säumerherberge, die auf die frühere Bedeutung des Weges als Handelsroute hindeutet. Wir folgen immer dem Hauptweg Richtung Ftan, in das **Val Tasna** hinein. Nun geht es durch den Wald leicht abwärts. An einer Gabelung halten wir uns rechts Richtung Ftan, erreichen eine Teerstraße und folgen dieser weiter ins Tal hinein. Hinter der Brücke über den **Tasnan** verlassen wir die Straße nach links und folgen dem Wanderweg nach Ftan. Am Talschluss erkennt man die Bergspitzen der Silvretta.

Bereits nach gut 100 m biegen wir wieder spitzwinklig nach rechts ab. Der Weg führt zunächst durch den Wald aufwärts, dann in leichtem Auf und Ab am Waldrand und durch Wiesen immer parallel zur Straße. Wir folgen stets dem Hauptweg und der Ausschilderung nach Ftan. Schließlich treffen wir auf die Straße, folgen ihr ein paar Meter nach rechts und biegen dann links in ein Sträßchen ein, ausgeschildert nach Muglin. Nun geht es unterhalb des sehr schön gelegenen **Hotels Paradies** vorbei. Kurz danach erreichen wir die alte **Mühle** von Ftan, am jenseitigen Hang kann man jetzt sehr schön Schloss Tarasp liegen sehen. Von hier geht es wieder durch Wiesen aufwärts nach **Ftan** (3.30 Std.).

Immer der Hauptstraße folgend, gehen wir durch den Ort, unterhalb der Kirche vorbei. Über den Wiesenhängen erhebt sich der charakteristische Gipfel des Piz Clünas (Tour 30). Am Ortsende von Ftan folgen wir der Teerstraße nach Ftan-Pitschen links aufwärts. Mitten in **Ftan-Pitschen** (3.40 Std.) biegen wir, gegenüber von einem Brunnen, rechts abwärts Richtung Scuol ab. Der breite Wirtschaftsweg führt aus dem Ort hinaus in die Blumenwiesen, in denen sich im Sommer die Schmetterlinge tummeln. Erst geht es relativ eben am Hang entlang, dann wird der Weg schmaler und führt steiler abwärts. Nach einem winzigen Gegenanstieg erreichen wir den **Abzweig** eines schmalen Pfades (4.10 Std.).

Diesem folgen wir nach rechts Richtung Bahnstation Scuol. Der Weg schlängelt sich durch Wiesen und Erlengebüsch mäßig steil abwärts. In einem Waldstück wendet er sich geradewegs nach unten und führt nun steil parallel zur Gondelbahn Motta Naluns nach **Scuol** hinunter. Unterhalb der Gondelstation wenden wir uns nach rechts zum **Bahnhof** (4.30 Std.).

Guarda

Guarda ist das wohl schönste Dorf des Unterengadins. Sein geschlossenes Ortsbild verdankt es indirekt der vollständigen Vernichtung durch die Österreicher 1622, denn danach wurde Guarda in einheitlichem Stil wieder aufgebaut, nie mehr durch

Engadiner Häuser in Guarda

Brände zerstört und 1939–1945 mustergültig restauriert.

Die charakteristischen Engadiner Häuser mit ihren dicken Mauern und den tief eingelassenen Fenstern, die Wohnhaus und Stall unter einem Dach vereinen, scharen sich in Gruppen um kleine Plätze mit Brunnen. Auf diese sozialen Mittelpunkte des Ortes blicken auch die Fenster der Wohnstuben. Beim Idealtypus des Engadiner Hauses fallen die beiden nebeneinander liegenden Tore auf: Das eine führt in die im Keller gelegenen *Court* und weiter zum Stall und zu den Vorratsräumen; hinter dem anderen Tor liegt ebenerdig der *Piertan* (im Oberengadin *Sulèr*), von dem die Wohnräume abgehen. Typisch für die Engadiner Häuser sind auch die meist ornamentalen Sgraffiti, die in die noch feuchte oberste Putzschicht geritzt werden.

In keinem anderen Ort des Engadins findet man so schöne und originell dekorierte Häuser wie in Guarda. Besonders prächtig ist das große Doppelhaus am Hauptplatz (Nr. 53/54). Das kleinere Haus an der Südseite (Nr. 51) diente dem Künstler Alois Carigiet als Vorbild für die Illustrationen des »Schellen-Ursli«, dem Bündner Kinderbuch-Klassiker.

Tour 28

Zum blauen See

Von Guarda durch das Val Tuoi zum Lai Blau

Durch das malerische Val Tuoi mit seinen Blumenwiesen und Murmeltierkolonien führt die Wanderung hinauf zum Lai Blau. Der einsame Bergsee macht seinem Namen nicht nur alle Ehre, sondern bietet auch eine schöne Aussicht in die Silvretta.

DIE WANDERUNG IN KÜRZE

++ Anspruch

6 Std. Gehzeit

1050 m An-/Abstieg

Charakter: Mittelschwere Tagestour, die etwas Kondition und Orientierungssinn erfordert; größtenteils Berg- und Wiesenpfade, zwei längere Stücke Fahrweg.

Markierung: weiß-rot-weiß (im Bereich des Lai Blau nur spärlich)

Wanderkarten: 1:50 000 Nationalpark; 1:50 000 249T Tarasp; 1:25 000 1198 Silvretta

Einkehrmöglichkeiten: keine

Anfahrt: Mit der Bahn bis zum Bahnhof Giarsun, von dort mit dem Postauto nach Guarda und von der Post wieder die Straße zurück zum Parkplatz am Ortseingang.
Mit dem Auto in Giarsun von der Kantonsstraße Richtung Guarda abbiegen, Parkplatz 300 m vor dem Ortseingang von Guarda (gebührenpflichtig).

Hinweis: Keinesfalls bei schlechter Sicht gehen, da dann die Orientierung im oberen Bereich schwierig ist.

Vom **Parkplatz** kurz vor dem Ortseingang von **Guarda** folgen wir zunächst der Straße etwa 100 m abwärts und biegen in einer Kehre rechts in einen Fahrweg ein, der Richtung Alp Suot bzw. Lai Blau ausgeschildert ist. Bei **Resgia** folgen wir dem Wegweiser nach rechts in einen

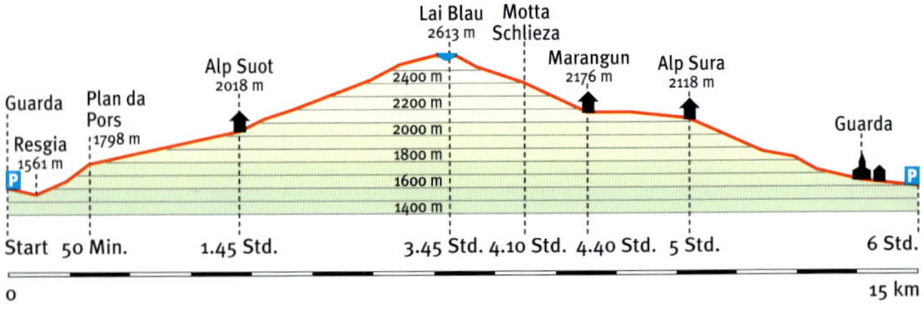

schmalen Pfad. Dieser steigt im lichten Lärchenwald leicht an und passiert einen Abzweig nach Guarda.

Nach 20 Min. überquert der Weg auf einer Brücke die Clozza und zieht sich mäßig steil am gegenüberliegenden Wiesenhang aufwärts. An der **Foura Turnina** biegen wir links vom Hauptweg ab. Der Pfad windet sich jetzt recht steil durch die Wiese aufwärts.Teilweise spenden Lärchen oder Erlen ein bisschen Schatten. Nach Überwinden der ersten Steilstufe erreichen wir bei **Plan da Pors** einen Wegweiser (50 Min.), der uns weiter Richtung Alp Suot weist.

Wenige Meter danach treffen wir auf einen Fahrweg, dem wir nach links aufwärts folgen. Schon nach 100 m endet er und geht in einen Wiesenweg über, der jetzt sanft aufwärts durch die **Fettwiesen** führt. Hier tummeln sich zahlreiche Schmetterlinge, darunter die seltenen Apollo-Falter, deren weiße Flügel rote und schwarze Punkte zieren. Am Ende der Wiese wird der Weg zum Bergpfad, der sich oberhalb der Clozza am Hang entlang windet. Nach einiger Zeit trifft von links die **Via Engiadina** auf unseren Weg (1.15 Std.). Nun geht es mal am Hang entlang, dann wieder durch Wiesen oder Blockwerk, in dem man mit etwas Glück Murmeltiere entdecken kann. Am Talschluss tritt der Piz Buin immer deutlicher hervor.

Unterhalb der **Alp Suot** überqueren wir die Clozza auf einer Brücke (1.45 Std.), gehen an den Alpgebäuden vorbei und steigen zum oberhalb gelegenen Fahrweg hinauf. Dort wenden wir uns nach links und folgen der Ausschilderung Richtung Chamanna Tuoi bzw. Lai Blau. Nach gut 500 m zweigt unser Weg rechts vom Hauptweg ab, der zur Chamanna Tuoi führt. Wir gehen mäßig steil

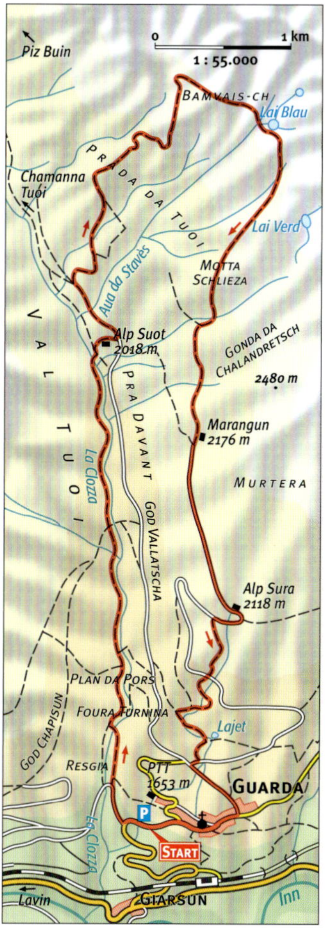

bergauf, an zwei Hütten vorbei, und dann über die feuchten Wiesen.

Eine ganze Zeit geht es taleinwärts auf die beiden markanten Zähne des Großen und des Kleinen Piz Buin zu, danach wendet sich der Weg nach rechts (2.45 Std.) und führt nun direkt auf den Absatz zu, hinter dem sich der Lai Blau verbirgt. Er überquert leicht ansteigend die Wiese und zieht sich dann mäßig steil am Hang aufwärts. Hier sind die

Markierungen spärlich, auch sind oft nur noch Pfadspuren zu entdecken. Nach Überwinden der Steilstufe schwenkt der Weg wieder talauswärts. Von dieser Stelle bietet sich durch einen Einschnitt ein sehr schöner Blick auf den Piz Buin. Nun zieht sich der Weg, teilweise durch Blockwerk, mal leicht ansteigend, mal fast eben, am Hang entlang und erreicht schließlich den **Lai Blau** (3.45 Std.). Nicht nur bei Sonnenschein ist leicht zu erkennen, woher der malerische See seinen Namen hat. Er lädt zwar nicht zum Bade, doch sind seine Ufer der richtige Platz für eine ausgiebige Pause.

Wir sind auf den See an seinem Abfluss getroffen, gehen nun rechts an seinem Ufer entlang und folgen der Markierung, die den See nahe dem Zufluss verlässt. Zunächst geht es steil den Hang hinab, der mit Murmeltierbauen übersät ist. Die Markierungen und Pfadspuren sind hier genauso spärlich wie beim Aufstieg. Nachdem er anfangs einem Bachlauf gefolgt ist, schwenkt der Weg nach einiger Zeit nach links von diesem weg und zieht sich nun nur noch mäßig steil am Hang abwärts. Schließlich erreicht er das Plateau der **Motta Schlieza** (4.10 Std.), wo wir den weiten Kessel mit den Alpweiden der Alp Suot verlassen, die nun – nicht sichtbar – direkt unter uns liegt.

Der jetzt nicht mehr zu verfehlende Weg führt mäßig steil am Hang abwärts und erreicht schließlich bei **Marangun** ein Alpgebäude (4.40 Std.), wo von rechts ein Weg von der Alp Suot heraufkommt. Diesem Fahrweg folgen wir nach links, zunächst relativ eben am Hang entlang, dann, nach einem kleinen Gegenanstieg, wieder leicht abwärts. Nun bietet sich ein hervorragender Blick in das gegenüberliegende Val Zeznina, durch das die Route zu den Seen von Macun führt (Tour 26).

Hinter den Gebäuden der direkt oberhalb von Guarda gelegenen **Alp Sura** (5 Std.) folgen wir dem Fahrweg erst noch etwa 200 m abwärts. Dann biegen wir links in einen schmalen Weg ab, der über Wiesen und durch lichten Wald mäßig steil abwärts führt. Nach etwa 200 Höhenmetern treffen wir an einer Bank auf einen Fahrweg (5.20 Std.), den wir geradeaus überqueren, um weiter im Wald abzusteigen.

An einem Schild mit der Bezeichnung ›Panorama Engiadina Bassa‹ wenden wir uns nach links und folgen dem Fahrweg, ehe wir uns nach etwa 200 m erneut nach links in die Wiesen wenden (5.30 Std.). Von hier bietet sich ein letztes Mal ein Blick zurück auf den Gipfel des Piz Buin, im Tal sieht man die Orte Lavin und Susch liegen.

Am Wegweiser nahe einem kleinen See (Lajet) halten wir uns rechts und steigen steil durch den Wald hinab. Schließlich treten wir auf die Wiesen hinaus, von wo sich ein schöner Blick auf Guarda mit seinen Engadiner Häusern bietet. Ein letztes Mal überqueren wir den Fahrweg, steigen noch ein Stück durch die Wiesen hinab und treffen dann gegenüber einem Heuschober auf den Fahrweg, der von der Alp Suot kommt. Ihm folgen wir nach links abwärts in den Ort **Guarda** hinein (5.50 Std.; s. S. 130).

Am Hauptplatz mit dem prächtigen Engadiner Doppelhaus halten wir uns links – wer mit dem Postauto gekommen ist geht hier rechts zur Post – und folgen der Straße weiter abwärts, bis wir schließlich wieder den **Parkplatz** erreichen (6 Std.).

Das Unterengadiner Fenster

Auf dem Talweg von Ardez an Tarasp vorbei nach Ramosch
Oberhalb der Scuoler Schlucht, die der wild tosende Inn in den Fels gegraben hat, führt der Weg ins Herz des Unterengadins. Blickfang ist eine ganze Zeit lang Schloss Tarasp, von dessen Burghügel aus früher der Weg durch das Tal kontrolliert wurde.

DIE WANDERUNG IN KÜRZE

+ Anspruch

5.30 Std. Gehzeit

20 km Länge

Charakter: Insgesamt recht bequeme Wanderung parallel zum Inn, jedoch nur selten direkt an ihm entlang; nur ein nennenswerter Anstieg ziemlich zu Beginn; Waldwege, Fahrwege, wenig befahrene Teerstraßen.

Markierung: gelb, weiß-rot-weiß

Wanderkarten: 1:50 000 249T Tarasp; 1:25 000 1198 Silvretta u. 1199 Scuol

Einkehrmöglichkeiten: Gasthäuser in Tarasp-Fontana, Scuol (jeweils Abstecher), Sur En und Ramosch

Anfahrt: **Mit der Bahn** bis Ardez. **Mit dem Auto** von Scuol vor dem Ortsanfang bzw. von Zernez hinter dem Ortsende von Ardez von der Umgehungsstraße abbiegen und vor dem Ortsanfang der Ausschilderung zum ersten Parkplatz folgen, der nahe dem Bahnhof liegt; **Rückfahrt** ab Ramosch mit dem Postauto nach Scuol und von dort mit der Bahn weiter nach Ardez (direkter Anschluss).

Hinweise: Die Wanderung lässt sich mit Tour 25 kombinieren.

Vom **Bahnhof** in **Ardez** folgen wir der Ausschilderung Richtung Tarasp bzw. Valatscha auf einer Teerstraße. Sie überquert Bahngleise und Umgehungsstraße und führt an der katholischen Kirche und dem Friedhof vorbei. Links oberhalb thront auf einem Felsen die Ruine Steinsberg über dem Ort.

Hinter der Kirche geht das Sträßchen in einen Feldweg über, dem wir, an einer Abzweigung vorbei, geradeaus in die Wiesen folgen. Der Weg schlängelt sich nun mäßig steil in Serpentinen durch die Wiesen abwärts, wird schmaler und führt dann durch Gebüsch weiter in die Schlucht hinab. Nach 15 Min. treffen wir auf auf einen Weg, der von rechts unten herauf kommt, und behalten unsere Richtung bei. Leicht bis mäßig steil fällt der Weg nun zum Inn hin ab, den wir auf der **Punt Veidra** überqueren, einer schmalen Hängebrücke (30 Min.). Etwas Inn-abwärts beginnt die Scuoler Schlucht, ein Eldorado für Kanuten und Rafter.

Jenseits des Inns steigt der schmale Weg mäßig steil in Serpentinen durch den lichten Wald an, führt an

einer Lichtung vorbei und erreicht eine große Wiese. Hier beginnt ein Fahrweg, der sanft abwärts zu den Häusern von **Aschèra** führt (1 Std.). Aschèra ist wie Valatscha, Chaposch und Florins, die wir später noch durchqueren werden, eine der zehn Fraktionen der Gemeinde Tarasp, die

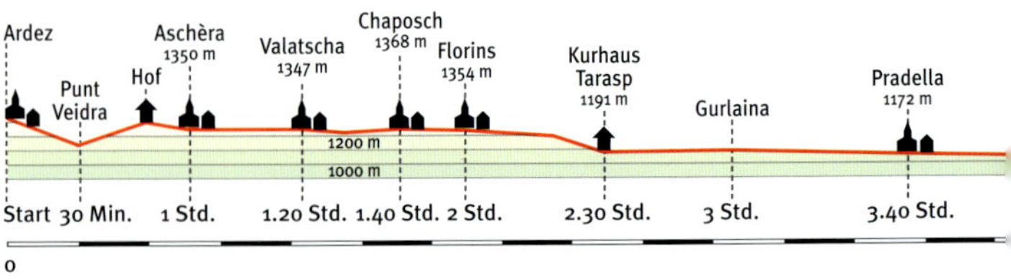

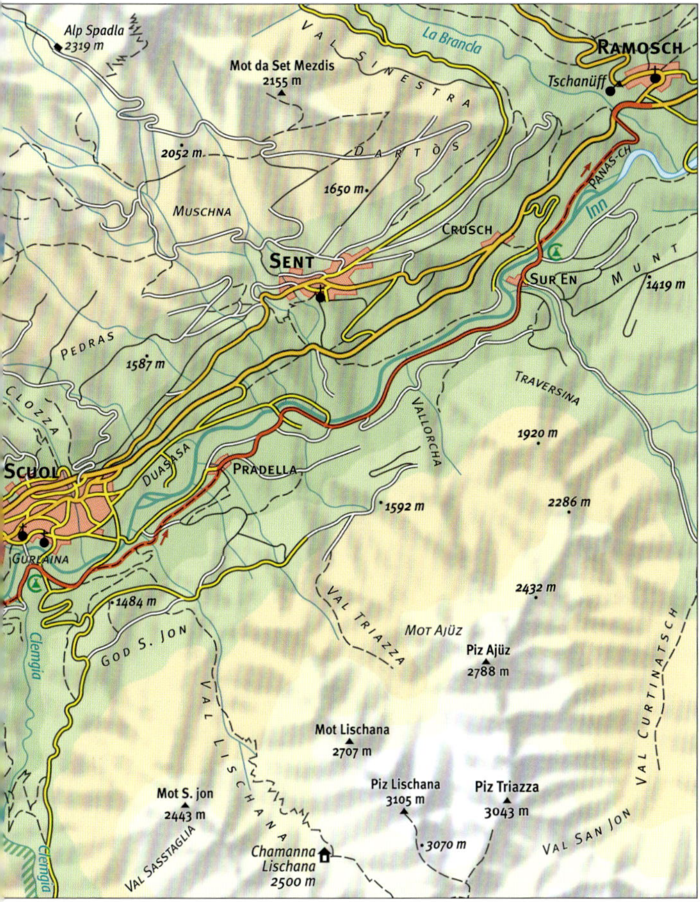

weit verstreut am sanft ansteigenden rechten Hang des Inntals liegen.

Nun geht es, insgesamt relativ eben und an zwei Abzweigen vorbei, erst durch den Wald, dann über Wiesen nach **Valatscha** (1.20 Std.). Auf dem letzten Stück läuft man dabei direkt auf Schloss Tarasp zu, das beherrschend über Tarasp-Fontana und dem Inntal thront. Am gegenüberliegenden Hang sieht man Ftan, das exponiert liegende Hotel Haus Paradies und darüber den Piz Clünas (Tour 30). Die etwa ein Dutzend alten Engadiner Häuser, die den Ortskern von Valatscha bilden, sind allesamt hervorragend renoviert.

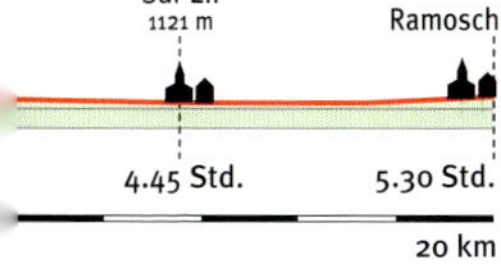

Blick über den Inn auf Scuol

Wir folgen der Teerstraße Richtung Chaposch bzw. Tarasp-Fontana durch den Ort, dann durch den Wald und das Bachtal der Aua da Plavna nach **Chaposch** (1.40 Std.), das wesentlich weniger schmuck ist als Valatscha. Am Ortsende führt ein schmaler Fahrweg in die Wiesen und dann in ein Bachtal. Von dort an folgen wir immer weiter dem Weg Richtung Kurhaus Tarasp, der zunächst direkt unterhalb des Schlosses Tarasp durch die Wiesen nach **Florins** führt (2 Std.).

Ein Stück hinter dem Ort wird der Weg schmaler, führt dann in einigen Serpentinen in den Wald hinein und hoch am Hang relativ eben oberhalb des Inns entlang. Dabei folgen wir immer der Ausschilderung zum Kurhaus bzw. dem unteren Weg. Noch einmal geht es über einige Serpentinen schließlich zum **Kurhaus Tarasp** hinunter (2.30 Std.), das heute das Hotel Scuol Palace beherbergt. Das in den 1860er Jahren erbaute ehemalige Grandhotel gehört heute dem Robinson Club. Nach Überquerung der Straße, die hinauf nach Fontana und Vulpera führt, gehen wir an der **Trinkhalle Tarasp** vorbei, die mit ihren drei Mineralquellen (Lucius, Bonifatius und Emerita) leider momentan nicht zugänglich ist.

Nun führt der schmale Weg immer am Inn entlang, der hier wieder etwas breiter ist und gemächlicher fließt, aber die Scuoler Schlucht noch nicht ganz verlassen hat. An der Finnenbahn vorbei, einer dem federnden Waldboden nachempfundenen Laufbahn, geht es dann hinauf auf das Plateau von **Gurlaina** (3 Std.), auf dem verschiedene Sportanlagen und der Campingplatz von Scuol liegen.

An einem Wege-T folgen wir der Teerstraße Richtung Sur En. Bald trifft diese auf die Straße nach S-charl. Wir gehen sie nur ein paar Schritte abwärts und verlassen sie dann wieder auf einem Waldweg.

Dieser führt in leichtem Auf und Ab am Hang entlang durch den lichten Wald. Immer wieder bieten sich schöne Ausblicke auf Scuol, das Zentrum des Unterengadins. Mitten im Ort ist deutlich das gelb-türkise Gebäude des Bogn Engiadina zu erkennen. Dieses 1993 eröffnete Erlebnisbad mit angeschlossenem Therapiezentrum ist inzwischen zum Synonym für Wellness geworden und symbolisiert die Wandlung von Scuol vom Kurort zum modernen Tourismusmagneten.

Am Waldrand treffen wir schließlich auf einen Weg, der von rechts herunter kommt, folgen ihm ein paar Meter nach unten und gehen dann durch den kleinen Ort **Pradella** Richtung Martina (3.40 Min.). Das Teersträßchen geht in einen Fahrweg über und führt in die Wiesen hinein. Am gegenüberliegenden Hang ist jetzt, hoch über dem Inn, sehr schön Sent zu sehen, gut zu erkennen an der spätgotischen Kirche mit bizarr verziertem Bleistiftturm. Kurz hinter Pradella treffen wir auf den asphaltierten Inn-Radweg, dem wir talabwärts folgen. Nun geht es um das **Kraftwerk Pradella** herum. Es nutzt nicht etwa den direkt vorbei fließenden Inn zur Energiegewinnung, sondern Wasser, das über Kilometer lange Druckstollen aus dem Ausgleichsbecken Ova Spin am Ofenpass und aus dem Gebiet um S-charl herangeführt wird. Bald führt der Fahrweg wieder in den Wald hinein.

Am Ausgang des Val d'Uina erreichen wir **Sur En** (4.45 Std.). Wir gehen durch das Dörfchen abwärts Richtung Martina. Mitten auf dem malerisch am Inn gelegenen Campingplatz verlassen wir unsere bisher eingeschlagene Richtung und überqueren den Fluss auf der gedeckten Brücke.

Direkt am jenseitigen Ufer folgen wir einem Weg in die Wiesen, der zunächst eben und parallel zum Inn verläuft. Dann geht es in den Auenwald hinein, der von Birken, Erlen und Ebereschen geprägt ist, später in den lichten Nadelmischwald. Wir treten auf die große Lichtung **Panas-ch,** auf der einige einzelne alte Bäume stehen. Am Ende der Wiese beginnt der Weg mäßig anzusteigen, erreicht in einer Kurve den höchsten Punkt und fällt dann zu einem Sägewerk ab. Von dort führt ein Sträßchen aufwärts und trifft direkt unterhalb der Burgruine Tschanüff auf die Kantonsstraße. Dieser folgen wir noch etwa 500 m nach rechts, bis wir die Bushaltestelle in **Ramosch** erreichen (5.30 Std.).

Die Mineralquellen von Tarasp und Scuol

Rund um Scuol und Tarasp sind insgesamt rund 20 verschiedene Mineralquellen anzutreffen. Diese Konzentration entsteht dadurch, dass sich in der Region ein sog. »Geologisches Fenster« befindet, ein Bereich also, in dem die kompakten Deckschichten fehlen, die normalerweise das Vordringen von Gasen aus den tiefer liegenden Schichten an die Oberfläche verhindern. Beim Aufsteigen des Wassers und der Gase werden Mineralien gelöst, was dazu führt, dass Quellen mit sehr unterschiedlicher Zusammensetzung zutage treten, deren Geschmack teilweise sicher nicht jedermanns Sache ist. Die Quellen werden in verschiedene Trinkbrunnen geleitet, die teils auf den Dorfplätzen in Scuol stehen, teils im Bogn Engiadina oder der Trinkhalle Tarasp.

Tour 30

Aussichtsberg über dem Inntal

Von Ftan über den Muot da l'Hom auf den Piz Clünas

Über den sanften und üppigen Wiesen von Ftan erhebt sich die markante Felsnase des Piz Clünas. Dieser Aussichtspunkt hoch über dem Inntal ist dank Sessellift nach relativ kurzem Aufstieg zu erreichen. Zur Belohnung winkt ein Blick über fast das gesamte Unterengadin.

DIE WANDERUNG IN KÜRZE

++ Anspruch

4.30 Std. Gehzeit

750 m An-/Abstieg

Charakter: Kurze Tagestour mit kräftigem An- und Abstieg, im Gipfelbereich Trittsicherheit notwendig; bis auf wenige Ausnahmen schmale Bergwege.

Markierung: weiß-rot-weiß

Wanderkarten: 1:50.000 Nationalpark; 1:50.000 249T Tarasp; 1:25.000 1198 Silvretta u. 1199 Scuol

Einkehrmöglichkeiten: Alp Clünas (Abstecher), Bergrestaurant in Prui

Anfahrt: Mit dem Postauto von Scuol nach Ftan, von der Post zu Fuß durch den Ort zur oberhalb gelegenen Talstation der Sesselbahn (ca. 5 Min.). **Mit dem Auto** von Scuol (Abzweig der Straße am Bahnhof) nach Ftan, dort der Ausschilderung zur Talstation der Sesselbahn folgen (gebührenpflichtiger Parkplatz).

Der Sessellift bringt uns in ca. 15 Min. von **Ftan** nach **Prui** und erspart uns damit einen Anstieg von 400 Höhenmetern.

Von der Bergstation folgen wir der Ausschilderung Richtung Alp Laret bzw. Piz Clünas nach links. Der Pfad schlängelt sich zunächst durch lichten Wald und über Wiesen aufwärts und erreicht nach 15 Min. einen Fahrweg. Diesem folgen wir nach links abwärts, verlassen ihn aber nach gut 100 m wieder und folgen weiter der Ausschilderung Alp Laret bzw. der Markierung.

Beim nächsten Wegweiser verlassen wir den direkten Aufstiegsweg zum Piz Clünas. Hierhin kehren wir

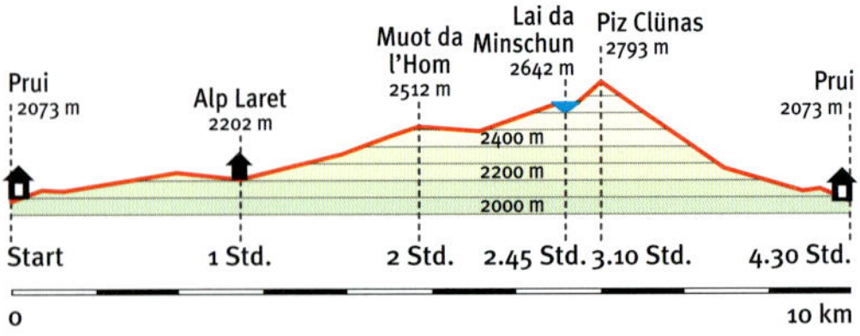

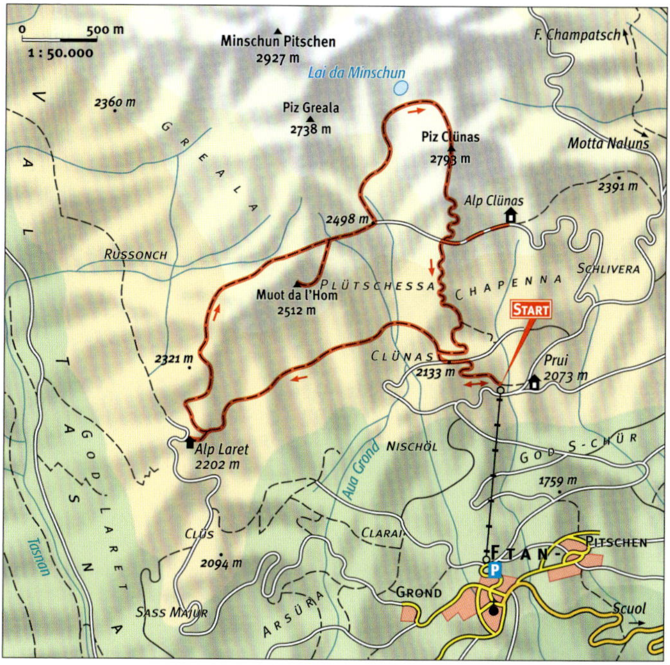

am Ende der Wanderung wieder zurück. Zunächst wenden wir uns nach links Richtung Alp Laret. Der Wiesenpfad führt, größtenteils sanft ansteigend am Hang unterhalb des Muot da l'Hom entlang, verlässt nach einiger Zeit die Alpweiden und kommt in steinigeres Gelände. Vom gesamten Weg hat man einen wunderbaren Blick auf Ftan und das gegenübergelegene Schloss Tarasp. Jenseits einer Rippe wendet sich der Weg wieder leicht abwärts, erreicht die Weiden und schließlich auch die Gebäude der **Alp Laret** (1 Std.).

Oberhalb der Alpgebäude folgen wir dem Wegweiser Richtung Piz Clünas bzw. Muot da l'Hom. Der Weg wird langsam schmaler und zieht sich von der Rückseite her auf den Muot da l'Hom. Während des Aufstiegs hat man einen guten Blick hinunter ins Val Tasna, das vom Piz Cotschen überragt wird, auch öffnet sich immer weiter der Blick in die Silvretta. Schließlich erreichen wir nach einem kleinen Abstecher die Kuppe des **Muot da l'Hom** (2 Std.). Dieser Berg, der seinen Namen einem Steinmännchen verdankt, hat zwei Gesichter: Von Norden ein sanfter Wiesenberg, fällt er nach Süden steil ab, so dass sich von der Kante, einer Aussichtskanzel gleich, ein schöner Blick hinab ins Inntal bietet.

Von der Kuppe führt ein Fahrweg an Lawinenverbauungen vorbei ein Stück abwärts. In einer Kurve verlassen wir ihn und folgen der Ausschilderung Richtung Piz Clünas nach links in einen Wiesenpfad. Dieser zieht sich, größtenteils mäßig steil ansteigend, am Hang aufwärts. Dabei passieren wir einige Senken, in de-

Frühlingsenzian und Alpen-Veilchen wachsen auf dem Weg zum Lai da Minschun

nen noch bis weit in den Sommer Altschneereste liegen und die violetten Fransenglöckchen der Soldanellen als typische erste Boten der Blumenwelt zu finden sind. Unterhalb der Schutthänge des Piz Minschun erreicht der Pfad den geschützt in einem Kessel gelegenen **Lai da Minschun** (2.45 Std.). Von hier geht es nun steil über Schutt aufwärts zu einem Sattel, dann auf dem Grat weiter von hinten auf den **Piz Clünas** (3.10 Std.). Auf den letzten Metern zum Gipfel ist Trittsicherheit vonnöten.

Der Piz Clünas ist zwar der niedrigste Berg in der Kette, die sich nach Norden zum Piz Tasna zieht, doch ist er relativ weit ins Inntal vorgeschoben. Im Norden sieht man die Fuorcla Champatsch mit ihrem charakteristischen bläulichen Gestein (Tour 31), darunter die Skihänge der Motta Naluns und im Tal Scuol. Jenseits des Inns erhebt sich die Lischana-Gruppe, durch das Val S-charl von der Pisoc-Gruppe getrennt. Rechts neben dieser sieht man ins Val Plavna hinein, das in Tarasp-Fontana endet (Tour 32). Im Westen rundet die Silvretta mit dem charakteristischen Zahn des Piz Buin und der gezackten Dreiländerspitze das Panorama ab.

Der Abstieg folgt dem steilen Gratrücken nach Süden. Von der Kante bietet sich ein Blick auf Ftan, das man vom höchsten Punkt nicht sehen kann. Zunächst geht es, mit einem Zwischenabsatz, sehr steil und rutschig über Schutt abwärts. Dann zieht sich der Weg, nur noch leicht abfallend, in weiten Kehren durch die Wiesen hinab, bis er einen Fahrweg erreicht (3.40 Std.).

Abstecher: In wenigen Minuten führt der Fahrweg nach links zur Alp Clünas, an deren Tischen sich bei schönem Wetter gleichermaßen Imbiss und Panorama genießen lassen.

Wir überqueren den Fahrweg und folgen der Ausschilderung Richtung Prui geradeaus in die Wiesen. Mäßig steil geht es in Serpentinen einen Rücken hinab, um eine Mulde herum und danach ein kurzes Stück durch Buschwerk.

Wenig später ist die Stelle erreicht, an der wir auf dem Hinweg nach links zur Alp Laret abgebogen sind (4.15 Std.).

Von hier aus kehren wir auf dem gleichen Weg, dem wir zu Beginn der Wanderung gefolgt sind, zur Bergstation des Sessellifts nach **Prui** zurück (4.30 Std.) und schweben wieder nach **Ftan** hinab, um uns den Abstieg über den Fahrweg zu sparen.

Geologie zum Anfassen

Von Motta Naluns über die Fuorcla Champatsch nach Ramosch
Durch das Scuoler Skigebiet geht es von Motta Naluns hinauf in die vielfarbige Geröllwüste unterhalb der Fuorcla Champatsch. Der Weg zurück führt durch das Blumental Val Laver, an den Erdpyramiden von Zuort vorbei und in die wilde Schlucht der Brancla hinab.

DIE WANDERUNG IN KÜRZE

++ Anspruch

6 Std. Gehzeit

600 m Anstieg

1600 m Abstieg

Charakter: Mittelschwere Ganztagestour mit einigen rutschigen Stellen, daher v. a. bei feuchtem Wetter nicht zu empfehlen; größtenteils schmale Berg- und Waldwege, einige Stücke Fahrweg.

Markierung: weiß-rot-weiß

Wanderkarten: 1:50 000 249T Tarasp; 1:25 000 1179 Samnaun u. 1199 Scuol

Einkehrmöglichkeiten: Hof Zuort, Gasthäuser in Ramosch

Anfahrt: Mit der Bahn bzw. dem **Postauto** bis zum Bahnhof von Scuol; von dort zur fast unmittelbar benachbarten Talstation der Gondelbahn Motta Naluns.
Mit dem Auto zum Bahnhof Scuol (Ausschilderung); dort Parkmöglichkeit (gebührenpflichtig); **Rückfahrt** von Ramosch mit dem Postauto nach Scuol.

Hinweis: Nach Regenfällen bzw. bei feuchtem Wetter Abstieg von Hof Zuort nach Vnà und ggf. von dort weiter nach Ramosch.

In 15 Min. bringt uns die Gondelbahn von **Scuol** hinauf zur Bergstation auf **Motta Naluns.** Von hier folgen wir dem Fahrweg Richtung Fuorcla Champatsch, erst unter der Sessellifttrasse hindurch, dann mäßig steil ansteigend durch die Blumenwiesen am Hang entlang. Wo der Fahrweg flacher wird, zweigt links ein Fußweg in die Wiesen ab, in den wir einbiegen (kein Wegweiser). Nach kurzem Anstieg überqueren wir einen weiteren Fahrweg.

Nun geht es flacher durch die Wiesen. Der Hang, an dem sich der Weg entlangzieht, wird vom Piz Clünas (Tour 30) überragt. Hier befinden wir uns mitten im Skigebiet Motta Naluns. Die Bergkette links des Weges, vom Piz Minschun bis zum Piz Nair, weist unterschiedliche, sehr intensive Färbungen auf: rostrot, blaugrün oder schwarz, was auf einen hohen Anteil an Metallen (z. B. Kupfer, Eisen) hindeutet, die dem Gestein durch Oxidation seine auffälligen Farben verleihen.

Nach mal mäßigem, mal leichtem Anstieg erreicht der Weg die Talstation eines **Schlepplifts** (1.20 Std.).

Hier sind die Wunden deutlich zu sehen, die die Lifttrasse in der Landschaft hinterlassen hat. Nun beginnt der eigentliche Aufstieg zur Fuorcla Champatsch. Der Weg verlässt die Wiesen und führt an der linken Hangseite durch Geröll aufwärts. Ein kräftiger Anstieg führt zu einem ersten Talboden. In diesem Bereich kann man am Weg den seltenen, winzigen blauen Schnee-Enzian entdecken. Teilweise über Blockwerk geht es dann in eine rostrote Mondlandschaft hinein, die auch immer wieder mit anderen mineralischen Farben durchsetzt ist.

Hier wachsen nur noch vereinzelt Polsterpflanzen. Nach einem weiteren kräftigen Anstieg ist die **Fuorcla Champatsch** erreicht (2 Std.). Von hier hat man einen schönen Blick zurück auf die Pisoc-Gruppe jenseits des Inntals, auf die Kette zwischen Piz Minschun und Piz Tasna sowie hinunter ins Val Laver, in das uns der Abstieg führen wird.

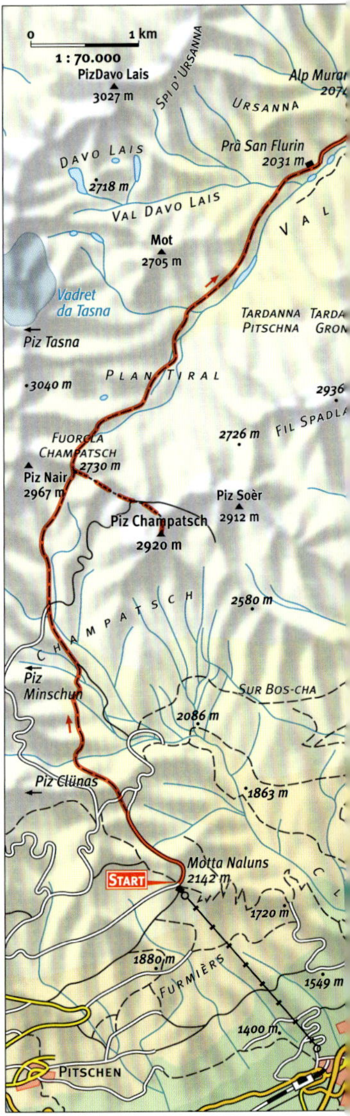

Abstecher: Von dem Sattel aus führt ein Abstecher in ca. 30 Min. auf den **Piz Champatsch,** den man über einen Schuttberg und den anschließenden Rücken erreicht. Die Aussicht von dort ins Inntal ist aufgrund der vorgeschobenen Lage des Gipfels noch besser.

Steil und rutschig geht es von der Fuorcla Champatsch hinunter ins **Val Laver,** bis der erste Talboden, der **Plan Tiral,** erreicht ist. Besonders bei feuchtem Wetter ist hier größte Vorsicht geboten. Das Tal wird zunehmend freundlicher, zwischen dem rostroten Gestein wachsen zahlreiche Grasbüschel. Der schmale Weg führt an einem Bächlein entlang und passiert einen kleinen See. Im Hintergrund dominieren zwei Gipfelpyramiden das Bild: links die felsigere Stammerspitz, rechts der geröllübersäte Muttler mit seinem wie mit dem Lineal gezogenen Westgrat. Häufig verlieren sich in diesem Be-

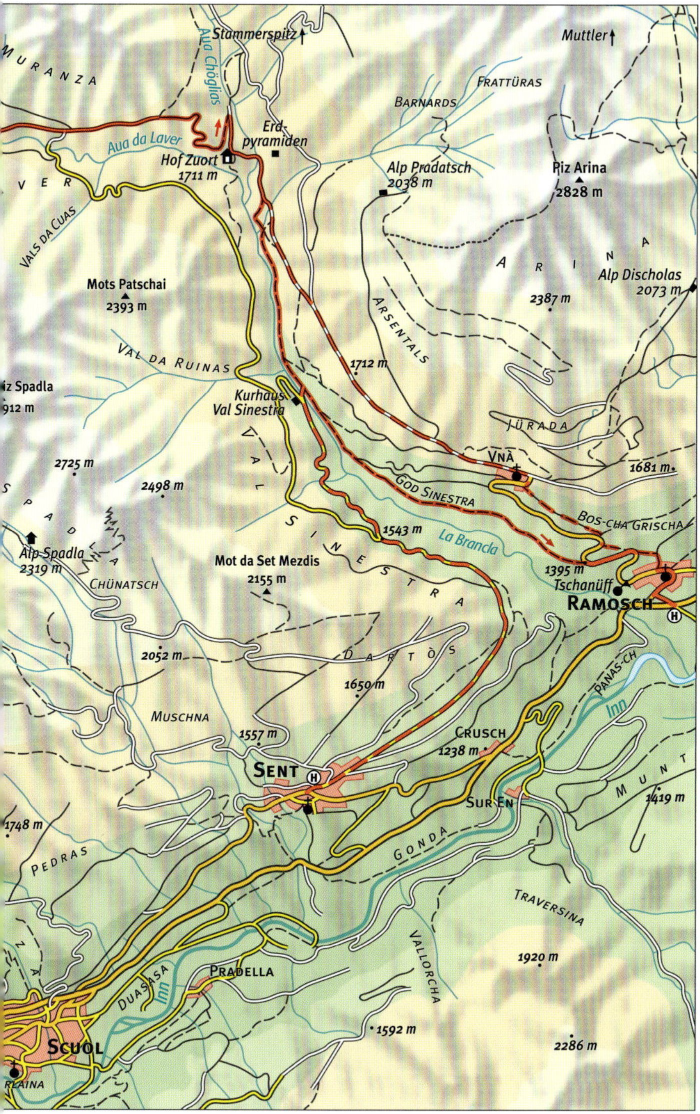

reich die Wegspuren, aber die Markierung bleibt immer deutlich.

Leicht bis mäßig steil geht es ins Tal hinab. Auf etwa 2400 m führt der Weg vom Bach weg und als bequemer Wiesenpfad nur noch sanft bergab. Bald ist ein fast schwarzer Bach zu überqueren, was je nach Wasserstand ein bisschen Suchen nach einer geeigneten Stelle erfordert. Noch einmal geht es über eine Steilstufe abwärts zur Prà San Flurin, der Wiese des hl. Florian. Der weite Talboden ist regelrecht übersät mit den etwa 30 cm hohen Schwalbenwurz-Enzianen, die gut an ihren dichten blauen Blütenbüscheln zu erkennen sind. Nach der Überquerung eines breiten Baches treffen wir bei den **Almgebäuden** des **Prà San Flurin** (3.15 Std.) schließlich auf einen Fahrweg.

Der Fahrweg führt sanft abfallend am Hang entlang, etwas oberhalb liegt die Alp Muranza. In einer **180-Grad-Kurve** (3.30 Std.) verlassen wir ihn und folgen einem anderen Fahrweg geradeaus Richtung Zuort bzw. Vnà in den lichten Wald hinein. Nach einem ebenen Stück, mal durch Wald, mal über Wiesen, halten wir uns an einer Gabelung rechts Richtung Zuort bzw. Vnà. Nun geht es durch den Wald abwärts, bis der Fahrweg nach einer Serpentine an den Rand einer Lichtung kommt. Auf der anderen Talseite kann man jetzt gut einige Erdpyramiden am Hang erkennen. Diese kuriosen Gebilde entstehen dadurch, dass die relativ locker gepressten Sedimente an dieser Stelle durch oben aufliegende Steinplatten vor der Erosion geschützt werden. Rutscht dieser Hut einmal herunter, ist die Zerstörung der Pyramiden nur noch eine Frage von wenigen Jahren. Schließlich erreichen wir den **Hof Zuort** (4 Std.), vorher hat man noch einmal einen guten Blick auf den Schuttberg des Muttler mit seiner Sendeanlage.

Am Hof Zuort halten wir uns links und folgen dem Fahrweg Richtung Vnà bzw. Sinestra. Von der Brücke über die Aua Chöglias bietet sich ein letzter Blick auf die Erdpyramiden. Etwa 500 m danach zweigt rechts ein schmaler Weg ab, der nach Sinestra ausgeschildert ist.

Achtung: Diesen Weg sollte man unbedingt nur bei trockener Witterung gehen und wenn man trittsicher ist. Andernfalls folgt man weiter dem Fahrweg nach **Vnà** (1.30 Std.) und ggf. weiter nach **Ramosch** (2.15 Std.).

Der schmale Weg führt hinunter ins Val Sinestra und an die Brancla heran. Welche Gefahren hier drohen können, wird daran deutlich, dass der Weg im Sommer 2006 an einigen Stellen komplett weggerissen wurde. Bei der Neuanlage wurden besonders gefährdete Passagen mit Hilfe von drei Hängebrücken überbrückt. Kurz vor dem **Kurhaus Val Sinestra,** das man bereits durch den

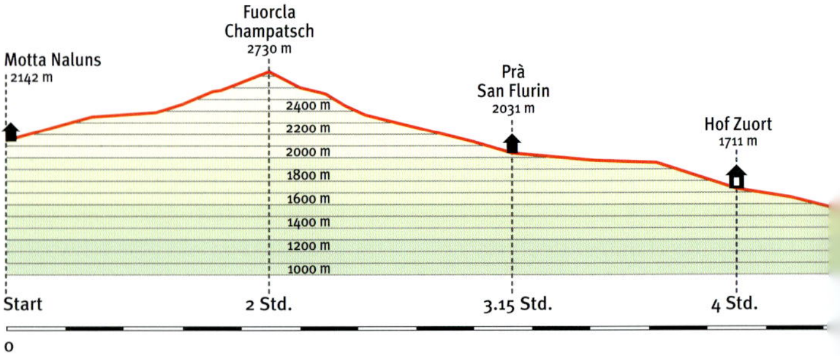

Blick von Motta Naluns Richtung Fuorcla Champatsch und Piz Champatsch

Wald sieht, kommen wir an einen Wegweiser. Hier biegen wir vom markierten Weg rechts abwärts ab und erreichen eine Brücke, die hinüber zum Kurhaus führt (4.45 Std.). Das imposante Gebäude wurde Anfang des 20. Jh. für Trinkkuren erbaut und mit dem allgemeinen Niedergang des Kurbetriebs im Unterengadin in den 70er Jahren geschlossen. Seit einigen Jahren wird es als Hotel genutzt. Wer müde ist, kann vom Kurhaus mit dem Postauto zurück nach Scuol fahren (Abfahrt nur gegen ca. 15 und um ca. 18 Uhr).

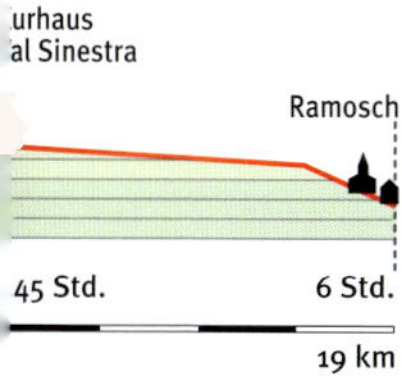

Variante: Bei schlechtem Wetter oder mangelnder Trittsicherheit sollte man spätestens hier auf das rechte Flussufer wechseln und dem Fahrweg nach **Sent** folgen (1.15 Std.).

Wir bleiben auf der linken Bachseite und folgen dem nicht markierten, aber nach Ramosch ausgeschilderten Pfad. Dieser führt schmal und stellenweise rutschig immer hoch oberhalb der Schlucht entlang. Mal geht es durch lichten Wald, dann wieder über Wiesen, immer eben oder leicht abfallend. Schließlich mündet der Pfad auf die Straße von Vnà nach Ramosch (5.40 Std.). Ihr folgen wir abwärts, oberhalb der **Burgruine Tschanüff** vorbei, die aus dem 13. Jh. stammt und früher den Weg im Inntal kontrollierte. Kurz nach der ersten Serpentine biegen wir spitzwinklig links in einen Wiesenweg ab, der uns an einer Hecke entlang hinunter nach **Ramosch** führt. Wir gehen an der Kirche vorbei durch den Ort abwärts, bis wir auf der Talstraße die **Postauto-Haltestelle** erreichen (6 Std.).

Tour 32

Einsamer Weg im Nationalpark

Aus dem Val S-charl durch das Val Mingèr nach Scuol
Durch den nördlichsten Zipfel des Schweizerischen Nationalparks führt die Wanderung aus dem Val S-charl durch das einsame Val Mingèr zum Sattel Sur Il Foss. Auf diesem Weg kann man besonders morgens gut Wild beobachten.

DIE WANDERUNG IN KÜRZE

++ Anspruch

6.30 Std. Gehzeit

850 m Anstieg

1200 m Abstieg

Charakter: Relativ lange Tour, am Anfang durch den Nationalpark; zu Beginn Bergwege, in der zweiten Hälfte größtenteils Fahrwege; insgesamt nur wenig Schatten.

Markierung: weiß-rot-weiß

Wanderkarten: 1:50 000 Nationalpark; 1:50 000 249T Tarasp u. 259T Ofenpass; 1:25 000 1199 Scuol u. 1219 S-charl

Einkehrmöglichkeiten: Nur in Tarasp-Fontana und Tarasp-Vulpera

Anfahrt: Mit dem Postauto von Scuol (gebührenpflichtiger Parkplatz am Bahnhof) Richtung S-charl bis zur Haltstelle Val Mingèr (Abfahrt morgens nur um ca. 7.30, 8.30, 9.30 Uhr; Fahrzeit ca. 25 Min.)

Hinweise: Die Wanderung lässt sich auch in Tarasp-Fontana abbrechen; von dort mit dem Bus zurück nach Scuol.

An der Haltestelle **Val Mingèr** überqueren wir das Wehr und steigen in den Wald auf, Richtung Sur Il Foss. Nach 10 Min. erreicht der Weg die Lichtung **Plan Mingèr.** Der Weg führt durch den Arven-Föhren-Mischwald aufwärts. Wo der Bach aus dem Val Foraz in den des Val Mingèr mündet, sieht man auf der gegenüberliegenden Bachseite einige höhlenartige Auswaschungen im Felsen, die **Cuvels da Foraz.** Sie sind durch Erosion des Sedimentgesteins entstanden.

Nun geht es durch den immer lichter werdenden Wald stetig aufwärts, dann über die Wiesen der Alp Mingèr, die nicht mehr bewirtschaftet wird. Zwischen locker in die Wiesen gestreuten Arven und Legföhren sieht man immer wieder einzelne Eisenhut-Gruppen. Dieses typische Weide-Unkraut deutet auf eine frühere Nutzung als Alpwiese hin. Immer deutlicher bestimmt die Pyramide des Piz Plavna Dadaint das Bild, die über dem Sattel Sur Il Foss aufragt. Schließlich erreicht der Weg den markierten **Rastplatz** der **Alp Mingèr** (1.40 Std.).

Von dort geht es zunächst eben zwischen den Bäumen hindurch, die einzeln oder in kleinen Gruppen auf

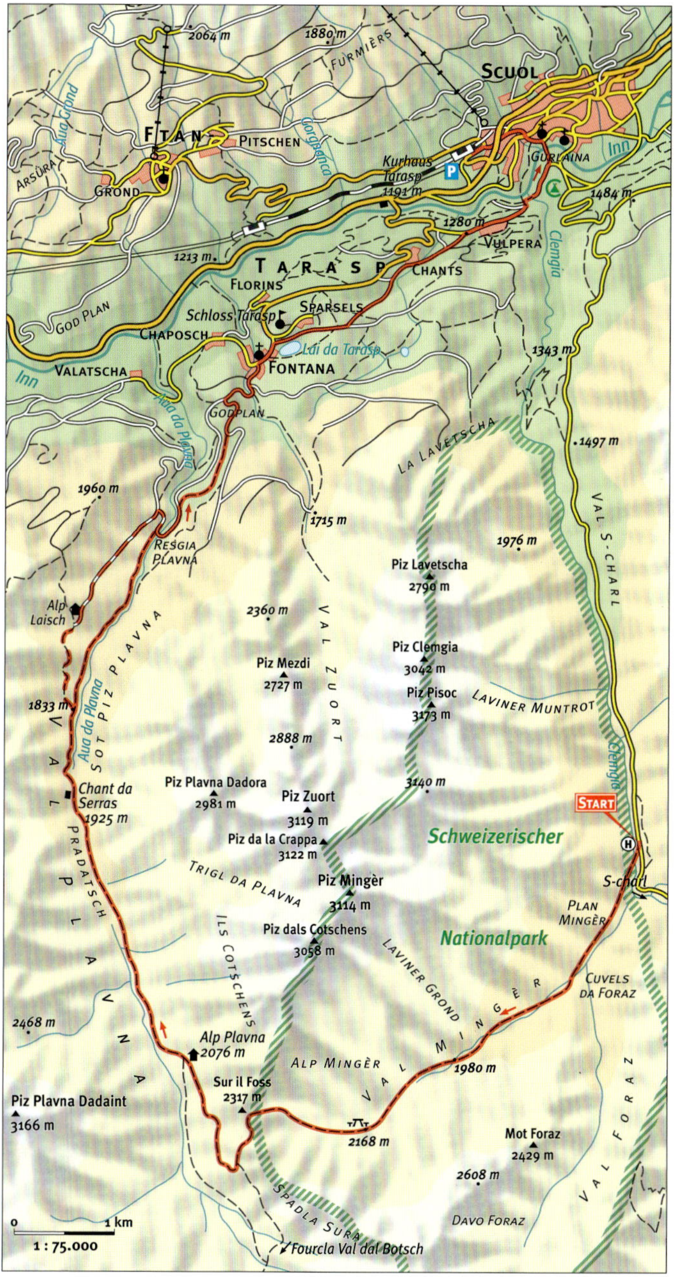
Scuol
Ftan
Pitschen
Grond
Arsüra
Aua Grond
Gorgaña
Furmièrs
2064 m
1880 m
Kurhaus Tarasp
1191 m
Gurlaina
Inn
1484 m
1280 m
Vulpera
Clemgia
1213 m
Tarasp
Chants
Florins
Sparsels
Schloss Tarasp
God Plan
Chaposch
Lai da Tarasp
Fontana
Valatscha
Aua da Plavna
Godplan
1343 m
1497 m
La Lavetscha
1960 m
1715 m
Resgia Plavna
1976 m
Piz Lavetscha
2790 m
Val S-charl
Alp Laisch
2360 m
Val Zuort
Piz Clemgia
3042 m
Piz Mezdi
2727 m
Piz Pisoc
3173 m
Laviner Muntrot
1833 m
Sot Piz Plavna
2888 m
3140 m
Chant da Serras
1925 m
Piz Plavna Dadora
2981 m
Piz Zuort
3119 m
Start
Schweizerischer
Piz da la Crappa
3122 m
S-charl
Trigl da Plavna
Piz Mingèr
3114 m
Plan Mingèr
Val Pradatsch
Piz dals Cotschens
3058 m
Nationalpark
Ils Cotschens
Laviner Grond
Cuvels da Foraz
Val Plavna
2468 m
Alp Plavna
2076 m
Val Mingèr
Alp Mingèr
1980 m
Sur il Foss
2317 m
Piz Plavna Dadaint
3166 m
2168 m
Val Foraz
Mot Foraz
2429 m
2608 m
Spadla Sura
Davo Foraz
Fourcla Val dal Botsch
0
1 km
1 : 75.000

der Wiese verstreut stehen – darunter einige wunderschön gewachsene Arven. Dann steigt der Weg erst mäßig, zum Schluss hin steiler an und führt durch die Magerwiesen aufwärts. Am Ende des Aufstiegs erreichen wir **Sur Il Foss** (2.15 Std.) und damit die Grenze des Nationalparks. Von hier aus bietet sich ein hervorragender Blick auf den gegenüberliegenden Piz Plavna Dadaint und die Fuorcla Val dal Botsch am Ende des Tales, zu der sich der Weg steil und gut sichtbar durch ein Schuttfeld hoch zieht.

Von der Einsattelung führt der Weg zunächst ein Stück aufwärts, dann eben am Hang entlang Richtung Talschluss, wobei er endgültig den Nationalpark verlässt. An einem Wegweiser biegen wir von dem Weg Richtung Fuorcla Val dal Botsch ab und wenden uns rechts abwärts Richtung Alp Plavna, deren Gebäude man bereits auf dem Talboden sieht. Erst geht es steil hinab, dann wird der Weg flacher und schlängelt sich am Hang entlang. Auffällig ist das Gestein, das sich deutlich von dem der Umgebung unterscheidet. Hier tritt nämlich das Kalkgestein zutage, das normalerweise nicht die oberste Gesteinsschicht bildet. Immer wieder quert der Pfad ausgewaschene Rinnen und schlängelt sich in der von ihnen vorgegebenen Form am Hang entlang, einmal ist er ein kurzes Stück mit einem Drahtseil gesichert. Schließlich erreichen wir die Gebäude der **Alp Plavna** (3 Std.) und damit den breiten, flachen Boden des Val Plavna.

Der grobschottrige Fahrweg führt von den Almgebäuden über Almwiesen und durch lockeren Baumbestand leicht abwärts und quert immer wieder Schuttrinnen. Dabei handelt es sich keineswegs um Lawinenstriche, sondern lediglich um die Geröllfracht, die die Bäche der Seitentäler, die im Sommer fast ausgetrocknet sind, während der Schneeschmelze ins Tal tragen. Der Talboden weitet sich, die Bäume verschwinden vorübergehend fast ganz, und der Weg führt nur noch als Spur durchs Geröll. Zwischen den relativ scharfkantigen grauen Steinen fallen immer wieder hellere auf, die wesentlich stärker abgerundet sind: Dolomitsteine, die aus den oberen Regionen des Tals herunter transportiert worden sind. Schließlich verlässt der Weg wieder die weite Geröllebene und führt in den lichten Föhrenwald hinein, der keinen Schatten spendet. Am linken Hang kann man sehr gut die Schichtung des Gesteins erkennen, die durch Auffaltungen um 45 Grad gekippt ist.

Hinter dem **Chant da Serras** (3.40 Std.), einer Almwiese, an deren Rand

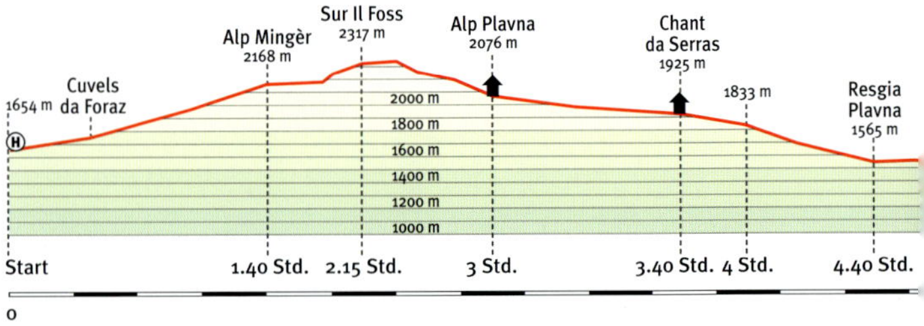

Schloss Tarasp thront über Fontana und dem Lai da Tarasp

eine kleine Hütte steht, fällt der Weg wieder stärker ab. Am jenseitigen Hang des Inntals kann man jetzt Ftan sehen, schräg darüber den Piz Clünas (Tour 30) und dahinter den Piz Minschun. Schließlich erreichen wir einen **Wegweiser** (4 Std.).

Variante: Wer Lust auf ein Glas frische Milch oder ein Stück Bergkäse hat, sollte auf dem Fahrweg bleiben und geradeaus zur **Alp Laisch** gehen und dann weiter hinunter nach Resgia Plavna absteigen.

Über den Weidezaun steigen wir in die Wiese hinunter Richtung Resgia Plavna bzw. Fontana und folgen dem steilen, aber durch den deutlich weicheren Untergrund angenehm zu gehenden Wiesenpfad abwärts, direkt auf Schloss Tarasp zu. Der Wiesenpfad wird zum schmalen Fahrweg, führt immer parallel zum Bach bergab und erreicht bei **Resgia Plavna** erneut einen Wegweiser (4.40 Std.).

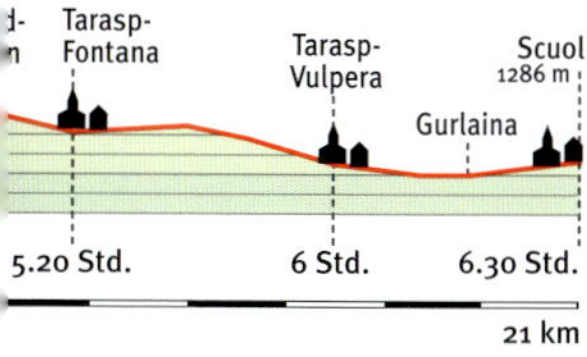

Wir folgen dem Fahrweg weiter abwärts, verlassen ihn aber bereits am nächsten Wegweiser nach etwa 100 m, um den Bach zu überqueren. Der Waldweg steigt zunächst wieder an, schlängelt sich dann im Schatten am Hang entlang und fällt erneut ab. Schließlich treten wir hinaus auf die Wiese **Godplan** und sehen vor uns das Schloss Tarasp, das sich mächtig auf dem Hügel über dem Ort erhebt. Am unteren Ende der Wiese folgen wir dem Fahrweg links abwärts, direkt auf das Schloss zu. Er führt erst durch Blumenwiesen, dann noch einmal durch Wald hinab nach **Fontana.** Am Ortsrand steht links eine Art Pferch, in dem früher den Kühen die Hufe geschnitten wurden. Über dem Ort thront das

Herbstzeitlosen

Schloss Tarasp, bis 1803 eine habsburgische Enklave im Unterengadin, die den Verkehr im Tal kontrollierte. Anfang des 20. Jh. kaufte der Odol-Fabrikant Karl August Lingner aus Dresden das verfallende Schloss, ließ es aufwändig restaurieren und mit originalgetreuem Mobiliar ausstatten. Schon allein wegen der Aussicht über das Inntal lohnt der Besuch

Im Zentrum von **Tarasp-Fontana,** an der Post (5.20 Std.), biegen wir rechts ab Richtung Scuol bzw. Vulpera und folgen der Teerstraße am Ufer des Lai da Tarasp entlang. Das Sträßchen steigt zunächst mäßig steil an, wird dann flacher und geht in einen Fahrweg über. An einem **Sendemast** biegen wir links in einen schmaleren Wirtschaftsweg ab, der durch die Wiesen abwärts führt. Wir folgen immer der Ausschilderung Richtung Vulpera, zunächst durch die Wiesen, dann geht es ein Stück am Golfplatz entlang (Achtung: fliegende Bälle!), bis wir schließlich kurz vor dem Hotel Villa Post die Hauptstraße von **Tarasp-Vulpera** erreichen (6 Std.).

Ihr folgen wir nach rechts durch den Ort, vorbei am Gesundheitszentrum. Am Ende der Teerstraße biegen wir in den nach Scuol ausgeschilderten Fußweg in den Wald ab. Über ein paar Stufen geht es zu einer Brücke hinab, die die Schlucht der **Clemgia** überquert, des Baches, der aus dem Val S-charl kommt und wenig später in den Inn mündet. Danach geht es an einem Umspannwerk, den Sportanlagen und dem Campingplatz von **Gurlaina** vorbei. Am folgenden Wege-T wenden wir uns nach links Richtung Post bzw. Bahnhof. Auf einer hohen und weit gespannten Brücke überqueren wir den Inn, wobei sich ein wunderschöner Blick auf die Kirche von Scuol bietet.

Am jenseitigen Ufer geht es links hoch. Wir folgen immer der Ausschilderung zum Bahnhof, überqueren die Hauptstraße und erreichen schließlich den **Bahnhof** von **Scuol** (6.30 Std.).

Blumenreicher Aussichtshügel

Von S-charl auf den Mot Tavrü

Die bequeme Wanderung auf den Mot Tavrü ist die ideale Tour zum Eingehen: nicht zu lang, nicht zu steil und von einer schönen Aussicht gekrönt. Zudem bietet sich hier Gelegenheit zur Beobachtung von Hirschen, und man findet Edelweiß in großen Mengen.

DIE WANDERUNG IN KÜRZE

++ Anspruch

4 Std. Gehzeit

600 m An-/Abstieg

Charakter: Einfache Halbtagestour; anfangs bequemer Fahrweg, am Schluss Bergpfade.

Markierung: weiß-rot-weiß, beim Rückweg ein Stück unmarkiert

Ausrüstung: Fernglas

Wanderkarten: 1:50 000 Nationalpark; 1:50 000 259T Ofenpass; 1:25 000 1219 S-charl

Einkehrmöglichkeiten: keine

Anfahrt: Mit dem Postauto von Scuol (gebührenpflichtiger Parkplatz am Bahnhof) bis zur Haltestelle Schmelzra kurz vor S-charl (Abfahrt nur um ca. 7.30, 8.30, 9.30, 11.30 Uhr; Fahrzeit ca. 30 Min.), dann der Straße etwa 100 m aufwärts folgen bis zum Abzweig des Weges.
Mit dem Auto von Scuol nach S-charl, Parkplatz (gebührenpflichtig) am Ortsanfang.

Museum Schmelzra: Juni–Mitte Okt. Di–Fr, So 14–17 Uhr

Vom Parkplatz am Ortsrand von **S-charl** folgen wir zunächst der Schotterstraße wieder talauswärts. Nach etwa 200 m zweigt links der Weg Richtung Mot Tavrü ab. Auf einer Brücke überqueren wir die Clemgia, gehen ein paar Meter durch lichten Lärchenwald und dann über eine Wiese bergauf. An ihrem Ende treffen wir auf einen Fahrweg, dem wir nach links taleinwärts folgen.

Nach ein paar Metern überquert der Fahrweg den Bach (15 Min.) und führt am rechten Ufer weiter aufwärts. Am Wegrand stehen einige der seltenen Türkenbundlilien. Nach etwa 500 m überquert der Weg erneut den Bach und zieht sich nun zwischen dem Bach und dem lichten Lärchen-Mischwald leicht ansteigend in das Val Tavrü hinein. Ein letztes Mal wechseln wir fast direkt unterhalb der Alp Tavrü auf einer **Brücke** die Bachseite (50 Min.).

Nun geht es zunächst weiter Richtung Talschluss, dann führt der Fahrweg in zwei weiten Schleifen hinauf zur **Alp Tavrü** (1.15 Std.). Talauswärts hat man von der Alp einen schönen Blick auf den gegenübergelegenen Mot Madlain, an dem v. a. im Spätmittelalter und dann noch einmal

Blick über die Alp Tavrü Richtung Mot Madlain

Anfang des 19. Jh. Silber- und Bleierz gewonnen wurde.

Hinter dem Alpgebäude folgen wir einem schmalen Bergpfad, der nun mäßig steil den mit einzelnen Föhren bestandenen Hang aufwärts führt. Schließlich wird der Weg flacher und erreicht an einer Einsattelung (2 Std.) die Grenze des **Nationalparks.**

Nun folgen wir dem Rücken aufwärts, der die Grenze des Nationalparks bildet. An mehreren Stellen stehen hier größere Gruppen von Edelweiß. Kurz vor Ende des Anstiegs bietet sich ein Blick hinab nach S-charl. Schließlich ist der bucklige Gipfel des **Mot Tavrü** erreicht (2.15 Std.)

Da der Gipfel das weit vorgeschobene Ende eines Rückens bildet, bietet er hier trotz der geringen Höhe eine sehr gute Aussicht über das Tal der Clemgia bis ins Inntal auf Scuol und die dahinter sichtbare Fuorcla Champatsch (Tour 31) sowie jenseits des Val S-charl in das Val Sesvenna, durch das sich die Aufstiegsroute zu den Lais da Rims zieht (Tour 34). Westlich des Rückens, der am Piz Tavrü beginnt, liegt das Val Foraz und dahinter das Val Mingèr, an dessen Ende man den Weg nach Sur Il Foss erkennen kann (Tour 32). Dahinter ragt der spitze Zahn des Piz Plavna Dadaint auf. Vom Gipfel hat man gute Gelegenheit, im Val Foraz große Rudel von Hirschen zu beobachten, die dort den Schutz des Nationalparks genießen.

Vom Gipfel kehren wir wieder auf dem gleichen Weg zur **Alp Tavrü** zurück (3 Std.) und folgen von ihr aus dem Fahrweg hinab zur ersten **Brücke** (3.15 Std.). Hier überqueren wir jedoch nicht den Bach, sondern biegen vom Fahrweg ab und folgen ei-

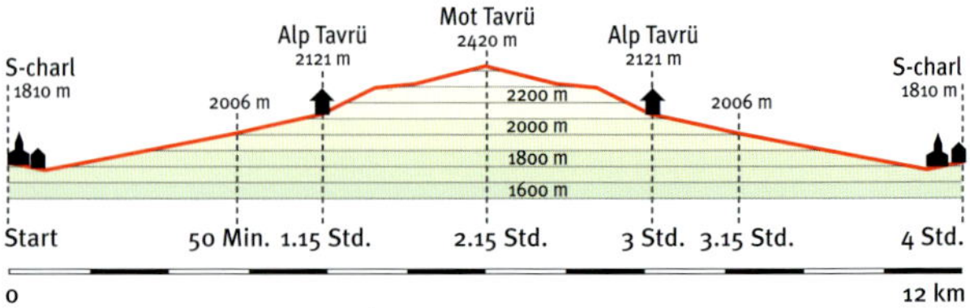

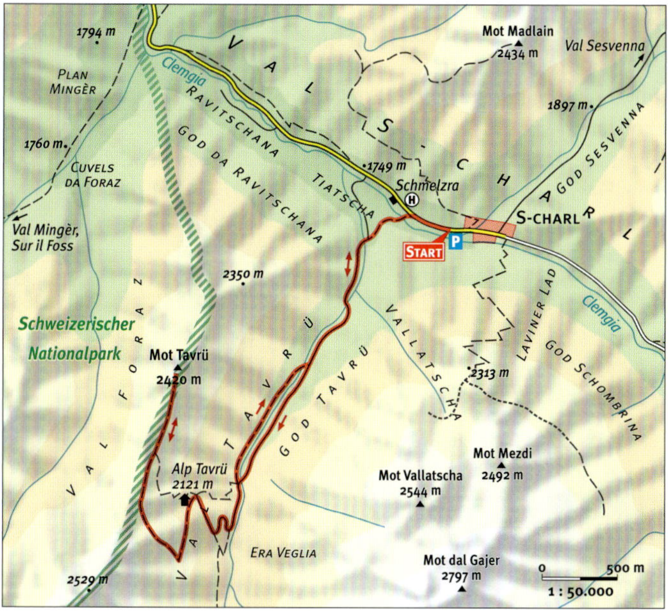

nem schmalen, nicht markierten Wiesenpfad. Er führt in leichtem Auf und Ab weiter auf der linken Seite des Baches durch die Wiesen. Schließlich verlieren sich die Wegspuren. Wir überqueren auf einer primitiven Brücke – zwei Baumstämme mit einem darüber gelegten Brett – erneut den Bach (3.40 Std.) und steigen auf der anderen Seite zum Fahrweg hinauf. Nun folgen wir dem gleichen Weg talauswärts, den wir beim Hinweg genommen haben, und erreichen schließlich wieder den Parkplatz in **S-charl** (4 Std.).

Erzabbau im Val S-charl

An den Hängen des Mot Madlain, der sich über S-charl erhebt, finden sich Vorkommen von Silber- und Bleierz. Die Metallanteile sind so gering, dass eine systematische Ausbeutung heute nicht mehr lohnt. Im Spätmittelalter und auch wieder zu Beginn des 19. Jh. wurden jedoch hoch am Hang – in etwa 2100–2200 m Höhe – Stollen angelegt, um die Erze zu schürfen und sie anschließend im Tal zu verhütten.

Die Stollen können heute noch im Rahmen von geführten Wanderungen besichtigt werden (Information bei Engadin Scuol Tourismus, Tel. 081 861 22 22). Sehr anschaulich wird die Erzgewinnung im Museum Schmelzra dargestellt, das kurz vor S-charl in dem ehemaligen Verwaltungsgebäude der Bergwerksgesellschaft eingerichtet wurde. Seinen Namen verdankt das Museum der Schmelze, deren Ruinen auf der anderen Seite der Straße zu sehen sind. Im selben Museum ist eine sehr anschauliche Bärenausstellung des Schweizerischen Nationalparks untergebracht.

Tour 34

Zu den einsamen Seen

Von S-charl zu den Lais da Rims und weiter durch das Val d'Uina
Lang, anstrengend und einsam ist diese Tour – aber auch besonders spektakulär. Erstes Ziel ist das zerklüftete Plateau der Lais da Rims, wo sich zahlreiche Seen in der Felswüste verstecken. Dann geht es durch die wilde Schlucht Il Quar wieder hinab ins Inntal.

DIE WANDERUNG IN KÜRZE

+++ Anspruch

8 Std. Gehzeit

1200 m Anstieg

1900 m Abstieg

Charakter: Lange, teilweise anspruchsvolle Tour mit enorm steilem, rutschigem Anstieg zu Beginn; Trittsicherheit und Ausdauer unbedingt erforderlich; größtenteils schmale Bergwege, auf dem Rückweg durch das Val d'Uina Fahrweg.

Markierung: weiß-rot-weiß

Ausrüstung: Teleskopstöcke für den Aufstieg zu Beginn

Wanderkarten: 1:50 000 249T Tarasp u. 259T Ofenpass; 1:25 000 1199 Scuol u. 1219 S-charl

Einkehrmöglichkeiten: Alp Uina Dadaint, Gasthof in Sur En

Anfahrt: Mit dem Postauto von Scuol (gebührenpflichtiger Parkplatz am Bahnhof) nach S-charl (Abfahrt morgens nur um ca. 7.30, 8.30, 9.30 Uhr; Fahrzeit ca. 40 Min.); **Rückfahrt** von Sur En mit dem Postauto nach Scuol (Abfahrt nur um ca. 16, 17, 18, 20 Uhr; ansonsten zu Fuß weiter bis Crusch und von dort Rückfahrt mit dem Postauto).

Hinweis: Keinesfalls bei Nässe, unsicherer Wetterlage oder schlechter Sicht gehen!

Die Wanderung beginnt im Zentrum von **S-charl**, wo ein Brunnen an den letzten Schweizer Braunbären erinnert, der 1904 in der Nähe des Ortes erlegt wurde. Wir folgen dem Fahrweg Richtung Alp Sesvenna, Rims bzw. Fuorcla Sesvenna, der sich am Waldrand durch die Wiesen aufwärts zieht. Am Talschluss sieht man bereits die Scharte, durch die es hinauf zu den Lais da Rims geht. Der Weg führt zunächst rechts des Baches aufwärts. Auf der anderen Talseite erhebt sich der Mot Madlain, an dem v. a. im Spätmittelalter und dann noch einmal Anfang des 19. Jh. Silber- und Bleierz gewonnen wurde. Das insgesamt 15 km lange Stollensystem ist heute noch im Rahmen von Führungen zu besichtigen.

Erst leicht, später mäßig steil ansteigend, führt der Weg durch lichten Wald und über Wiesen hinauf zu den Gebäuden der **Alp Sesvenna**

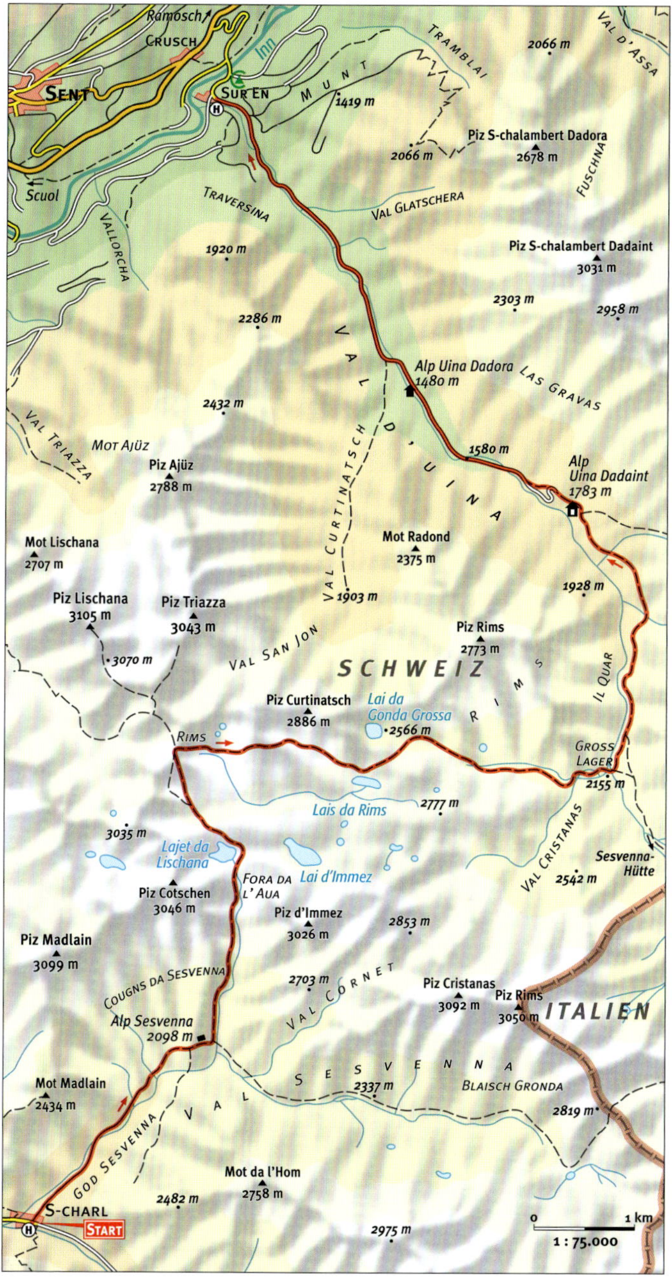
Ramosch
Crusch
Inn
Sent
Sur En
Scuol
Munt
1419 m
Tramblai
2066 m
Val d'Assa
Piz S-chalambert Dadora
2678 m
2066 m
Fuschna
Traversina
Vallorcha
Val Glatschera
1920 m
Piz S-chalambert Dadaint
3031 m
2303 m
2958 m
2286 m
Val d'Uina
Alp Uina Dadora
1480 m
Las Gravas
2432 m
Val Curtinatsch
Val Triazza
Mot Ajüz
Piz Ajüz
2788 m
1580 m
Alp
Uina Dadaint
1783 m
Mot Lischana
2707 m
Mot Radond
2375 m
1928 m
Piz Lischana
3105 m
Piz Triazza
3043 m
1903 m
Piz Rims
2773 m
3070 m
Val San Jon
Schweiz
Rims
Il Quar
Piz Curtinatsch
2886 m
Lai da
Gonda Grossa
2566 m
Rims
Gross
Lager
2155 m
Lais da Rims
2777 m
3035 m
Val Cristanas
Lajet da
Lischana
Fora da
l' Aua
Lai d'Immez
Sesvenna-
Hütte
2542 m
Piz Cotschen
3046 m
Piz d'Immez
3026 m
2853 m
Piz Madlain
3099 m
Cougns da Sesvenna
2703 m
Val Cornet
Piz Cristanas
3092 m
Piz Rims
3050 m
Italien
Alp Sesvenna
2098 m
Val Sesvenna
Blaisch Gronda
Mot Madlain
2434 m
2337 m
2819 m
God Sesvenna
Mot da l'Hom
2758 m
2482 m
S-charl
Start
2975 m
0
1 km
1 : 75.000

(1 Std.). Kurz dahinter biegen wir an einem Wegweiser links vom Fahrweg ab Richtung Rims. Zunächst führt der Pfad mäßig steil über die Wiesen, dann noch einmal zwischen Legföhren hindurch und wird immer steiler.

Dann beginnt der eigentliche Aufstieg zum zerklüfteten Plateau der Lais da Rims. In steilem Zickzack windet sich der Pfad auf einem Rükken aufwärts. Der Untergrund ist extrem rutschig, so dass man aufpassen muss, nicht abzurutschen oder Steine loszutreten. Im oberen Bereich des Anstiegs sind einige Stellen mit Drahtseilen bzw. Ketten gesichert. Bei kurzen Verschnaufpausen sieht man zurück auf die Aufstiegsroute und bis nach S-charl. Am Ende des steilen Anstiegs erreichen wir an der **Fora da l'Aua** einen kleinen Talboden (2.50 Std.). Weit schweift der Blick zurück über die Berge des Nationalparks, hinter einem Rücken im Vordergrund schaut ganz weit in der Ferne die Schneehaube des Ortlers hervor.

Nun geht es noch einmal mäßig steil an einem Schutthang aufwärts, dann liegt der tiefblau leuchtende **Lajet da Lischana** vor uns, an dem wir entlang gehen. In leichtem Auf und Ab schlängelt sich der Weg durch die buckelige Gerölllandschaft, in der nur sehr vereinzelt Polsterpflanzen ein Auskommen finden. Die Farben des Gerölls spiegeln die gesamte mineralische Farbpalette wider: grau, hellbraun, weinrot, schwarz, grünlich. Der Weg führt immer grob am linken (westlichen) Rand des weiten, zerklüfteten Hochplateaus entlang, das von nur wenig höheren Bergen eingerahmt wird. Oft sind nur Wegspuren zu erkennen, Steinmännchen erleichtern die Orientierung. Auf keinen Fall sollte man hier den markierten Weg verlassen, da die Orientierung in dem eintönigen, unübersichtlichen Gelände fast unmöglich ist.

Nach einiger Zeit liegt der Gipfelanstieg auf den Piz Lischana vor uns, der von dieser Seite recht unspektakulär aussieht. Durch die Felsrinne, in der die Chamanna Lischana liegt, bietet sich ein guter Blick auf das Inntal mit den Bergen um Piz Minschun und Piz Cotschen. Nun überblickt man auch das gesamte Plateau der **Lais da Rims,** die zwischen Geröllhügeln eingebettet liegen. Schließlich erreichen wir bei **Rims** (3.45 Std.) den höchsten Punkt der Wanderung.

Am Wegweiser halten wir uns rechts Richtung Uina Dadaint bzw. Sur En. Nun geht es über Geröll abwärts, mal leicht, mal etwas steiler,

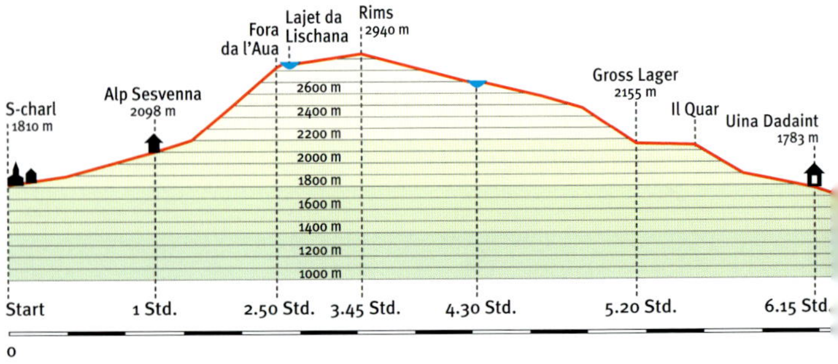

immer an der nördlichen Seite des Plateaus entlang. Die Vegetation wird langsam wieder üppiger. Noch einmal führt der Weg oberhalb eines Sees mit weitem Schwemmkegel entlang, der von den Zuflüssen während der Schneeschmelze immer weiter angeschüttet wird (4.30 Std.).

Kurz danach schwenkt der Weg nach links und verlässt durch einen Felsriegel das Plateau der Lais da Rims. Nun geht es durch eine leicht gewellte, grüne Landschaft abwärts, mal nur leicht abfallend, mal über einzelne Steilstufen. Auch hier sind immer wieder abseits Seen zu erkennen. Die Blumenteppiche am Rand des Weges werden immer üppiger und vielfältiger. Es geht stets parallel zu einem Bach, durch eine kleine Schlucht. Dann folgt ein steiler Abstieg durch Wiesen hinunter zum **Gross Lager** (5.20 Std.). Nicht nur der Name, sondern auch das große Feld voller Eisenhut, das kurz vor dem Wegweiser zu durchqueren ist, deutet auf die Nutzung des weiten, fruchtbaren Tals als Alpweide hin.

Wir wenden uns nach links und folgen dem Weg abwärts Richtung Uina Dadaint bzw. Sur En – rechts geht es zur Sesvenna-Hütte, die bereits in Italien liegt. Schon bald treffen wir auf einen anderen Weg, be-

Schwefelanemone

halten aber unsere Richtung bei. Nun geht es in die wilde Schlucht **Il Quar** hinein (5.30 Std.). Der Weg führt hier, fast durchgehend durch Drahtseile oder Geländer gesichert, hoch über dem Bach, wie eine Nut mitten durch die Felswand. Diese spektakuläre, etwa 600 m lange Passage wurde 1910 unter Leitung des deutschen Ingenieurs Richard Coray in den Felsen gesprengt, um einen direkten Weg aus dem Inntal zur Alten Pforzheimer Hütte, der heutigen Sesvenna-Hütte, anzulegen.

Am Ende dieses spektakulären Wegabschnitts bietet sich noch einmal ein hervorragender Blick zurück in die Schlucht. Anschließend geht es, erst mäßig steil, dann nur leicht abfallend auf einem Fahrweg durch den lichten Nadelmischwald und über Wiesen hinunter in das **Val d'Uina,** das ›Schaftal‹, und zur **Alp Uina Dadaint** (6.15 Std.), wo man sich noch einmal mit frischer Milch oder Joghurt für das letzte Wegstück stärken kann.

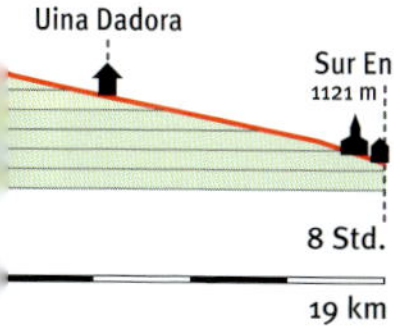

Nach einer Serpentine führt der Fahrweg immer parallel zum Bach talauswärts, mal leicht, mal mäßig steil abfallend. Dabei wechselt er mehrfach die Bachseite, bleibt aber größtenteils im lichten Wald. Wir kommen an einer Jagdhütte vorbei (7 Std.), kurz danach liegt links am Hang die Alp Uina Dadora. Nach einer Brücke führt der Fahrweg noch einmal etwas bergauf, und es geht erneut in eine Schlucht hinein (7.20 Std.). Zwar ist auch hier der Weg durch ein Geländer gesichert, doch ist dieser Engpass bei weitem nicht so spektakulär wie Il Quar.

Bald kommen die Hänge an der gegenüberliegenden Seite des Inntals ins Blickfeld, der Weg führt immer weiter durch lichten Wald abwärts und erreicht schließlich das kleine Dörfchen **Sur En (Sent)** mit der Postauto-Haltestelle am Brunnen (8 Std.).

In Schwindel erregender Höhe zieht sich der Weg durch die wilde Schlucht Il Quar

Panorama-Grenztour

Vom Alptrider Sattel über den Pauliner Kopf nach Samnaun
Fast zweieinhalb Stunden folgt diese Panoramatour dem Grenzkamm, der das Samnauntal vom Paznauntal trennt. Dabei bietet sich stets nach rechts und links ein Blick auf die Hänge des Skigebiets von Ischgl/Samnaun sowie auf die Berge des Engadins und Tirols.

DIE WANDERUNG IN KÜRZE

++ Anspruch

6 Std. Gehzeit

650 m Anstiege

1350 m Abstiege

Charakter: Tagestour mit mehreren Zwischenanstiegen und langem Abstieg; teils schmale Bergwege, teils Fahrwege, am Schluss kurzes Stück Asphaltstraße.

Markierung: weiß-rot-weiß (Schweiz), rot-weiß-rot (Österreich)

Wanderkarten: 1:50 000 239 Arlberg u. 249T Tarasp; 1:25 000 1159 Ischgl u. 1179 Samnaun

Einkehrmöglichkeiten: Nur am Ende der Wanderung in Samnaun

Anfahrt: Mit dem Postauto/Auto aus dem Unterengadin über Martina bis zur Talstation der Doppelstockbahn in Samnaun-Ravaisch.

Hinweise: Ausweis mitnehmen, da die Wanderung an der österreichischen Grenze entlangführt.

Von **Samnaun-Ravaisch** bringt uns die Doppelstockgondel in knapp 10 Min. hinauf auf den **Alptrider Sattel.** Von dort folgen wir der Ausschilderung Richtung Äusseres Viderjoch bzw. Greitspitz auf einem breiten Weg leicht aufwärts bis zum **Alptrider Eck.**

Hier verlassen wir den breiten Weg und folgen einem Bergpfad (Ausschilderung weiter Richtung Äusseres Viderjoch), der sich durch üppige Blumenwiesen mäßig steil am Hang aufwärts zieht. Vorbei an einer kleinen Einsattelung führt der Weg schließlich auf den Rücken hinauf, der sich zum Äusseren Viderjoch zieht. Nun geht es stetig leicht bergauf und bergab, zum Schluss etwas steiler über Geröll hinauf zum **Äusseren Viderjoch** (1.20 Std.). Hier treffen sich mehrere Sessellifte der Skiarena Ischgl/Samnaun.

Wir halten uns links und steigen direkt auf den Gratrücken hinauf, der die Staatsgrenze zwischen der Schweiz und Österreich bildet. Ihm werden wir jetzt für etwa zwei Stunden immer weiter bis fast zum Pauliner Kopf folgen. Der schmale Bergweg führt zunächst über bläulich schimmerndes Geröll, das fast keinen Bewuchs aufweist, mäßig steil aufwärts und erreicht bei einem Grenzstein eine erste Anhöhe. Von hier hat man erstmals einen Blick auf das Skigebiet von Ischgl mit der Idalpe als zentraler Drehscheibe.

Nachdem wir zuerst wieder zu einer Einsattelung hinabgestiegen sind, folgen wir dem recht steilen Fahrweg hinauf zur **Greitspitz** (2 Std.), wo sich die Bergstation eines von der Samnauner Seite heraufkommenden Sessellifts befindet. Vom Gipfel hat man einen hervorragenden Blick auf den gesamten weiteren Wegverlauf bis zum Pauliner Kopf. Links erhebt sich die markante Schuttpyramide des Muttler mit der Sendeanlage, rechts dahinter erkennt man in der Ferne die Schneehaube des Ortlers. In der Verlängerung des Salaaser Kopfes, zu dem uns anschließend der Weg führen wird, erhebt sich der Piz Rots mit dem Sulnerferner in seinem Nordkar. Rechts daneben erkennt man im Hintergrund die markanten drei Rippen des Piz Palü; in der Verlängerung des Pauliner Kopfes erhebt sich das massige, gezackte Fluchthorn, hinter dem sich der Piz Buin versteckt.

Der Weg verläuft immer weiter auf dem jetzt teilweise recht schmalen Grat. Als Alternative bei schlechtem Wetter oder feuchtem Boden bietet sich ein Ausweichen auf die rechts unterhalb verlaufende Skipiste an. Nach dem Abstieg wird der Rücken wieder breiter, und der Weg führt mäßig steil zum **Salaaser Kopf** hinauf (2.40 Std.), dessen Gipfel von einem Steinmännchen markiert wird.

Nach einem kurzen ebenen Stück fällt der Weg von einem zweiten Steinmännchen an wieder mäßig steil zu einem Sattel ab. Nun folgen wir dem Fahrweg teilweise recht steil aufwärts und erreichen unterhalb einer **Sesselliftstation** ein kleines Plateau (3.15 Std.).

Variante: Wer sich den wenig attraktiven, aber von einer schönen Aussicht gekrönten Aufstieg auf den Pauliner Kopf ersparen möchte, hält sich hier links und folgt dem leicht abwärts führenden Fahrweg unterhalb des Pauliner Kopfes entlang.

Nun beginnt der Schweiß treibende, recht steile Schlussanstieg auf den Pauliner Kopf, bei dem wir, an mehreren Sesselliftstationen vorbei, weiter dem Fahrweg bzw. der Skipiste folgen. Vom Gipfel des **Pauliner Kopfes** (3.40 Std.) bietet sich ein fantastisches Panorama bis hin zum Piz Bernina. Man überblickt den gesamten Weg, dem wir von der Greitspitz gefolgt sind.

Vom Gipfel steigen wir wieder bis unterhalb der **Bergstation der Gampenbahn** ab. Hier wenden wir uns nach links und folgen der Skipiste, die auf der Westseite des Pauliner

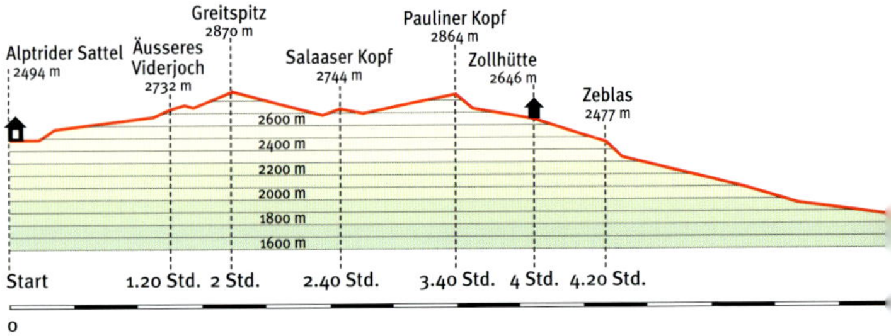

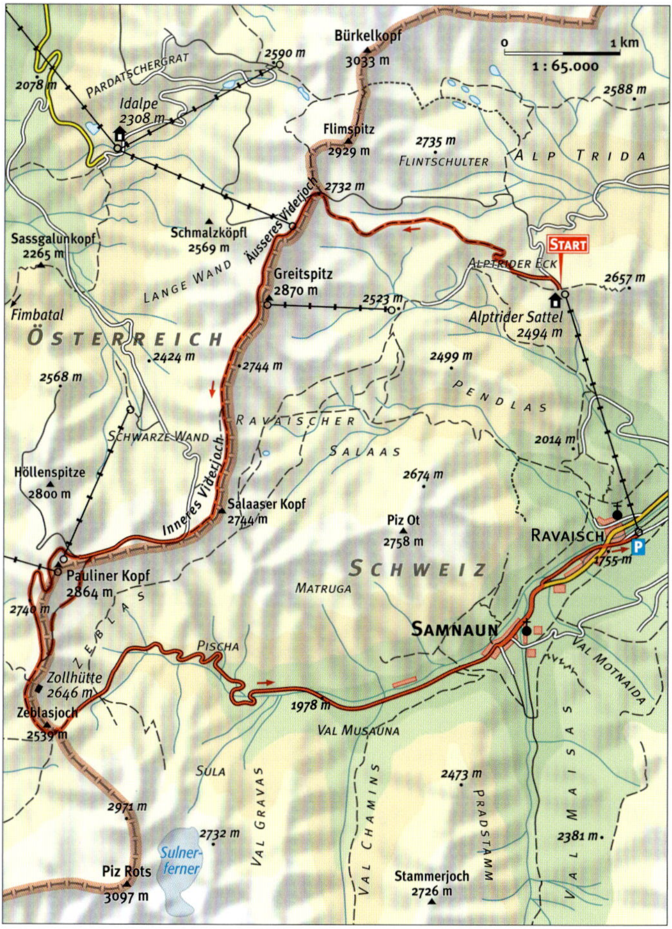

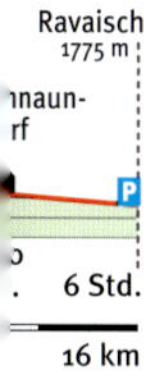

Kopfes in zwei weiten Kehren mäßig steil hinab führt. An einem Abzweig halten wir uns weiter geradeaus und laufen immer parallel zum Gratrücken unterhalb einer Felswand Richtung Süden. Kurz vor der Zollhütte treffen wir auf den Fahrweg, der auf der Ostseite unterhalb des Pauliner Kopfes entlangführt.

An dieser Stelle verlassen wir die Skipiste und gehen geradewegs auf die **Zollhütte** zu (4 Std.). Hier findet

Stängelloser Enzian

sich erstmals seit langem auch wieder ein Wegweiser. Durch üppige Wiesen führt der schmale Pfad, erst mäßig steil, dann etwas flacher werdend, hinab zum **Zeblasjoch** (4.10 Std.).

Nach einem letzten Blick hinunter ins tirolerische Vesiltal und auf das dahinter gelegene Fimbatal verlassen wir die österreichische Grenze und folgen dem geschotterten Fahrweg, der abwärts Richtung Samnaun führt. Bei **Zeblas** (4.20 Std.) zweigt ein Pfad ab, der Richtung Sulnerferner führt. Auf diesen Hängegletscher im Nordkar des Piz Rots bietet sich wenig später ein letztes Mal ein Blick. Wir bleiben auf dem Fahrweg, der nun steiler wird und sich in Serpentinen zunächst durch Wiesen, dann parallel zu einer Schlucht hinabwindet.

Schließlich erreicht der Fahrweg den Talgrund (5 Std.) und führt, nun nur noch leicht abfallend, parallel zum Bach talauswärts. Rechts oberhalb des Weges sieht man jetzt die Wasserfälle, die vom Schmelzwasser des Sulnerferners gebildet werden und zu denen ein Abstecher führt (ca. 10 Min.). Wo der Fahrweg sich teilt, halten wir uns rechts und gehen durch die Blumenwiesen weiter Richtung Samnaun. Beim Abzweig ins Val Chamins und zum Stammerjoch treffen die beiden Fahrwege wieder zusammen.

Schließlich erreichen wir **Samnaun-Dorf** (5.30 Std.). Auf der Dorfstraße gehen wir geradewegs zwischen den Hotels und den Dutyfree-Läden hindurch. Am Ortsende, hinter der Post und der Touristeninformation, zweigt links ein Weg ab, dem wir in die Wiesen folgen. Teils geschottert, teils asphaltiert führt er nach **Ravaisch,** wo wir an der Brücke die Hauptstraße überqueren und so wieder die Talstation der **Doppelstockbahn** erreichen (6 Std.).

Die zollfreie Zone Samnaun

Samnaun ist – ähnlich wie Livigno – ein Einkaufsparadies, das täglich tausende von Touristen anlockt. Die Gemeinde, die bis 1914 nur von Österreich aus zugänglich und im Winter vollkommen abgeschnitten war, erhielt als Entschädigung für die isolierte Lage das Privileg der Zollfreiheit zugestanden. Was früher das Überleben sicherte, hat in den letzten Jahrzehnten einigen Wohlstand mit sich gebracht. Ganz Samnaun Dorf besteht heute nur aus Geschäften und Hotels – letztere natürlich auch mit Läden. Hier gibt es Schnaps, Zigaretten, Parfum und alles andere, was das Herz des konsumfreudigen Urlaubers begehrt, zu günstigen, in vielen Fällen genormten Preisen. Da auch das Benzin von der Steuer befreit ist, hat sich Samnaun darüber hinaus zu einem Eldorado für Motorradfahrer entwickelt, die von hier aus ihre Touren starten.

Romanische und italienische Geländebezeichnungen

Romanisch

Aua	Bach
Chamanna	Hütte
dadaint	oben
dadora	unten
Fora/Foura	Loch, Einschnitt
Fuorcla	Sattel
God	Wald
Lägh/Lai/Lej	See
Lajet	kleiner See
Margun	Heuschober, Stadel
Mot/Motta/Muot/Muottas	Hügel
Munt	Hügel, Berg
Ova	Bach
Parc Naziunal	Nationalpark
Piz	Spitze, Gipfel
Plan/Plaun	Ebene, Talboden
Porta	Tür, Scharte
Punt	Brücke
Senda	Weg
Vadret	Gletscher
Val	Tal
Vallun	Tobel
Via	Weg

Italienisch

Capanna	Hütte
Cima	Spitze, Gipfel
Forcola	Sattel
Lago	See
Ospizio	Hospiz, Gasthaus

Register

Abbildungsnachweis

Alle Fotos: Johannes Eue, Köln

Kartografie: DuMont Reisekartografie, Fürstenfeldbruck

Danke!
Viele Menschen waren an der Entstehung dieses Buches beteiligt. Danken möchte ich Claudia Zumbrunnen und Ariane Ehrat (Tourismusorganisation Engadin St. Moritz), Niculin Meyer (Engadin Scuol Tourismus) und Stefan Triebs (Schweizerischer Nationalpark) für Unterstützung und Beratung, Hanspeter Achtnich für viele wertvolle Anregungen und Margarete Graf für ein engagiertes und immer kritisches Lektorat. Ganz besonderer Dank gebührt meinen Eltern, die mir das Engadin nahe gebracht haben, sowie Barbara Lowack für die Begleitung auf allen Wegen.

Bitte schreiben Sie uns, wenn sich etwas geändert hat!
Alle in diesem Buch enthaltenen Angaben wurden vom Autor nach bestem Wissen erstellt und von ihm und dem Verlag mit größtmöglicher Sorgfalt überprüft. Gleichwohl sind – wie wir im Sinne des Produkthaftungsrechts betonen müssen – inhaltliche Fehler nicht vollständig auszuschließen. Daher erfolgen die Angaben ohne jegliche Verpflichtung oder Garantie des Verlages oder des Autors. Beide übernehmen keinerlei Verantwortung und Haftung für etwaige inhaltliche Unstimmigkeiten. Wir bitten dafür um Verständnis und werden Korrekturhinweise gerne aufgreifen:
DuMont Reiseverlag, Postfach 3151, 73751 Ostfildern
info@dumontreise.de, www.dumontreise.de

Impressum

Titelbild: Blick vom Höhenweg oberhalb des Lej dals Chöds Richtung Piz Ot und Piz Kesch

Über den Autor: Johannes Eue (geb. 1964) ist promovierter Historiker und kennt das Engadin von Kindesbeinen an. Für den DuMont Reiseverlag verfasste er bereits das Reise-Taschenbuch »Graubünden«.

2., aktualisierte Auflage 2009

Grafisches Konzept: Groschwitz, Hamburg
Druck: Rasch, Bramsche
Buchbinderische Verarbeitung: Bramscher Buchbinder Betriebe